地

出所：『シンガポールに暮らす』(ジェトロ, 2000年)；*Singapore : Facts and Pictures* 2003などをもとに作成.

清水　洋

シンガポールの経済発展と日本

コモンズ

もくし●シンガポールの経済発展と日本

〔凡　例〕

＊参考文献の表記は、文中の適当と思われる箇所の後に［　　］で示した。原則として著者名（ないし文献名）、出版年（月日）、コロン（：）、ページ、の順とした。なお、著者名が長い場合は、省略形または略語を使用した。

＊ドルはシンガポール・ドルを指し、他のドルは米ドル、香港ドルなどとして区別した。シンガポールドルの対円交換レートは、一九八〇年には一シンガポール・ドルあたり一〇五・五四円であったが、八五年に一〇七・八二円、九〇年に七九・六九円、九五年に六五・九九円、二〇〇〇年に六二・五〇円、〇二年には六九・八九円へと変動している。

＊アジア太平洋戦争後のシンガポールは、一九四六年四月にイギリスの直轄植民地となり、五五年四月にその下での自治政府の誕生を経て、五九年六月にイギリス連邦内の自治国となった。その後、六三年八月にイギリスから正式に独立して、翌九月に連邦国家マレーシアの建国に際して一州として参加する。そして、六五年八月に分離独立し、シンガポール共和国となった。

[略語一覧]

AFTA	ASEAN Free Trade Area(アセアン自由貿易地域)
ASEAN	Association of Southeast Asian Nations(東南アジア諸国連合)
CPF	Central Provident Fund(中央積立基金)
DBS	Development Bank of Singapore(シンガポール開発銀行)
DSS	Department of Statistics Singapore(シンガポール統計局)
EDB	Economic Development Board(経済開発庁)
EMS	Electronics Manufacturing Service(通信機器や電子機器の受託開発・製造サービス)
FTA	Free Trade Agreement(自由貿易協定)
GDP	Gross Domestic Product(国内総生産)
GNP	Gross National Product(国民総生産)
GSP	Generalized System of Preference(一般特恵関税制度)
HACCP	Hazard Analysis and Critical Control Point System(総合衛生管理製造過程)
HDB	Housing and Development Board(住宅開発庁)
ISO	International Standard Organization(国際標準化機構)
IT	Information Technology(情報技術)
MRT	Mass Rapid Transit(大量高速移送)
NICs	Newly-industrializing Countries(新興工業国)
NIEs	Newly-industrializing Economies(新興工業経済群)
NWC	National Wage Council(全国賃金評議会)
OEM	Original Equipment Manufacturing(委託先のブランドで部品・完成品を供給すること)
OHQ	Operational Headquarters(地域統括本部)
PAP	People's Action Party(人民行動党)
PCS	Petro-chemical Corporation of Singapore(シンガポール石油化学)
PCSL	Pokka Corporation (Singapore) Ltd.(ポッカコーポレーション・シンガポール社)
SARS	Severe Acute Respiratory Syndrome(新型肺炎、重症急性呼吸器症候群)
SIA	Singapore International Airlines(シンガポール航空)
STB	Singapore Tourism Board(シンガポール政府観光局)
STPB	Singapore Tourist Promotion Board(シンガポール観光振興局)
WHO	World Health Organization(世界保健機関)

序章　都市国家シンガポールと日本

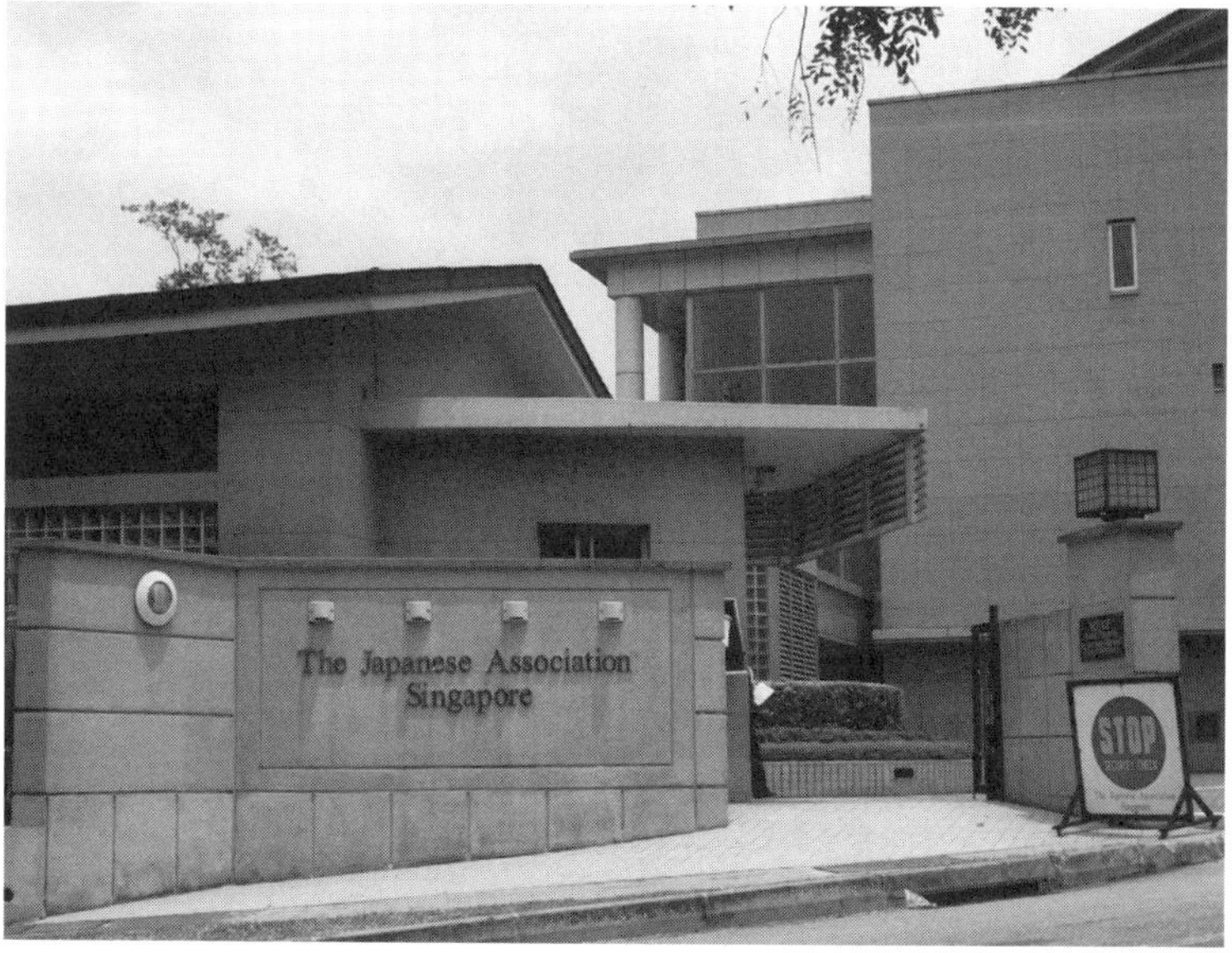

シンガポール日本人会の建物(2004年2月撮影)

1　シンガポール経済と日本

シンガポール経済の現状

シンガポールは、東京二三区とほぼ同じ面積の国土を有する都市国家である。(1) 人口は二〇〇二年六月末時点で三三七万八三〇〇人(外国人居住者を含めると四一六万三七〇〇人)にのぼる。そのうち、華人が二五八万五三〇〇人(全体の七六・五%)、マレー人が四六万六九〇〇人(一三・八%)、インド人が二七万二七〇〇人(八・一%)、その他が五万三三〇〇人(一・六%)を占める[DSS,2003：25]。なお、公用語は多民族社会を反映して英語、中国語、マレー語、タミル語の四言語だが、実質的には英語が教育・ビジネス言語であり、国内の至るところで広く使われている。

小国シンガポールは天然資源に乏しいが、東南アジアの海上交通の要衝に位置し、長年にわたって国際中継貿易港として栄えてきた。しかし、独立国家としての歴史は浅い。一九五九年に宗主国イギリスから自治権を獲得し、六三年九月にマラヤ連邦、サバ、サラワクと統合してマレーシア連邦を結成し、六五年八月に分離独立した。その後は人民行動党(PAP)政権下で開発独裁体制が敷かれ、(2) 欧米・日本の企業を積極的に呼び込んで輸出志向型工業化が推進されていく。七〇年代末になると、韓国、台湾、香港、メキシコ、アイルランド、スペインなどとともにNICs(新興工業国)と呼ばれるようになり、(3) その後も八〇年代なかばの不況を除くと比較的順調に高度成長を続けた。

実際、実質経済成長率(年間平均)は、一九六九〜七九年が一〇・四%、八〇〜八九年が七・三%、九〇〜九七年が八・七%と、きわめて高い。ただし、九七年に発生したアジア通貨・経済危機による周辺諸国の不況の影響を受け、翌九八年には〇・九%に減少した。その後景気が回復し、二〇〇〇年には九・四%に上昇したが、〇一年には米国のIT不況と同時多発テロなどの影響で再び後退し、マイナス二・四%となり、〇二年も二・二%と低調であった[林、一九九〇：三二一；DSS,1990：3；同1994：3；同2003：2〕。とはいえ、過去四〇年間に発展途上国から先進国に変身し、高い所得水準を達成している。

二〇〇〇年における一人あたりGDP（国内総生産）は、二万二四五六米ドルにのぼり、東アジアでは日本の三万七五四九米ドル、香港の二万四三六二米ドルに次いで三番目に高かった。なお、旧宗主国であるイギリスは二万四〇七七米ドルで、シンガポールとそれほど変わらない〔『世界の統計』二〇〇三：一〇二-三〕。

二〇〇二年のGDPに占める主要産業の比率を見ると、製造業とビジネス・金融サービス業がいずれも二四・三％、交通・通信が一三・六％、卸・小売が一二・七％である。天然資源をほとんどもたないため、農林水産業は採石業を含めても〇・一％を占めるにすぎない。人民行動党政権は一九六〇年代後半以降、外資に大きく依存した製造業を「成長のエンジン」として位置付けてきたが、八〇年代なかばの不況を機に政策転換を行い、製造業とビジネス・金融サービス業を経済の二本柱とした。その結果、後者が政府の支援のもとに急成長したのである。製造業については、電機・電子、石油精製・石油化学、生命工学（バイオテクノロジー）が重要産業である（DSS,2003：63）。

観光産業にも力を入れており、アジア太平洋地域における観光ハブ化をめざしている。二〇〇二年に訪れた外国人旅行者数は総人口の倍近くの七五六万六二〇〇人にのぼり、訪日外国人数（五二三万八九六三人）を大きく上回る〔DSS,2003：167；国際観光振興会、二〇〇三：三五〕。二〇〇〇年度のGDPに占める観光収入の比率は六・九％と世界でもっとも高く、二位の香港（四・九％）や三位のイギリス（三・一％）に大きく水をあけている〔経済産業省、二〇〇三：一六三〕。

また、天然資源に乏しく、外資に大きく依存して産業の高度化を図ってきたため、優秀な人材の確保が必要不可欠であり、とりわけ教育を重視している。高等教育機関は現在、最高学府であるシンガポール国立大学（NUS）を頂点に(4)、南洋工科大学（NTI）、シンガポール経営大学、ポリテクニック(5)、国立教育研修所、放送大学がある。

そして、教育の国際化をめざして世界中から有力教育機関の誘致を図っており、すでに複数の教育機関がキャンパスを設置している。たとえば、フランスのＩＮＳＥＡＤ（ビジネススクール）が二〇〇〇年一月に、米国のシカゴ大学ビジネススクールが同年なかばに、シンガポール分校をそれぞれ開校した。そのうえ、政府は国際的に著名な学者を海外から招聘し、教育・研究水準を引き上げる努力もしている。たとえば、シンガポール国立大学は、〇二年三月に京都大学を退官した伊藤嘉明医学部ウイルス研究所長を、四月から五年間の契約で医学部ウイルス研究所の所長に迎えた［『シンガポール』二一九号、二〇〇二年六月：四二］。

留学生の誘致にも非常に熱心である。国内の教育機関で学ぶ留学生数は二〇〇三年に約五万人に達したが、教育省は一二年までに一五万人へ引き上げる目標を掲げている［*Straits Times*,8 Sep. 2003］。周知のとおり、日本では一九八三年に中曽根康弘首相が「留学生受入れ一〇万人計画」を打ち出し、〇三年に悲願の一〇万人を突破した(6)。それでも、総務省統計局によれば〇三年一〇月一日現在の日本の推計人口は一億二七六一万九〇〇〇人であり［総務省統計局ホームページ］、外国人居住者を含めても人口四〇〇万人強の小国シンガポールと比べると、かなり遜色があるといわざるを得ない。

シンガポールでは能力主義が重視されており、小学校高学年から能力別クラス編成が始まるため、生徒たちは早い段階で「勝ち組」と「負け組」に振り分けられる(7)。学生は難関を突破してＮＵＳやＮＴＩなどに入学し、通常、三年間在籍して学士号を取得する。とくに優秀な学生はさらに一年間勉学に勤しみ、栄誉学位（honours degree）をめざすことになる。卒業式に授与される栄誉学位記には個々の学生の成績を反映したグレード（等級）が明記され、これが大学院受験や就職活動の際に重要な意味をもつ(8)。

このように学歴主義と能力主義に偏重しており、高等教育を受けていない者や弱者にとっては厳しい社会といえるかもしれない。しかしながら、人材以外に天然資源をほとんどもたない小国が過去三〇年あまりの短期間に途上国から先進国の仲間入りを果たすまでに変貌した背景には、有能で実行力のある指導者や官僚などの役割に加え、能力重視の教育制度があったことは否めないであろう。

シンガポール―日本経済関係の現状

次に、日本とシンガポールとの経済関係の現状について見よう。日本は一九六〇年代なかば以降、貿易、直接投資、技術移転、人材開発などをとおしてシンガポールの急激な経済発展に大きく寄与してきた。まず、製造業投資に占める日本のシェアを検討する。

第1章で述べるように、シンガポールは一九六七年の「経済拡大奨励法」制定後、欧米や日本の企業を積極的に呼び込んで輸出志向型工業化を推進してきたため、今日でも外資に大きく依存している。製造業投資に占める外国資本の割合は、九六年に七〇・七%（八〇億八五一〇万ドル）、二〇〇〇年に七八・六%（九二億八九〇万ドル）、〇二年に七八・%（七〇億三九〇〇万ドル）である。国別では、日本は米国に次いで二番目に重要な投資国であり、九六年には一九億六〇〇〇万ドル（投資総額の二四・二%）、二〇〇〇年に一五億一三〇〇万ドル（一六・四%）、〇二年には一七億七八二〇万ドル（一九・七%）にのぼった[DSS,2003：108]。

日本を含む外資にとってシンガポールの魅力は、インフラの整備、高い教育水準、英語がビジネス言語となっていること、政情の安定などだが、これらに加えて法人税率の低さも指摘されるべきであろう。同国の法人税率は一九八五年には四〇%だったが、数回にわたって引き下げられ、二〇〇二年には二二%になった。そのうえ、外資に対してさまざまな優遇措置が講じられるため、実効税率はさらに低い。日本における法人税の実効税率（国税＋地方税）は、九七年には四九・九八%だったが、その後企業の国際競争力を維持・強化する必要性や長期化する不況に対応して引き下げられた。〇三年一二月時点では、四〇・八七%となっている(9)。それでも、シンガポールの二倍近くの税率である。

日本はシンガポールにとって重要な貿易相手国でもある。二〇〇二年には、米国、マレーシア、香港に次いで四番目の輸出先であり、マレーシア、米国に次いで三番目の輸入先となっている。しかし、対日輸出額は二〇〇〇年の一七九億四八七〇万ドル（輸出総額の七・五%）から、〇一年の一六七億一二三〇万ドル（七・七%）、〇二年の一五九億九〇〇〇万ドル(七・一%)へと減少している。さらに、同期間の対日輸入額も、三九九億五五〇〇万ドル(輸入総額の一七・二%)から、二八七億九四一〇ドル(一三・九%)、二六〇億八〇〇〇万ドル(一二・五%)へと急減している[DSS,2003 : 142-43]。この背景には、日本経済の低迷や日中経済関係の重要性の増大などが考えられる。

二〇〇二年における対日貿易の構成を見ると、主要輸出品は機械・輸送用機器九四億二〇〇〇万ドル(全体の五八・九%)、雑製品二九億三三三〇万ドル(一八・三%)、化学製品一一億九八一〇万ドル(七・五%)、鉱物性燃料八億八六一〇万ドル(五・五%)などであり、主要輸入品は機械・輸送用機器一八三億七四六〇万ドル(全体の七〇・五%)、雑製品二四億一五〇〇万ドル(九・三%)、化学製品一五億九九八〇万ドル(六・一%)などである[ジェトロ、二〇〇三：一九一]。これらの構成比率からわかるように、輸出入品の大部分は工業製品であり、シンガポールにオフショア(海外)生産拠点を置く日系企業などが機械類、部品、原材料などを日本から輸入するとともに、完成品や部品などを輸出している。両国間には国際水平分業体制が構築されているのである。

なお、二〇〇二年一月に小泉純一郎首相がシンガポールを訪問した際にゴー・チョクトン首相と署名した、日本初のFTA(自由貿易協定)が同年一一月末に発効し、その効果が徐々に出始めている。もっとも、シンガポール側は対日輸入品の関税を全廃したが、日本側は食用マグロ、鑑賞用金魚、軽油、重油、灯油などの輸入品を関税撤廃の対象外とした[『日本経済新聞』二〇〇二年一月一六日]。

日本は直接投資と貿易をとおしてシンガポールの経済発展に重要な役割を果たしており、そのため多数の日本人が居住している。平成一五年版の『海外在留邦人数調査統計』によれば、二〇〇二年一〇月一日現在、全世界の在留邦人数(三カ月以上の滞在者および永住者)は八七万三六四一人にのぼる。シンガポールの在留邦人数(二万六九七人)は、アジア地域では中国(六万四〇九〇人)とタイ(二万五三二九人)に次いで三番目に多い。

しかし、ここで注目すべきは、一九九七年のアジア通貨・経済危機以降、シンガポールの進出日系製造企業が相次いで、規模の縮小や中国など人件費の安い国への生産移管を行っていることである。その結果、在留邦人数は九〇年の一万二七〇一人から、九五年の二万三三三二人、九七年の二万五七九九人へと増加を続けた後に減少へ転じ、二〇〇〇年に二万三〇六三人、〇二年には二万六九七人となっている『世界の統計』一九九八：三六；同一九九九：三六；同二〇〇二：四二；外務省、二〇〇三：六〇」。実際、数年前まではシンガポールの在留邦人数は東南アジアでもっとも多く、世界最大の在外日本人小学校があった。しかし、タイに追い抜かれ、現在では世界第二位の規模となった。(10)

日本人観光客についても同様の傾向が見られる。アジア通貨・経済危機前には年間一〇〇万人前後がシンガポールを訪れていた。ところが、中国など「より魅力的」な渡航先の選択、〇一年九月にニューヨークとワシントンで起こった同時多発テロ、〇三年三〜四月のイラク戦争、そして同年三月以降、アジアを中心に猛威を振ったSARS（新型肺炎、重症急性呼吸器症候群）などの影響で、激減したのである。

2 問題の所在と本書の構成

本書は、シンガポールでの聞き取り調査、国内外の新聞・雑誌・政府刊行物・単行本・企業などのウェブサイト資料などにもとづき、一九六五年以降のシンガポールの経済発展の諸段階における日本の関与と貢献について、進出日系企業（製造業と小売業）および日本人観光客に焦点を当てて多角的に考究する。(11) 進出日系企業の事例として取り上げるのは、現地で長年にわたって操業を続けてきたミネベア、ポッカコーポレーション（以後ポッカと略す）、キッコーマン、伊勢丹に加えて、すでにシンガポールから撤退したブリヂストンタイヤ（現・ブリヂストン）やトミーも含める。(12) これらの企業のシンガポール子会社と他の海外子会社との関係についても考察する。

また、近年、欧米・日本・台湾などの企業が、二〇〇一年一二月にWTO（世界貿易機関）に加盟して急速な工業化をとげつつある中国への直接投資を加速させており、東南アジア地域で操業している進出外資系企業も中国へ生産の移管を行っている。これらの現状を踏まえて、シンガポールの進出日系企業の経営戦略も明らかにする。さらに、〇三年前半にアジア地域を中心に大流行したＳＡＲＳがシンガポール経済や日系企業に与えた影響についても適宜検討する。なお、日本企業はシンガポールの貿易や建設（公共住宅、高層ビル、地下鉄、港湾、空港などのインフラ建設）などの分野においても重要な役割を果たしてきた。ただし、これらの産業については紙面の制約上、簡単にふれる程度にとどめたことを断っておきたい。

独立後のシンガポール経済については、シンガポール国内外を問わず多くの先行研究が存在する。[13] しかしながら、筆者の知るかぎり、一九六〇年代なかば以降の経済発展における進出日系企業の役割や、観光産業の発展と日本との関連を体系的に分析した本格的な先行研究は、いまだない。また、シンガポールを含む東アジアの進出日系企業に関しては従来、製造業に焦点を当てた研究が大半であった。これに対して近年、Ｋ・Ｌ・マックファーソン（MacPherson）、川端基夫、ロス・デービス、矢作敏行などが、経営学的視点から同地域における大型小売企業（進出日系企業を含む）についての研究を行っている［MacPherson,1998；川端、一九九九；デービス・矢作、二〇〇一；矢作、二〇〇三］。

日本は、からゆきさんが進出し始めた明治初期から長年にわたってシンガポールと密接な経済関係を築いてきた、という歴史がある。[14] 現在でも多数の日系企業が操業し、企業関係者を中心に二万人あまりの日本人が居住している。したがって、シンガポールを研究対象とする価値は十分にあるだろう。

本書は、９章から構成されている。

第1章では、シンガポールの経済発展の諸段階における人民行動党政権の役割および進出日系企業の構成と活動の実態を概観する。天然資源に乏しく、人口の小規模なシンガポールが、一九六五年八月にマレーシアから分離独立し、その後、外資を呼び込んで輸出志向型工業化政策によって急激な経済発展をとげた過程をたどり、途上国から中進国へ、中進国から先進国へと変身した経緯を明らかにする。また、九〇年代末以降の欧米・日本の対中国投資の加速に対応して政府が実施した産業政策と、二〇〇三年前半に流行したＳＡＲＳの影響についても考察を加える。

第2章では、シンガポールの輸出志向工業化が緒についたばかりの時期に進出したブリヂストンタイヤと、その後に進出した玩具メーカーのトミーをケース・スタディーとして取り上げ、進出動機、活動の実態、投資環境の変化への対応などについて論じる。前者はシンガポールが参加して結成されたマレーシア共同市場を目当てに一九六三年に現地企業との合弁で子会社を設立し、六五年から操業を開始した。後者は七〇年代初頭にプラスチック玩具を生産するために進出し、製品の大半を欧米市場へ輸出していた。ブリヂストンタイヤは八〇年に、トミーは九五年にそれぞれ撤退したが、その要因を多角的に分析する。

第3章では、世界最大のミニチュア・小径ボールベアリングメーカーのミネベアをケース・スタディーとする。同社はグローバル戦略を採っており、アジア地域を中心とした工場で精密部品の量産を行い、世界各地で販売している。一九七〇年代初頭に進出した動機を分析したうえで、シンガポールにおける活動の実態を明らかにする。また、八〇年代初頭にタイに、九〇年代初頭に中国に生産拠点を設けた背景を分析し、これらの国に設立された子会社とシンガポールの子会社との関係を検討する。

第4章では、名古屋に本拠を置く総合飲料メーカーのポッカが一九七〇年代末に進出した背景を考えたうえで、当初缶飲料の生産を行っていた子会社が、後に食品の製造・販売やレストラン経営にも乗り出して多角経営を行うようになった経緯を明らかにする。また、同社の香港、マレーシア、中国への進出において、この子会社の果たした役割を分析し、ポッカのアジア戦略を明らかにする。

第5章では、キッコーマンをケース・スタディーとし、シンガポールへ進出する前の同社の海外事業史をたどったうえで、シンガポールに直接投資を行った背景を分析し、人件費が高騰を続けているにもかかわらず二〇年間にわたって醤油の生産を続けている要因を明らかにする。また、同社がオランダと中国に工場をつくった経緯を述べ、シンガポールの子会社への影響について考察する。

第6章では、一九七二年に日本の百貨店として初めてシンガポールに進出した伊勢丹に焦点を当てて、日系小売企業の進出動機、マーケティング、在庫管理、日本人観光客との関係、現地化の問題などを述べる。また、八〇年代には大丸、そごう、東急百貨店、名鉄百貨店などが、さらに九〇年代前半には高島屋と西友が相次いで開業し、その後これらの大半が撤退した背景を明らかにする。そのうえで、日系小売企業が地元小売業、消費市場、さらにシンガポールの経済にもたらした影響について評価する。

第7章では、観光資源に乏しいシンガポールが過去三〇年間に世界有数の観光立国になった背景を明らかにするとともに、日本人観光客と進出日系企業が観光産業の発展において果たした役割について考える。また、アジア通貨・経済危機まで増加を続けた日本人旅行者数が、その後減少に転じた要因を分析する。

終章では、以上の分析をとおして明らかになったことを総括する。また、ヒーナン(D.A. Heenan)とパールマター(H.V. Perlmutter)が彼らの著書(15)で示した企業の国際経営の五つの発展段階(国内志向、本国志向、現地志向、地域志向、グローバル志向)を踏まえて、これまで取り上げてきた日本企業を分類するとともに、アラン・ラグマン(Alan Rugman)の「多国籍企業のグローバル化終焉」説について考察を加える。さらに、中国の台頭が、シンガポールや他の東アジア諸国における日本の影響力とプレゼンスに及ぼしている影響について論じる。

(1) シンガポールは島国であり、毎年、海峡の埋め立てを行っているため、国土面積は一九八五年の六二〇・五㎢から、九五年の六四七・五㎢、二〇〇二年には六八五・四㎢へと拡大している[DSS, 1995 : 17 ; 同2003 : 9]。

(2) 一九五四年にリー・クアンユーらによって創設された人民行動党は、五九年に政権を取り、その後四五年間にわたって議席をほぼ独占し続けている。リーは首相を九〇年まで三一年間務め、その後ゴー・チョクトンに禅譲し、自身は新設の上級大臣に就任した。なお、次期首相にはリーの長男で、副首相のリー・シェンロンが就任することになっている。人民行動党下での開発独裁体制については、[Rodan,1989][岩崎、一九九六：八六－一四九][田村、二〇〇〇]を参照。

(3) 一九七九年にＯＥＣＤ(経済協力開発機構)が、急速に工業化しつつあった諸国を総称してＮＩＣｓと命名した。八〇年代に入ると、経済が停滞したり、巨額の債務を抱える国が続出したが、アジアの四カ国・地域は順調に成長を続け、八八年以降はアジアＮＩＥｓ（新興工業経済群）と呼ばれるようになった。

（４）シンガポール国立大学は一一学部を擁する総合大学で、二〇〇三年九月三〇日現在、学生数は学部学生が二万三〇九二人、院生が八八九一人、留学生が七五〇〇人である（ＮＵＳのホームページ）。また、海外の名門大学との交換留学制度を導入している。〇二年一一月には、東京大学と人文・社会科学分野の交換留学制度を〇三年から開始することで合意した。

（５）ポリテクニック（polytechnic）は総合制高等教育機関で、学位（degree）の授与をしないため大学（university）より格が低いが、学術水準は日本の四年制大学に匹敵するほど高いといわれる。なお、シンガポールには現在四つのポリテクニックがある。

（６）文部科学省によれば、二〇〇三年五月一日現在、留学生数は一〇万九五〇八人にのぼり、前年同期比一四・六％増となったという［『日本経済新聞』二〇〇三年一一月一二日］。

（７）小学校四年の終わりに英語と算数の一斉テストが実施され、その結果によって五年生から能力別クラス編成が行われる。さらに、小学校六年の修了時に修了試験が実施され、中学校入学の際にはその結果をもとに能力別に振り分けられる。なお、シンガポールの公教育制度については、［斎藤、二〇〇二］を参照。

（８）栄誉学位記に明記される等級は、first class（一等級）、upper-second class（二等級の上位）、lower-second class（二等級の下位）、third class（三等級）である。この等級制度はイギリスの大学にならっており、external examiner system（外部試験官制度）も導入している。

（９）イギリスの三〇％と比べるとかなり高いが、米国（四〇・七五％）やドイツ（三九・六九％）とほぼ同水準である。

（10）シンガポール日本人小学校の生徒数は、一九九五年の二〇八二人から、九八年に一九六八人、二〇〇一年に一六一五人、〇三年には一三三八人へと減少を続けている（いずれも五月一日現在）。現在は二校体制となっており、クレメンティ校（Clementi Campus）とチャンギ校（Changi Campus）がある。なお、シンガポール日本人学校は日本人会によって運営されており　同会の会員であることが入学条件となっている。

（11）日本では、さまざまな統計数値が政府や企業団体などによって刊行物やホームページなどをとおして公表されているが、シンガポールでは日本のように比較的容易にデータを入手できない場合がある。たとえば、シンガポールにおける醤油の年間生産量や規模タイプ別小売業（百貨店、スーパー、中小小売店など）の売上高に関する統計数値は公表されていない。

（12）『日本経済新聞』によれば、二〇〇二年度の連結営業利益に占める海外比率の高い日本企業（全体の営業利益が一〇〇億円以上を対象)のランキングは、首位が三菱商事(八五・一%)、第二位はミネベア(八三・八%)、第三位は海外に七〇程度の拠点をもつ旭硝子(七七・五%)で、キッコーマン(約五〇%)は二二位である『日本経済新聞』二〇〇三年一一月二一日」。

(13) シンガポール経済に関する著書は、[Peebles and Wilson,1996][Huff,1994][川田、一九九七][Toh and Tan,1998][案浦、二〇〇一]などがある。

(14) 一八七〇年から一九六五年までの期間における日本とシンガポールとの経済関係をテーマとした研究には、筆者が平川均氏と著した[清水・平川、一九九八]がある。

(15) 同書の訳者はパールミュッターと表記しているが、ここでは原語の発音に従い、パールマターとした。

第1章　シンガポールの工業化と進出日系企業

埋め立てで完成しつつあるジュロン島(2004年2月撮影)

はじめに

　戦後東アジアの経済発展は、しばしば「雁行型」と呼ばれる。先発国の日本が朝鮮戦争（一九五〇～五三年）後に工業化の口火を切り、六〇年代なかば以降、アジアＮＩＥｓ（韓国、台湾、香港、シンガポール）が、さらに八〇年代にはＡＳＥＡＮ（東南アジア諸国連合）４（マレーシア、タイ、インドネシア、フィリピン）が、また九〇年代には中国やベトナムなどが順に産業の高度化を開始した(1)。もっとも、東アジアの雁行型経済発展といっても、日本とアジア諸国の工業化の過程には大きな相違が見られる。

　周知のとおり、日本は幼稚産業の保護育成という観点から外国企業による対日直接投資を制限し、欧米で開発された先端技術を高額な特許使用料を支払って導入した。民間企業は輸入技術などをもとに開発した製品の生産を行い、国内外で販売して国際競争力をつけていく。さらに、高度成長期には政府が人為的に低金利政策をとり、金融機関が国民から低利で集めた潤沢な資金を民間企業に融資していた［橋本、一九九五：一三五‐八二］。

　一方、他の東アジア諸国のほとんどは戦後になって独立を達成した。地場資本や企業家などが極端に不足しており、技術水準も低かったため、欧米・日本の大企業を誘致して工業化を推進する。そのために、政権の安定、輸出加工区の設置、税制面での優遇措置、インフラ建設など投資環境を整える必要があった［平川、一九九二：鈴木、一九九九］。なお、雁行型パターンでは日本主導のアジア経済発展がしばしば論じられるが、アジア諸国の急速な工業化においては欧米も重要な役割を担ってきたことは言をまたない。

　本章では、人民行動党政権が誕生した一九五九年以降のシンガポール工業化の過程をたどり、進出日系企業が経済発展の諸段階でどのようにかかわってきたのかを概観する。六五年のマレーシアからの分離独立時には、シンガポールは人口二〇〇万人足らずの小国であり、企業が規模の経済を享受するにはあまりにも小規模な市場であった。そこで、六〇年代後半に政府は開発政策を転換させる。そして、欧米・日本の企業を積極的に誘致し、輸出志向型工業化を推進して高度成長をとげた。

1　輸入代替型工業化から輸出志向型工業化への転換

シンガポールは一九五九年、イギリスから内政自治権を獲得した。同年に実施された総選挙で人民行動党が五一議席のうち四三議席を獲得して政権を取り、党首であったリー・クアンユーが首相に就任する。リー政権が最初に取り組まなければならなかったのは、公共住宅建設と雇用創造である。当時、多くの人びとがスラム街やカンポンに住んでおり、深刻な住宅不足となっていた。そこで、政府は六一年に住宅開発庁(HDB)を発足させ、公共住宅建設に本腰を入れ始める。

HDBが一九六一年以降に建設したフラット(flats：日本のマンションに相当する)総数は、六五年一二月末には五万二七四八戸であった。以後、七〇年一二月末に一二万八五一戸、七六年三月末に二五万五九六六戸、八〇年三月末に三七万六七一〇戸に増加している。その結果、公共住宅に居住する国民の割合は、同期間に一一・四%から、二三%、三五・九%、五四・八%、七一・九%へと増大。その後も上昇を続け、二〇〇二年には八五%に達した[DSS,1983：118；同2003：120]。

このように大量の公共住宅を供給できたのは、政府が容易に土地を取得できるような法整備がされていたからである。一九五五年の「土地収用条例」と六六年に制定された「土地収用法」は、公益事業を行う場合に土地の強制収用を可能にする法律である。政府はこれらによって低価格で土地を次々と収用し、スラムやカンポンを取り壊して住宅地、工業地、商業地として再開発した。立ち退きを余儀なくされた住民は、HDBが建てた公共住宅に入居させていく。なお、政府は、この法律の実施や海の埋め立てによって国有地を増やし、今日では国土の八割以上を所有するまでになっている[経済企画庁、一九九八：一六〇-六一]。

一九六〇年代初頭のシンガポールでは、住宅不足とともに高失業率が焦眉の課題であった。そこで、人民行動党政府は工業化を推進する目的で、六一年八月に経済開発庁(EDB)を設立する。また、輸入代替工業化政策を導入し、欧米や日本の製造企業を呼び込んで労働集約型産業を発展させることにした。同年、リー・クアンユーとマラヤ連邦(現在の西マレーシア)のアブドル・ラーマン首相は、二年後のシンガポールとマラヤ連邦の合併に合意。日系企業を中心とした外国企業が、共同市場を目当てにシンガポールへ相次いで進出した。さらに、次節で述べる「血債」問題に関連して、政府は日本の商社が派遣社員のビザ取得や支店・駐在員事務所開設を認める条件として、日本企業をシンガポールへ誘致することを義務付けたため、多数の日本企業が商社との合弁で子会社を設立した[清水・平川、一九九八：二四六-八四]。

一九六三年九月にマラヤ連邦、シンガポール、サバ、サラワクの統合によってマレーシア連邦が誕生し、一〇〇〇万人規模の共同市場が形成された。ところが、人種問題、主導権争い、経済政策の相違などにより、シンガポールは六五年八月、分離して独立国となる。その結果、後背地としてのマレーシア市場を喪失し、二〇〇万人足らずの狭隘な国内市場をもつのみとなった。このため、六〇年代前半に「マレーシア共同市場」を目当てにシンガポールへ進出した日本企業の多くが、規模の経済を享受できなくなって撤退する(2)。

当時のシンガポールには近代産業が少なく、しかも失業率が一九六六年に八・七%、六七年には八・一%ときわめて高かった。さらに悪いことには、六八年一月、イギリス政府が三年以内にスエズ運河以東のイギリス軍をすべて撤退させる方針を公表する。これによって、直接または間接にイギリス軍基地に雇用されていた四万九〇〇〇人のシンガポール人の失業が避けられなくなり、政府は有効な雇用政策を打ち出す必要に迫られた(3)。このような状況下で、人民行動党政権は輸入代替工業化政策の継続は困難と判断し、六〇年代末に開発政策を輸出志向型に転換させ、外国企業の誘致による工業化の推進をめざしていく。

欧米の多国籍企業は一九六〇年代に、母国で頻発するストライキや高賃金などを避けるため、資本・技術集約的な前工程を先進工業国に残し、組立て・加工などの労働集約的な後工程生産を途上国で行う「新国際分業体制」を構築し始めていた。これらの企業は、低廉で豊富な労働力が存在し、政権が安定し、インフラが整備されている国を投資先として選んだ[Fröbel et al.,1980：33-36]。それゆえ人民行動党政権は、政権を安定させ、インフラを整備して、投資環境を改善する必要があった。

人民行動党は、一九五四年に労働組合に支持された左派とリー・クアンユー率いる穏健派の共闘組織として結成された政党である。そのために内部対立が続き、六一年に左派が分裂して社会主義戦線を結成した。その後、人民行動党政権は「国内治安法」(Internal Security Act)を発動して、労働組合や左翼の活動家を次々と逮捕・拘留していく。社会主義戦線はこれに反発して、六六年末までに全国会議員を辞職させた(4)。また、六八年には野党が総選挙をボイコットしたため、人民行動党が五八議席すべてを獲得する。以後、野党議員は八一年まで一人も選出されなかった。こうして、人民行動党政権が開発独裁体制を敷き、輸出志向型工業化を推進することが可能になったのである。

一九六七年には、外資・地場資本を問わず、創始産業と認定された企業に対して五～一〇年の法人税の減免などさまざまな恩典を与える「経済拡大奨励法」を制定した。あわせて同年、既存の「労働法」「事務職員雇用法」「商店員雇用法」を一本化して、経営者側に有利となる内容を盛り込んだ労働法を制定する。さらに、左翼系のシンガポール労働組合協議会が非合法化されたため、人民行動党が六一年に結成した全国労働組合評議会が唯一の全国規模の労働組合となった。その支配下で労働組合は「御用組合」化し、労使協調路線を採る[Tan,1984：189-205；Rodan,1989：156-61]。その結果、六一年に一一六回起きたストライキは、六八年に四回、七五年に七回と激減し、八〇年にはまったく発生しなかった[DSS,1983：42]。

また、一九七二年には政府、労働組合、経営者の代表三者で構成する全国賃金評議会(NWC)が発足した。この機関は、日本の人事院のように公務員を対象に賃金水準のガイドラインを政府に提示するが、日本とは異なり民間企業もこのガイドラインに準拠して賃金を決める。そのため、実質的には政府が官民すべての労働者の賃金を決定する仕組みになったのである。NWCは、七〇年代には低賃金労働力を「ウリ」として外資を誘致しようとしていた政府の意向に沿って、経済成長率よりはるかに低い賃上げを勧告する一方、後述する高賃金政策の期間(七九〜八四年)にはその逆を勧告した[日本労働協会、一九八九:一二一-一二八]。八七年以降は総じて、経済成長率に沿った賃金水準ガイドラインを提示している。

これに先立つ一九六一年に設立されたEDBは、工業団地の造成、製造企業への融資と出資、創始産業法の運用などを担当する機関である。六八年にジュロン都市公団とシンガポール開発銀行(DBS)が設立されると、前者に工業団地の開発と運営を、後者に産業金融機能をそれぞれ移管した。そして、外資の誘致や新規産業分野の政策立案・実施機関として存続する。六九年一一月には米国、ドイツ、イギリス、日本などにシンガポール投資センターを設置し、これらのセンターを通じて多国籍企業の誘致を活発化させた。

外資・地場企業に融資や為替などで便宜を図るために、金融制度も整備されていく。一九六八年一〇月にはバンク・オブ・アメリカのシンガポール支店が、非居住者外貨預金に対する利子課税免除の同意を政府から得て、アジア通貨勘定(Asian Currency Units)を開設し、東南アジアの華僑などから余剰資金を集め始めた。その後、他の金融機関が参入し、シンガポールのオフショア(アジア・ダラー)金融市場が急速に発展する。東南アジアや中東産油国などから集まった余剰資金は、アジア地域に投融資されただけでなく、欧米の大手銀行を通じて世界各地で運用されるようになる。さらに、七一年には中央銀行に相当するシンガポール金融庁が設立された。ただし、シンガポールでは通貨の発行は六七年以降、シンガポール通貨局(Singapore Currency Board)が行っている。七八年六月に為替管理が撤廃されて金融の自由化が行われると、シンガポールはアジアの国際金融センターとして急速に成長をとげ出した。(5)

このようにシンガポールは多国籍企業にさまざまな恩典を与えたが、外資を呼び込むために同様の措置を採ったのは、他のアジア諸国も同様である。また、シンガポールの賃金水準は、後に台頭する香港、台湾、韓国などよりもかなり高かった。半熟練工の一九七二年の平均月収は、韓国六六米ドル、台湾七三米ドル、香港では八四米ドルであったが、シンガポールでは八七米ドルに達していた。それにもかかわらず、原材料の輸入や完成品の輸出に最適な地理的な好立地と整備された社会資本などのプラス要因のために、数多くの外資を誘致できたのである[Shimizu and Hirakawa,1999：214]。

2 「血債」問題後の日本企業の対シンガポール進出

「血債」問題の決着と六〇年代末以降の進出

一九六七年の経済拡大奨励法制定後、外国企業と海外市場に大きく依存したシンガポール経済は急速に進展し、年間経済成長率は七三年まで一〇%を超えた。そのため、この時期は「第一次産業革命期」と呼ばれる。第一次石油危機の影響で七四・七五年の二年間は鈍化したが、その後も順調に高成長を続けた。なお、六〇年代末から八〇年代初頭にかけて製造業を主導したのは、労働集約的な電機・電子と造船・船舶修理、資本集約的な石油精製であり、日本企業も一翼を担っている。

日本は、人民行動党政権が工業化への協力を期待した先進工業国の一つであったが、一九六〇年代前半には「血債」問題で日本・シンガポール関係は揺れていた。この問題が浮上した経緯を簡単に述べておこう。

日本は、一九五一年九月のサンフランシスコ講和条約締結後、アジア太平洋戦争期に人的・物的損害を与えたアジア諸国との賠償支払交渉を行い、ビルマ(現・ミャンマー)、インドネシア、フィリピン、南ベトナム(当時)などと賠償協定を結んだ。当時イギリスの支配下にあったシンガポールとマラヤ連邦の場合は、イギリス政府が代わって日本と交渉した。しかし、日本の経済復興を後押ししていた米国の圧力の下でイギリスは両国の対日賠償請求権を放棄し、日本がこれらの地域に残した資産(残地資産)の接収を行っただけであった。その結果、両国は戦後賠償を一切受けられなかったのである[清水・平川、一九九八：二四六-五三]。

ところが、一九六二年二月、シンガポールの東部地区シグラップで宅地造成中に大量の人骨が発見され、続いて他の地域でも集団埋葬が次々と発見された。検証の結果、それらは四二年二月に日本軍によって大量殺戮された華人のものであることが判明する。日本側は、憲兵によって虐殺された華人数は五〇〇〇人前後としているが[Turnbull,1989：190]、リー・クアンユーは回顧録のなかで五万〜一〇万人であったと述べている[Lee,2000：558]。この問題について日本政府と交渉するために、リーは六二年に日本を初めて訪れ、池田隼人首相と会談を行った。その後、椎名悦三郎外相が六六年一〇月にシンガポールを訪問し、同国政府に対して五〇〇〇万ドル(当時の交換レートで約五八億八〇〇〇万円相当)の準賠償金(二五〇〇万ドルの無償供与と同額の低利円借款)の支払いを確約。翌六七年九月二一日、両国政府が準賠償協定に調印して、この「血債」問題は決着した。

日本の通産省(現・経済産業省)によれば、一九六八年五月七日から七二年三月三一日の期間に、日本政府はシンガポール政府に対して合計二九億四〇〇〇万円を供与。四億五六〇〇万円がシンガポールの人工衛星地上通信基地建設に、三億九六〇〇万円がジュロン港のクレーンに、四億一九〇〇万円が公共事業庁用機械類に、一六億六九〇〇万円が造船所建設に、それぞれ充てられた。円借款については、七一年一月二八日の協定で二五億四八〇〇万円が外航用新造船に、七三年七月二三日の協定で三億九二〇〇万円が人工衛星地上通信基地建設事業に、七四年一月二二日の協定では九〇〇〇万円がセノコ火力発電所・配電網に使われることになった[通産省、一九九五：二六四-五：『国際経済』一五巻八号、一九七八年七月：一八八]。

なお、すべての民族の文民犠牲者に栄誉を授けるため、一九六七年に白亜の慰霊塔が建立された。その建設費一〇〇万ドルのうち五〇万ドルは中華総商会（日本の商工会議所に相当）が負担し、残りの五〇万ドルは準賠償金から拠出されている［島崎、一九九一：一七］。シンガポール文化省はこれについて、「日本占領下の昭南島で日本軍が残虐な行為を行った償いとして日本政府がシンガポール政府に支払った賠償金の一部が慰霊塔の建立に使われた」としている［Ministry of Culture,1984：85］。しかしながら、この点について日本政府はいまだに口を閉ざしたままである。

　シンガポールでは一九六七年以降、毎年二月一五日に慰霊祭が盛大に行われている。在留日本人の正式参列が初めて認められたのは七六年で、シンガポール日本人会の高橋八郎会長とシンガポール日本商工会議所の林勝夫会頭が日本人駐在員を代表して参列した［島崎、一九九一：一八-一九］。ところで、六七年九月から九〇年五月の期間にシンガポールを訪問した日本の首相は佐藤栄作、田中角栄、福田赳夫、鈴木善幸、海部俊樹（いずれも自民党所属）の五人だが、リー・クアンユーによれば、誰一人として慰霊塔を訪れなかったという。九四年になって、日本社会党（現・社民党）出身の村山富市首相がASEAN諸国歴訪の際に、各国首脳に対して直接アジア太平洋戦争期における侵略の事実を正式に認めて謝罪した。そして、日本の首相として初めてシンガポールの慰霊塔に献花したのである［Lee,2000：576-77；荒井、二〇〇三：二〇二］。

慰霊塔とその後方にあるエス・プラナードシアター・オン・ザ・ベイ（2003年8月撮影）

　「血債」問題が決着した一九六〇年代末以降、日本企業が大挙してシンガポールへ進出するようになった。日本の製造企業は同国を低コストのオフショア生産拠点と位置付け、輸出志向型の直接投資を開始していく。表1-1が示すように、日本の対シンガポール直接投資残高は六五年の二七〇〇万ドルから、七〇年の六八〇〇万ドル、七八年には八億一〇〇〇万ドルへと

表1-1　各国別の対シンガポール製造業直接投資残高

（単位：100万ドル）

	1965	1970	1975	1976	1977	1978
米　国	23	343	1,118	1,233	1,366	1,600
オランダ	40	183	473	525	571	904
日　本	27	68	454	525	633	801
イギリス	45	199	481	555	566	791
そ の 他	22	202	854	901	1,009	1,146
合　計	157	995	3,380	3,739	4,145	5,242

出所：Sekiguchi, 1983：154より作成．

急増した。

日本では、一九六〇年代末になると非熟練・半熟練工が大幅に不足して賃金が上昇したほか、土地価格も高騰し、工場用地の確保が困難となっていた。また、六九年一〇月、日本政府は為替管理を緩和し、七一年七月には完全に自由化した。さらに、七一年八月に、双子の赤字（経常収支と財政収支）に苦しんでいた米国が新経済政策の一環として金と米ドルの交換を停止。日本を含む主要先進国が、固定相場制から変動相場制へ移行した。その結果、七一年以降、円高が進行していく。対米ドル交換レートで一米ドルあたり三六〇円に固定されていた円は、七二年に三〇三円、七三年には二七二円に上昇した。

こうして日本企業は、欧米との貿易摩擦を避けるために、特定のアジア諸国に工場をつくって、日本製品を欧米市場へ迂回輸出するようになった。シンガポールなどに設立された子会社は、日本の親会社などから輸入した部品の組立て・加工を行い、完成品のほとんどを海外市場向けに輸出したのである。通産省によれば、一九七四年三月には、シンガポールの進出日系企業は原材料と半製品の二一・九％を地元で調達し、六〇・二％を日本から輸入し（うち四九・一％は親会社から）、一七・九％を第三国から輸入したという。電機・電子産業に限定すれば日本からの輸入割合はさらに高く、七六・一％（うち七二・二％は親会社から）である［通産省、一九七五：一七四］。

繊維・エレクトロニクス産業

一九七〇年代初めのシンガポールにおける日本の直接投資は、数の上では繊維産業とエレクトロニクス産業がもっとも多い。

一九七四年三月末の時点で進出日系繊維企業は一四社にのぼり、そのすべてが総合商社および地元資本との合弁で新会社を設立するか、地元企業に資本参加していた。たとえば、七〇年七月に東洋レーヨンと伊藤忠商事は、ユニテックス・シンガポール社(Unitex Singapore Pte. Ltd.)に資本参加し、ユニチカと三井物産は、同じく七月にフィデリティ社(Fidelity)などと資本金二〇〇万ドルでシンガポール紡績(Singapore Spinners Pte. Ltd.)を設立した[東洋経済新報社、一九七六：九八、一〇二]。総合商社は、地元のパートナー探しや繊維原料の輸入、完成品の輸出などにおいて重要な役割を果たす。しかし、周知のとおり繊維産業は労働集約的である。工業化の進展に伴い人件費が高騰すると、日系繊維メーカーの大半は七〇年代末までに撤退した。

エレクトロニクス関連の日系企業は一九七四年三月三一日の時点で一三社にのぼり、うち五社は親会社全額出資の子会社、六社は五〇~九九%日本側の所有であった。表1-2が示すように、六七年の三洋電機の進出を皮切りに、日立製作所(七二年)、三菱電機(七四年)、アイワ(七五年)、東芝(七四年販売用子会社設立、七八年生産開始)などが相次いで生産拠点を置き、ラジオ、テレビ、掃除機など民生用機器の組立て・加工を開始している。

これらの子会社は、部品や資材の大部分を日本の親会社から調達し、シンガポールで労働集約的な組立て・加工を行い、最終製品をおもに欧米へ輸出するというのが、一般的なパターンである。工業用機器分野では、一九七三年に資本金四〇〇万ドルで設立された富士通シンガポール社(Fujitsu(Singapore)Pte. Ltd.)が、遠距離通信機器(電話交換器、継電器など)の生産を開始した[*Straits Times*,29 Aug. 1977]。半導体メーカーでは、六〇年代末に米国のナショナル・セミコンダクター、テキサス・インスツルメント、フェアチャイルド、七〇年代初めにはヒューレット・パッカードが進出している。ヨーロッパ系では六九年にイタリアのSGSとドイツのシーメンスが、日本企業では七〇年代後半に松下電子とNECが、それぞれ子会社を設立した。これらのメーカーはいずれも労働集約的なIC(集積回路)の組立て・検査を行い、製品の大半は先進工業国へ輸出された。

表1-2　シンガポールの主要日系エレクトロニクス・メーカー(1975年12月末現在)

現地法人名	資本金 操業年	出資比率	従業員数 (日本人)	事業内容
Sanyo Industries(S) Pte. Ltd.	80万ドル 1967年	三洋電機37.5%、豊田通商12.5%、Chu Cheong Ltd. 50%	229(8)	家電製品の製造・販売 年間売上高292万ドル
Foster Electric(S) Pte. Ltd.	300万ドル 1972年	フォスター電機100%	252(2)	スピーカーの製造・販売
Hitachi Consumer Products(S) Pte. Ltd.	1,000万ドル 1972年	日立製作所92.5%、日立シンガポール0.5%、ACT Enterprise 7%	1,000(不明)	テレビ、ラジオ、掃除機などの製造
Omron Singapore Pte. Ltd.	150万ドル 1972年	立石電気75%、丸紅8.3%	150(8)	電卓の製造・輸出
Sanyo Electronics (S)Pte. Ltd.	300万ドル 1973年	三洋電機70%、三洋マレーシア他30%	610(9)	ラジオ、テープレコーダーの製造
Setron Electronic Pte. Ltd.	300万ドル 1973年	ソニー49%、現地資本51%	不明	ソニー製品の製造・販売
Tatung Electronics (S)Pte. Ltd.	200万ドル 1974年(資本参加)	三菱電機29%、帝国電子20%、台湾大同公司51%	30(0)	テレビ用ブラウン管の製造・販売
Toshiba KHR (S)Pte. Ltd.	10万ドル 1974年	東芝70%、Kee Huat Radio 30%	1(1)	家電製品の販売および販売促進活動
Atlas Electronics (S)Pte. Ltd.	1975年	アイワ49%、Atlas Electronics Co. 51%	不明	音響機器(ラジオ受信機など)の製造・販売、年間売上高1,728万ドル

注：(S)は(Singapore)の略.

出所：東洋経済新報社,1976：92-102より一部修正して作成.

シンガポールに進出した日系電機・電子企業数は、一九七一～七五年には一六社であったが、七六～八〇年には大幅に増加して三九社にのぼった［日本シンガポール協会ほか、二〇〇〇：九］。そして、ビデオテープレコーダー、カラーテレビ、音響機器などのより高度の製品組立てや、ブラウン管・ＩＣなどの電子部品の製造も行うようになる。

造船・船舶修理業

シンガポールの近代造船・船舶修理業の発展においては、国家と日系造船会社が重要な役割を果たしてきた(6)。一九六〇年代末から七〇年代初めにかけて、複数の造船・船舶修理会社が日本企業とシンガポール政府・地場資本との合弁で設立されていく。

その嚆矢となったのは、石川島播磨重工業（石播）がシンガポール政府との合弁で一九六三年に設立したジュロン・シップヤード社（資本金は九五〇万ドルで、石播が五一％、経済開発庁が四九％出資）である。六四年一二月三〇日の時点で、同社の従業員数は三六六人（うち日本人六二人）であったが、七五年には二〇六〇人（うち日本人一八人）に増加している［Loh and Tey,1979.82；東洋経済新報社一九七六：九二］。六九年にはジュロン・シップビルダー社が、石播とジュロン・シップヤード社の合弁で設立された（資本金一五〇〇万ドル、石播三三％出資）。操業開始は七一年一二月で、七二年末には三四〇人の従業員（うち三六名は石播からの派遣社員）を擁したが、七三年の第一次石油危機を引き金とした世界的な経済不振の煽りを受けて業績が悪化し、七六年にジュロン・シップヤード社に吸収された。

一九七三年五月には、三菱重工業がやはりシンガポール政府との合弁で三菱シンガポール重工業社（資本金は八四二万ドルで、三菱グループ企業が五一％、シンガポール政府・シンガポール開発銀行が四九％出資）を設立。従業員五〇〇人（うち日本人五九人）を擁して、七五年から操業を開始した。一方、日立造船は地元のロビン・グループと折半出資で日立造船ロビン・ドックヤード社（資本金三二〇〇万ドル）を七〇年に設立する。従業員数は、七五年一〇月時点で一〇二一人（うち日本人九八人）であった［東洋経済新報社、一九七六：一〇〇、一〇二］。なお、シンガポール港湾局の造船所はイギリスのスワン・ハンター・グループの経営参加によって合理化が図られ、港湾局の手を離れてからはケッペル・シップヤードに改称された。また、一九六八年のイギリス軍撤退声明後、シンガポールの海軍工廠はスワン・ハンター・グループの経営参加によってセンバワン・シップヤードとして新たに発足している。

以上から明らかなように、シンガポールの造船・船舶修理業は政府が深くかかわっており、電機・電子や石油精製のように外資が支配的な産業分野とは大きく異なる。ハフィズ・ミルザ(Hafiz Mirza)が指摘するように、造船・船舶修理業はシンガポールでは技術移転を成功させた数少ない産業であり、とくに日本の親会社から派遣された技術者の役割が重要であった[Mirza,1986：241-43]。しかし、この産業で使用された大半の原材料は当初、日本からの輸入に大きく依存していたという事実も、同時に指摘されるべきであろう。

石油精製と石油化学

シンガポールは、米国のヒューストン、オランダのロッテルダムに次ぐ世界第三位の石油精製基地である。石油産業を歴史的に遡ると、一八九二年にブコム(Bukom)島に三基の灯油貯蔵タンクが建設されたのに始まる。

一九六一年にイギリス・オランダ系のシェル石油が一日あたり二〇万バレルの精製能力で石油精製を開始するまで、東アジア地域の石油貯蔵・積み換え・配給基地として重要な役割を果たしてきた。一九六〇年代にはイギリス系のＢＰ(British Petroleum)、米国系のモービル石油などが製油所を建設し、石油精製、潤滑油、機械油、アスファルトの生産を始めている。日本の企業では、六一年九月に丸善石油(現・コスモ石油)が東洋綿花(現・トーメン)と合弁で丸善東洋石油(資本金三〇〇万円)を設立し、六二年二月パシルパンジャンに製油所(精製能力二万バレル／日)が竣工すると、石油精製を開始した。しかし、丸善石油本社が経営難に陥ったため、六四年六月に全施設はＢＰに売却される[清水・平川、一九九八：二六六-六八；案浦、二〇〇一：六七-六八]。

一九六〇年代末には米国系石油会社がマレーシアやインドネシアなどの周辺諸国で海底油田開発を盛んに行い、中継貿易地シンガポールに製油所を建設した。しかも、シンガポール国内で工業化が進み、石油と石油化学製品に対する需要が拡大していく。その一方で、ベトナム戦争（六五〜七三年）に伴う軍需などによって近隣諸国への輸出も増大したが、国内生産は限られており、輸入に大きく依存していた。

そこで、政府は一九七〇年初頭、東南アジア地域初の本格的なシンガポール石油化学コンビナートをアイヤー・メルバウ島（Pulau Ayer Merbau）に建設することを決める。リー・クアンユー首相は翌年、シンガポール訪問中の長谷川重則・住友化学工業社長にこのプロジェクトへの参加を打診した。同社は七三年にフィージビリティー・スタディー（投資前調査）を行い、中東と日本の中間に位置するという好立地、人民行動党下での安定政権、高等教育を受けた人材の存在、世界第三位の石油精製基地など、好条件がそろっていることから、シンガポール経済開発庁と折半出資することを七四年に決めた。第一次石油危機に伴う長期世界不況のため、翌年このプロジェクトはいったん中止となるが、七七年になって、リー首相自ら日本を訪れて日本政府に協力要請を行った結果、五月に日本・シンガポール両国の国家プロジェクトとして建設が進められることになる[Shimizu and Hirakawa,1999：216-17]。

一九七七年八月、エチレン・センター会社となるシンガポール石油化学（PCS：Petro-chemical Corporation of Singapore Pte. Ltd.）が設立された[7]。資本金（払込）は六億八六七〇万ドルで、シンガポール側（シンガポール政府、シンガポール開発銀行、テマセック・ホールディングス）と日本シンガポール石油化学の折半出資である[8][林、一九九〇：二三八-三九]。

こうしてアイヤー・メルバウ島の用地が整地されたが、不運にも七九年に第二次石油危機が起こり、世界市場で原油価格が高騰する一方、八五年ごろまで石油化学製品に対する需要が低迷した。そのため、八〇年七月、PCSエチレンプラントの建設が着工され、八二年末までにはほぼ竣工していたにもかかわらず、操業開始は大幅に遅れる。エチレン三〇万トンを中核とするPCS石油化学コンビナート第一期設備が稼働を開始したのは、八四年三月であった。また、八〇年四月から八五年九月の期間に、各種誘導品を生産するため、Polyolefin Company（Singapore）Pte. Ltd.,

Phillips Petroleum Singapore Chemicals Pte. Ltd., Denka Singapore Pte. Ltd. など六社が、住友化学工業、シェル石油、三菱油化などの合弁で設立された。なお、石油化学コンビナートに投下された資本総額は二二〇〇億円にのぼった[『国際経済』二四巻二号、一九八七年一月:一八七]。

日本企業の非製造業への進出

これまで日本企業のシンガポール製造業への直接投資について見てきたが、一九七〇年代には非製造企業も進出している。総合商社大手のほとんどはすでに五〇年代後半に支店を設立し、貿易活動に携わるとともに、六〇年代以降は日本企業との合弁で生産子会社を次々とつくり、大きな役割を果たしてきた[9]。金融業では、東京銀行がいち早く五六年九月に支店を開設。その後、進出日系企業数の増加とアジアにおけるシンガポールの国際金融センターとしての地位の確立に伴い、三井銀行(六三年)、住友銀行(七三年)、富士銀行(七四年)、第一勧業銀行(七六年)、三和銀行(七七年)、東海銀行(七八年)、大和銀行(七九年)などが進出している[10]。

小売業の分野では、一九七〇年代初めに伊勢丹と八百半デパートが進出している。伊勢丹は七二年に、地元のアポロ・エンタープライズ社(Apollo Enterprise Pte. Ltd.)と合弁でイセタン・エンポーリアム社を設立し、ハヴロック・ロードのアポロ・ホテルの隣接地に百貨店を開業した。一方、静岡県の中堅スーパーであった八百半は、シンガポール開発銀行、タイガー社(Tiger Pte. Ltd.)、シンガポール・ノムラ・マーチャント・バンキング、政府系の持ち株会社であるテマセク・ホールディングスなどとの合弁で、七四年にヤオハン・シンガポール社を設立。オーチャード・ロードのプラザ・シンガプーラ(Plaza Singapura)に、シンガポール初の総合スーパーを開業した。両社が成功を収めると、八〇年代初頭から九〇年代前半にかけて、大丸、そごう、東急百貨店、高島屋、西友などが相次いで進出した。

３　高賃金政策とそのインパクト

一九七〇年代後半になると、ＡＳＥＡＮ４が低賃金労働力を武器に多国籍企業を積極的に誘致して、工業化を推進し始める。そこで、シンガポール政府は産業高度化の必要に迫られ、七九年に高賃金政策を打ち出した。繊維や木工などの労働集約的で低付加価値産業を淘汰し、ハイテクで資本集約的な外国企業を呼び込もうとしたのである。なお、高賃金政策期（七九‐八四年）には産業の高度化が推進され、経済成長率も年平均八・六％と比較的高かったので、この時期は「第二次産業革命期」と呼ばれている。

ところで、政府がこの政策を導入した背景には人口が少ないという問題がある。小国シンガポールは急速な工業化の進展に伴い、外国人労働力への依存度を高めていた。一九六〇年代と七〇年代には大部分の非熟練労働者はマレー半島からやって来たが、七〇年代末までにこの伝統的供給先からだけでは不十分となり、新たにフィリピン、タイ、インドなどからも受け入れるようになる。総労働人口に占める外国人労働者の割合は、七〇年の二％から八〇年の一一％へ上昇し、その大半が製造業と建設業に吸収されて、シンガポール人が嫌う３Ｋ（きつい、汚い、危険）の仕事に就いていた[Lim and Associates,1988：405]。

そこで、政府は生産性が低い労働集約型産業を淘汰する一方、民間企業に機械化・自動化によって生産性の向上を図らせたのである。ＮＷＣ（全国賃金評議会）は実質経済成長率よりも高い賃上げを勧告する一方、政府はマクロ政策の一環として中央積立基金（ＣＰＦ：Central Provident Fund）の掛金率（労使双方の負担率合計）を七九年の三七％から、八一年の四二・五％、八四年には五〇％へと大幅に引き上げた[11]（図１‐１）。

また、政府は税控除や補助金などの恩典を、資本・技術集約的で将来性のある企業に与える一方、労働集約的な企

図1-1　中央積立基金掛金率の推移

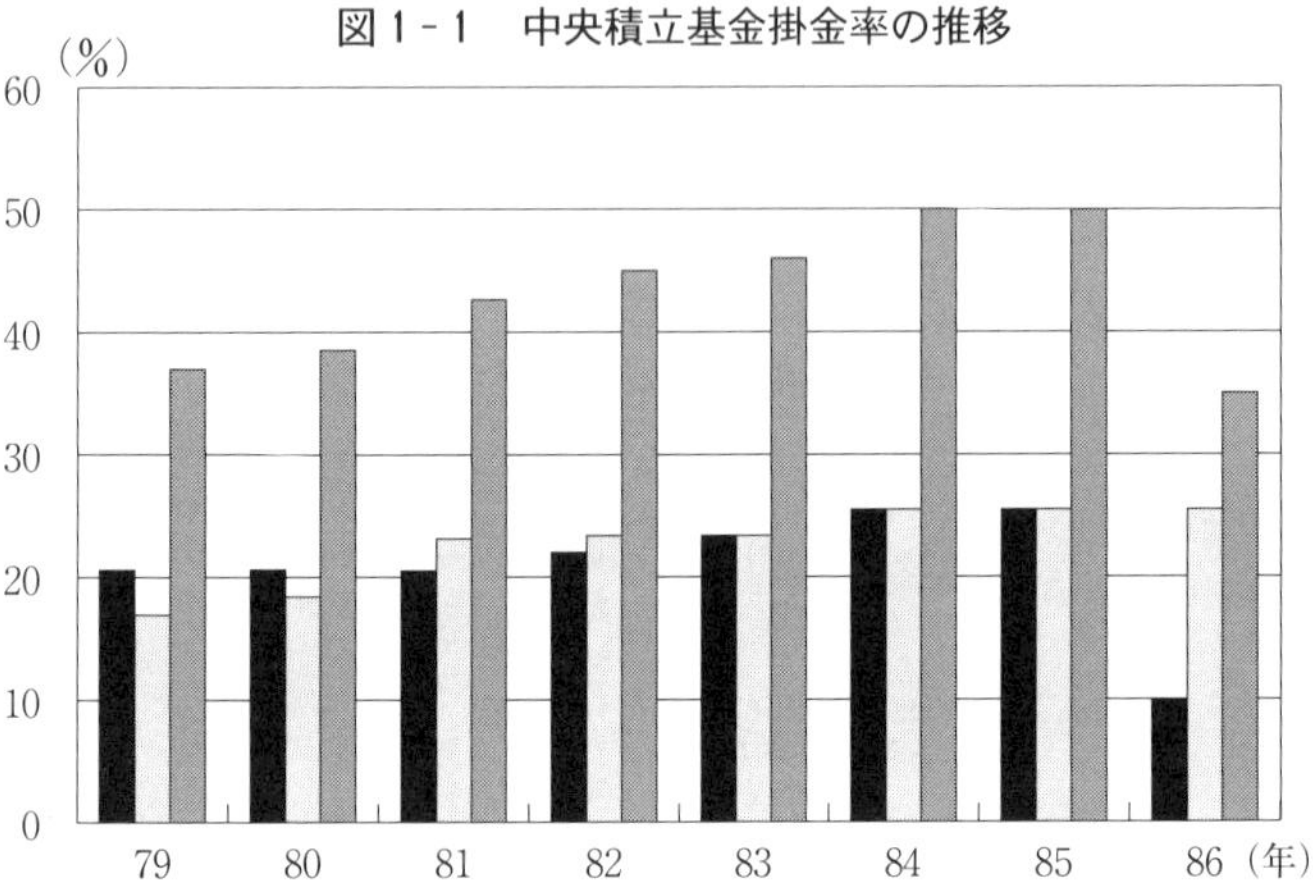

注：■使用者の負担，□労働者の負担，▒合計.
出所：日本労働協会，1989：167.

業に対する保護関税などを撤廃する。たとえば、一九八〇年八月一日から、四五％の輸入関税を完成車と同様にＣＫＤ（完全ノックダウン）車にもかけた。このため、長年にわたってブキティマ工場で自社の自動車組立てを行ってきたフォードは競争力を喪失し、八〇年に撤退した。六八年以降、トラックの組立てを月産二〇〇台のペースで行ってきた日産自動車も、同年ジュロン工場を閉鎖する。同様に、ベンツや三菱の乗用車の組立てを行っていたサイクル・アンド・キャリッジ社（Cycle and Carriage Ltd.）なども工場閉鎖を余儀なくされる。さらに、ブリヂストンタイヤは、六五年から四半世紀にわたってタイヤとチューブの製造を行ってきたが、八〇年に輸入タイヤに対する四五％の関税が撤廃されると、輸入品と競争できなくなり、撤退した。これらの企業は、おもに国内市場を対象としてきたため、小規模生産が行われており、関税保護なしでは操業を続けられなかったのである[*Business Times*,22 July 1980]。

高賃金政策期で特筆すべきは、コンピュータ産業が根付いたことである。先述のように、エレクトロニクス産業では外資系の半導体メーカーや家電セットメーカーが一九六〇年代末以降、労働集約的な組立て・加工などを行っていたが、コンピュータ・メーカーはまだ進出していなかった。しかし、ＥＤＢが欧米・日本のコンピュータ会社を積極的に誘致するとともに、八一年にコンピュータ庁が設立され、コンピュータ産業の育成に本腰を入れ始めた。そして、数年後には早くも世界有数のコンピュータ生産・輸出基地として浮上し、それに伴ってハードディスク装置、インクジェット・プリンター、ＣＤ-ＲＯＭなどの周辺機器産業も急速に成長していく(12)。その結果、八〇年代後半以降、エレクトロニクス産業内で、オフィス・データ処理機器が主力製品となる一方、家電製品やＩＣを中心とした電子部品のシェアは減少を続けた[Wong,2001：583-85]。

こうして人民行動党政権は高賃金政策の導入によって産業の高度化を推進したが、シンガポールの経済発展が順風満帆だったわけではない。外的・内的要因によって一九八四年なかばに深刻な不況の兆候が現れ、八五年には独立後初めて経済成長はマイナス一・六％を記録する。

たとえば、石油精製業は世界的な過剰生産となり、シンガポールの石油製品に対する需要も減退していた。造船・船舶修理業は一九七三年の第一次石油危機以降、生産能力が過剰となる。各社はオイル・リグ(油井の掘削装置)建設に進出するなど多角経営によって危機を乗り切ろうとしたが、三菱重工業は八五年にシンガポールから完全に撤退した(なお、日立造船は八六年に、経営不振に陥っていた現地パートナーのロビン・グループのオーナー、ロビン・ロー(Robin Low)から日立造船ロビン・ドックヤード社の持ち株(五〇％)のすべてを買い取って日立造船の単独経営とし、社名を日立造船シンガポール社に変更している[*Straits Times*,11 Dec. 1986])。エレクトロニクス産業は、海外需要の落ち込みの影響を受けた。公共住宅の供給が過剰となった建設業も、その例外ではない。ちなみに、ＨＤＢによって建設されたフラット数は、八二年の一万九五三二戸から、八三年の四万六六二戸、八四年の六万七〇一七戸と増大した[DSS,1990：158]。

シンガポールの国是は従来、「先進世界のオフショア生産基地をめざす」であったが、経済が後退すると、製造業本位の開発政策の見直しを迫られる。一九八五年四月、商工省は経済委員会を発足させ、リー首相の長男で、国防省副大臣であったリー・シェンロン准将(現・副首相)を委員長に任命し、経済不振の内的要因の検討を行った。委員会は八六年二月、「今後は工業製品と同様、サービスについても世界の主要輸出国をめざすべきである」と提言。政府は、製造業と関連サービス業(国際サービス、交通通信、金融)との有機的連携を図り、「世界のトータル・ビジネスセンター」をめざす方向へ政策を転換する。また、二年間の賃金凍結を行い、法人税率を四〇%から三三%へと引き下げた。CPF掛金率は、使用者負担を二五%から一〇%へ軽減したが、労働者負担は二五%のまま据え置いた。

そして、サービス産業の成長を促すさまざまな政策が実施されていく。たとえば、創始産業ステータスは製造企業に対してのみ授与されていたが、一九八五年にコンサルタント、エンジニアリング・サービスなどのサービス産業にも適用できるように法改正が行われ、八七年にはサービス産業に輸出奨励措置が導入された。

また、一九八六年四月の税制改正では地域統括本部(OHQ：Operational Headquarters)制度が新設された。知識集約型・資本集約型の製造業関連サービス(研究・開発やエンジニアリングなど)を誘致する一方、労働集約的部門を国外に移転させる効果を狙ったのである。OHQステータスを取得すれば、アジア太平洋地域の関連会社・子会社の庶務、人事、会計・直接投資などの地域統括業務を行う場合、税制面での優遇措置を五〜一〇年間享受できる。たとえば、OHQとして認定された企業に対しては、資本参加しているアジア太平洋地域の子会社や関連会社から受け取る配当金(利益送金)への法人税を、通常の三三%と比べて三分の一以下の一〇%に下げた。

進出日系企業で最初にOHQステータスを取得したのは、ソニー・インターナショナル社(一九八七年)である。その後、八八年に藤倉インターナショナル・マネジメント社、八九年にオムロン・アジア・パシフィック社と松下アジア社、九〇年に日立アジア社、九一年に電子部品の販売を行っている東芝エレクトロニクス・アジア社とNECエレクトロニクス・シンガポール社、九二年に富士ゼロックス社が、相次いで取得する[川田、一九九七：二一-二三]。

ただし、一九九二年に日本の税制が改正され、株式の五〇%を超えて保有するなどの海外子会社について、現地での税率が二五%以下の場合、日本国内の親会社は出資比率に応じて、子会社からの配当金も合算して税申告をしなければならなくなった。たとえば、二〇〇三年一二月現在、民間企業の実効税率(国税と地方税の合計)は四〇・八七%である。したがって、二五%の税率を支払った海外子会社からの配当金について、日本で一五・八七%(四〇・八七%マイナス二五%)を課税されることになる。

このタックスヘーブン対策税制は租税回避行為の防止が目的であり、子会社が独立した企業で、その存在に正当性があれば、高率関税は適用されない。実際、製造業、小売業、サービス業などの業種の子会社は、業務に必要な事務所、店舗、工場などの固定施設を有しているため、何ら問題はない。一方、地域統括本部のような子会社で、特定の地域で他の子会社の持株会社として活動している場合は、高率関税が適用される可能性がある[広島商工会議所、二〇〇一]。

一九九二年の税制改正以降、シンガポールでは一部の日系企業がOHQステータスを返上する動きが見られ始める。たとえば、東芝エレクトロニクス・アジア社は、九六年に返上した。ソニー・インターナショナル社やオムロン・アジア・パシフィック社も、更新していない。また、藤倉インターナショナル・マネジメント社は九七年に期限切れとなると、シンガポールからではなく、日本から直接タイなどの近隣諸国に投資を開始した[『日本経済新聞』一九九八年一一月二八日]。なお、九七年のアジア通貨・経済危機以降、日系企業の大半はアジア地域の駐在員数を削減しており、地域統括本部設立の目的でシンガポールへ進出するのを差し控えている。

日本企業とは異なり、欧米企業はシンガポール政府から積極的にOHQステータスを取得し、地域統括本部を設立している。それは、日本と比べてタックスヘーブン税制の対象が低いからである。米国のコンピュータ・メーカーNCは、急成長を続ける中国、インドネシア、インド、その他のアジア諸国のニーズに素早く応じるため、一九九七年一一月に地域統括本部を日本からシンガポールへ移動させた。同社はOHQステータスを政府から授与され、財政、戦略的な企画立案、技術的サポート、アジア地域で展開する同社の販売子会社の業績評価など、さまざまな業務を担っている。ジョンソン&ジョンソン社も、アジア地域での販売を強化するために取得した。

さらにルフトハンザ社は、日本、香港、バンコク、ニューデリーでのビジネス拠点を管理するために、OHQをシンガポールに設置した[『日本経済新聞』一九九七年一二月四日]。同様に、GM関連会社でカーパーツ・メーカーのデルファイ　オート・システムズ社(Delfi Automotive Systems)やスウェーデンの医薬品メーカーのアストラ社(Astra)も、

表1-3　シンガポール製造業への直接投資(1980～95年)　(単位：100万ドル)

国	1980	1985	1990	1992	1993	1994	1995
地場資本	224.4	232.4	269.5	748.0	745.5	1,437.2	1,956.7
外国資本	1,189.1	888.0	2,217.9	2,733.0	3,177.1	4,327.4	4,852.4
米　国	505.7	427.3	1,054.8	1,201.4	1,452.2	2,451.7	2,075.8
日　本	135.3	244.1	708.2	858.0	779.4	913.8	1,152.5
その他	548.1	216.6	454.9	673.6	945.5	961.9	1,624.1
合　計	1,413.5	1,120.4	2,487.4	3,481.0	3,922.6	5,764.6	6,809.1

注：1980-90年は石油化学への投資を除く.
出所：DSS,1990：128；同1997：94.

九八年に取得している『日本経済新聞』一九九八年一一月二八日)。

4　他の東南アジア諸国への生産の移管

八〇年代後半に投資が急増

シンガポールは一九八〇年代なかばの不況から脱却して、八七年に九・四%の経済成長率を達成し、八九年に九・二%、九〇年には九・三%と高い伸び率を維持した。この景気回復の背景に政府の経済対策があったことは確かだが、それ以外に原油安や日本からの投資増などのプラス要因も無視できない。ここで、日本の対シンガポール直接投資を見てみよう。

一九八五年九月のプラザ合意以降、円高となり、日本企業は東アジア諸国へ積極的に生産の移管を行った。円の為替レートはシンガポール通貨に対して、八四年の一〇〇円あたり〇・九〇ドルから、八六年の一・三〇ドル、八八年には一・五七ドルへと上昇していく。その結果、進出企業は急増し、日本の対シンガポール直接投資は八〇年の一億三五三〇万ドルから、八五年の二億四四一〇万ドル、九〇年には七億八二〇万ドルへと増大した(表1-3)。また、円高のため、シンガポールで修理を行うタンカーなどの船舶が急増した。

一方、シンガポール側も日本の直接投資を誘致するために努力を惜しまなかった。たとえば、一九八六年五月にリー・シェンロン貿易・産業大臣代理が訪日し、日本の製造業者に対シンガポール投資を促す一方、EDBは投資受入国としてのシンガポールを売り込むため『日本経済新聞』に数日間にわたって全面広告を出した。また、リー・クアンユー首相は同年一〇月の日本訪問の際、積極的に企業誘致活動を行っている。さらに、EDBは八七年二月、東京、大阪に次いで日本で三番目の事務所を名古屋に開設した(もっとも、数年後に閉鎖)。同年一一月にはリー・シェンルンが再度訪日し、日本の企業家に投資を呼びかけている。このような努力が日系企業による対シンガポール直接投資の増大に寄与したことは、否めないであろう。

ところで、一九八〇年代なかばの不況後、日本の投資はおもに非製造業へ向けられるようになった。日本からの直接投資に占める製造業の割合は、八一年の六四%から、九〇年の三二%、九六年には三〇%へと低下している。九六年末にシンガポール会社登録局に登録された日系企業数は三〇一八社だったが、そのうち製造業は七〇一社(電機・電子二四五社、機械一〇八社、化学八四社など)にすぎない[13]。これに対して、非製造業は二三一七社(国内商業・貿易一〇六六社、サービス四五九社、金融・保険二二二社、建設一六一社など)である[川田、一九九七:一一五]。

小売業では、東急百貨店が八七年に、高島屋が九三年に、西友が九五年に新規開業する一方、伊勢丹、そごう、大丸など既存の百貨店は店舗数を増加させた。これらの小売企業がターゲットにしたのは、可処分所得の倍増で購買力を高めたシンガポールの国民に加えて、二万人以上の在留邦人(九四年=二万七一九人、九五年=二万三三三二人)、年間一〇〇万人近い日本人観光客(九四年=一一〇万九四〇〇人、九五年=一一七万九〇〇〇人)、他国からの観光客などである。また、八百半デパートは貿易開発庁(現・シンガポール国際企業庁)と提携して、東南アジア最大の国際総合卸売センターを九〇年五月にオープンさせた。

成長の三角地帯構想

しかしながら、シンガポール経済の回復とともに再び労働力不足と賃金の上昇が始まり、平均賃金上昇率は一九八七年に一・七%、八八年には五・二%、八九年には六%となった。加えて、八九年の経営者負担のCPF掛金率と外国人労働者に課される雇用税の引上げが、賃金コストの上昇に拍車をかける。一人あたりの雇用税は八七年四月の導入時には製造業・ホテル業が一四〇ドル、建設業が二〇〇ドル、メイドが一二〇ドルであったが、その後、数回引き上げられ、九二年には非熟練労働者が四〇〇ドル、メイドが三〇〇ドルになった。さらに、八九年一月から米国がアジアNIEsをGSP(Generalized System of Preference:一般特恵関税制度)対象国リストからはずしたため[14]、進出外資系企業にとってこれらの国での操業は他のアジア諸国と比べてメリットが少なくなる。

実際、一九八〇年代末以降は、ハイテク産業やサービス関連企業のシンガポールへの移転が進む一方、地場資本・外資を問わず、電子およびコンピュータ周辺機器を中心に、労働集約型の工程や産業のマレーシアやタイへの移転が加速していく。たとえば、米国系のシーゲート・テクノロジー社はタイへ生産を移管した。同じく米国系のナショナル・セミコンダクター社やゼネラル・エレクトリック社などは労働集約部門をマレーシアへ移転する一方、シンガポールでは高付加価値生産に特化し始める。日系企業では、ミネベアやトミーなどがタイへ、三洋電機や富士通などがマレーシアへ労働集約部門を移転した[15]。

これらの問題を解消するために、ゴー・チョクトン副首相が一九八九年に、シンガポール、マレーシアのジョホール州、インドネシアのリアウ諸島(バタム・ビンタン両島)の三地域で構成する「成長の三角地帯」構想を打ち出した。バタム島とジョホール州の豊富な低賃金労働力・土地・資源をシンガポールの資本・技術・工業団地運営ノウハウと結合させて、一大工業・リゾート地帯をつくろうとする計画である。ジョホール州については、シンガポールがすでに相当額の資本を投下し、日本に次ぐ第二の投資国となっていたため、仮にこの構想がなくてもシンガポールとの経済関係は強化されると考えられていた[Lee,1991:68-71]。一方、リアウ諸島は開発が進んでおらず、シンガポールの果たす役割はきわめて大きいと期待されていた。

バタム島では、シンガポール政府系のシンガポール・テクノロジーズ・インダストリアル社(現・セムコープ)とインドネシアの華人系財閥、サリム・グループなど三社が合弁でP・T・バタミンド投資会社（資本金四〇億米ドル）を設立。一九九〇年一月に、五〇〇haのバタム工業団地の造成を五年間の計画で開始した。そして、九一年六月に外資系企業八社が操業を始め［Lee,1991：97；『月報』二〇〇一年二月号：二八］、工業団地が次々と造成されていく。二〇〇二年には一四の工業団地があり、外国企業三〇二社（うち日系企業一〇六社）が操業していた。日系企業は、エレクトロニクス関連を中心に部品の製造や組立て・加工などの労働集約的生産を行い、ハイテク製品の製造も増えつつある［『月報』二〇〇二年一〇月号：一四］。〇三年七月の時点では工業団地数は一六に増え、三四カ国の外国企業六三三社が操業し、総投資額は三七億米ドルに達した。なお、バタム島の工業団地への総投資額に占めるシンガポールの割合は七割である［*Straits Times*,11 July 2003］。

表1-4　シンガポール、ジョホール州、バタム島におけるコスト比較（1989年）　（単位：米ドル）

		シンガポール	ジョホール州	バタム島
用地（1㎡あたり）		4.25	4.08	2.30
労働者（月額）	非熟練	350	150	90
	半熟練	420	220	140
	熟　練	600	400	200

出所：Lee, 1991：9より作成.

表1-4からわかるように、一九八九年の時点では、バタム島の賃金水準や土地価格はシンガポールと比べてかなり低かった。その後、進出外資系企業が急増したにもかかわらず、スマトラ島やジャワ島などから大量の低賃金労働者が流入を続けているため、労働力不足は起きていない。二〇〇一年一月からは、インドネシア政府がバタム島の最低月額賃金を、大企業は五一万ルピア（四九・七〇米ドル）、中小企業は四八万五〇〇〇ルピア（四七・二七米ドル）に引き上げたため、賃金が上昇した。しかし、ドル建てでは現在も低コスト生産拠点である。インドネシアの通貨は対米交換レートで、九〇年に一米ドルあたり一八四二・八ルピア、九五年には二二四八・六ルピアであったが、九七年のアジア通貨・経済危機の影響で暴落。九八年に一万一三・六ルピア、〇一年には一万二六〇・九ルピアとなっている［『世界の統計』二〇〇三：二七四］。

5　アジア通貨・経済危機以降の進出日系企業――中国への生産シフト

一九九七年初夏にタイで発生した通貨・経済危機は、マレーシア、インドネシア、韓国などのアジア諸国へ飛び火し、翌九八年にはアジア諸国のほとんどが軒並みマイナス成長を記録した。シンガポールの通貨は比較的安定していたが、近隣アジア諸国の不況の煽りを受けて、同年の経済成長率は〇・九%と、八五年以来の低い数字となる。外国投資受入額も、前年に比べて一二・六%減った。そこで、政府は九九年一月、公共料金や土地賃貸料の引下げ、法人税の一〇%払い戻しを実施する。さらに、CPFの使用者拠出率を二〇%から一〇%に引き下げて企業の負担を軽減する一方、労働者の負担分(二〇%)は据え置いた(二〇〇〇年に入ると景気が回復へ向かったため、四月一日より使用者拠出率を一二%へ引き上げた)。

日系企業の撤退・規模の縮小

表1-5が示すように、シンガポール製造業への直接投資額はアジア通貨・経済危機の影響で一九九八年に減少したが、その後は米国などからの投資の増大により回復している。しかし、日本からの投資額は九七年の水準に達していない。一方、表1-6の業種別投資件数を見ると、製造業では、九六年に日本企業二二社が進出した後は低調となっている。

シンガポールの日系製造企業数および在留邦人数が急減した背景には、低コスト生産拠点としての中国の台頭がある。日系製造企業の多くが近年、人件費の上昇に対応して、生産規模の縮小や中国への生産の移管を行っている。二〇〇二年なかばの時点で、単純労働者の月平均給料は、シンガポールの四二一米ドル(約四万九三〇〇円)に対して、

表１－５　シンガポール製造業への直接投資（1996～2002年）　（単位：100万ドル）

国	1996年	1997年	1998年	1999年	2000年	2001年	2002年
地場資本	2,368.9	2,524.6	2,615.9	1,780.3	1,973.6	2,562.5	1,969.7
外国資本	5,716.2	5,963.8	5,213.6	6,257.1	7,235.3	6,609.2	7,039.0
米　国	2,262.0	2,422.6	2,293.0	3,586.6	3,692.1	3,191.8	2,432.2
日　本	1,960.4	2,032.0	1,822.2	1,179.9	1,513.0	1,340.0	1,778.2
その他	1,493.8	1,509.2	1,098.4	1,490.6	2,030.2	2,077.4	2,828.6
合　　計	8,085.1	8,488.4	7,829.5	8,037.4	9,208.9	9,171.7	9,008.7

出所：DSS, 1997：94；同 2003：108.

表１－６　シンガポールへの進出日系企業数

業　　種	95年以前	96	97	98	99	00	01	02	合計
商　　業	471	40	24	11	8	25	14	7	659
製 造 業	352	22	6	6	4	4	8	2	396
運 輸 業	93	6	6	5	-	1	-	3	120
サービス業	78	10	11	5	-	1	2	3	113
金融・保険	72	3	3	2	1	1	-	-	86
株式保有・その他	44	12	8	9	-	1	5	1	86
証券・投資	50	9	5	3	-	-	1	-	66
建 設 業	49	4	1	1	-	1	1	1	56
不動産業	21	3	2	1	-	-	-	-	25
全 産 業	1,230	109	66	43	13	34	31	17	1,607

注：日本企業による出資比率の合計が10％未満の現地法人は除く．また，進出後に撤退した現地法人，吸収合併された現地法人，および休眠中の現地法人を含む．なお，合計には進出年次不明分，2003年以降進出分を含むため，内訳と一致しない．
出所：東洋経済新報社，2000：1562；同2003：1570より作成．

図１－２　シンガポール日本商工会議所の会員数（1969～2003年）

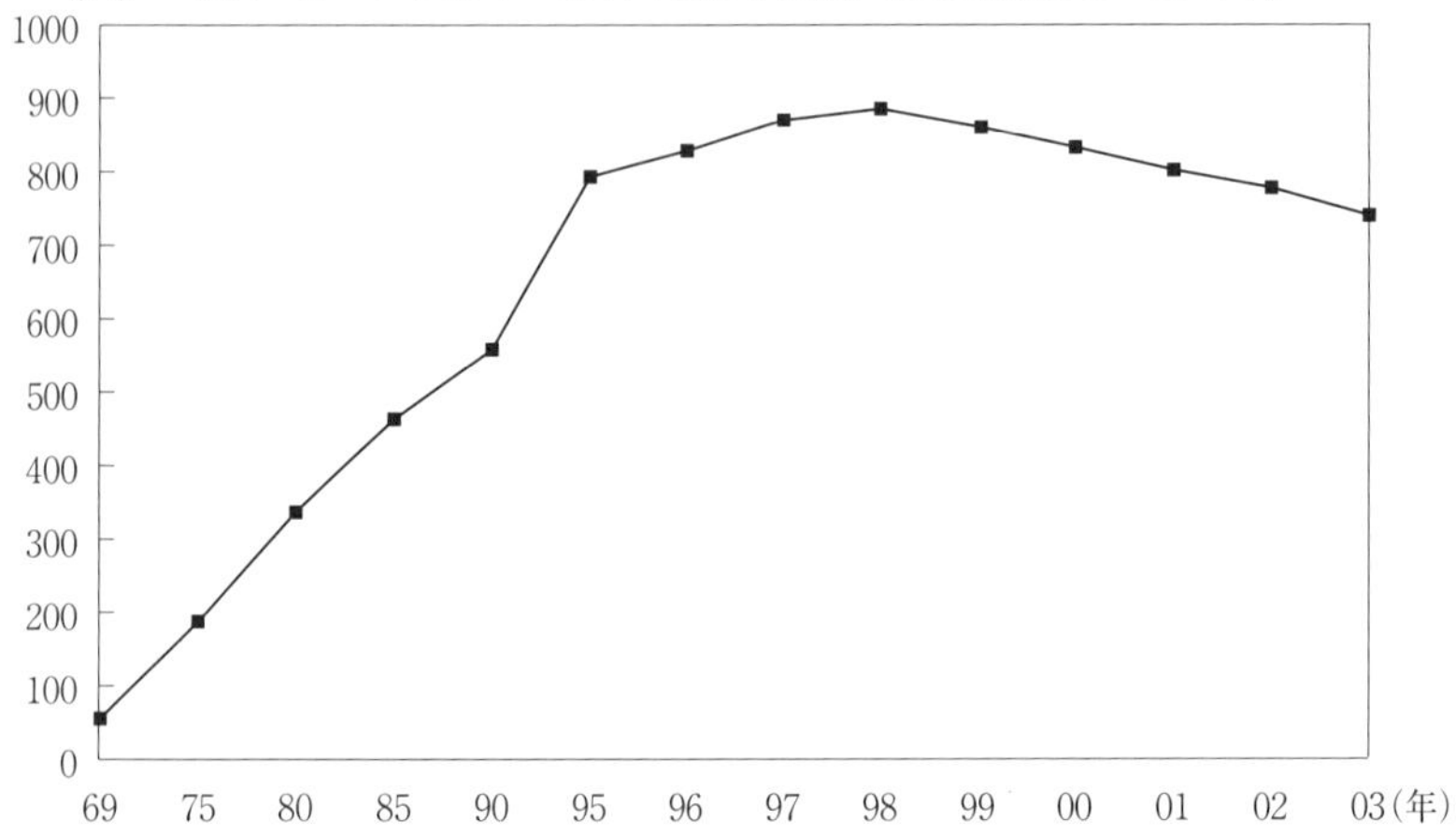

注：会員数は1969年が８月21日現在，1975～2003年が４月１日現在．
出所：シンガポール日本商工会議所，2002：183；同ホームページより作成．

中国の深圳では四三～一〇六米ドルと極端に安い〔『日本経済新聞』二〇〇二年七月二五日〕。人件費以外に、中国の法人課税負担の軽いことも考慮に入れる必要がある。中国の基本税率は三三％であり、シンガポールの法人税率（〇一年五月の時点で二五・五％）よりもかなり高いが、外資に対して税制上の優遇措置が講じられるため、実効税率は一五～二四％である〔『読売新聞』ホームページ、二〇〇二年一〇月二〇日〕。

また、シンガポール政府は先述したように、労働集約型産業の海外へのシフトを奨励する一方、高付加価値産業分野の育成に取り組んでいる。そのため、シンガポールに拠点を置く外資系エレクトロニクス・メーカーは、一九八〇年代なかば以降、家電製品やパソコンの組立て・加工など労働集約部門をマレーシアなどの近隣アジア諸国へ、九〇年代末ごろからは中国へ移動し始めた。その結果、現在もシンガポールで操業を続けるエレクトロニクス関連企業は、半導体や液晶などの高付加価値・ハイテク製品の生産が中心である。そこで、シンガポールは、中国との国際分業を通じて国内産業の高度化を推進するとともに、半導体や電子部品の対中輸出の拡大をめざしている〔『月報』二〇〇三年二月号：二四〕。

日本の直接投資の減少と進出日系企業数の撤退・規模の縮小を

背景として、日系企業数は一九九七年五月の二五二四社（うち製造業は約八〇〇社）から、九九年末に一七〇〇社、二〇〇一年一月には一六〇〇社に急減した［*The Business Times*,15 Jan. 2002］。日系企業数の減少はシンガポール日本商工会議所の会員数にも反映され、九八年の八八三社から、〇一年の八〇四社、〇三年には七四二社に減っている（図1-2）。在留邦人数も九七年の二万五七九九人から、九九年の二万三三二三人、〇二年には二万六九七人へと減少した。なお、日本人の民間企業関係者（本人）数も同期間に一万七一八人から、一万四一四人、八〇九五人へと減少している［外務省、一九九八、二〇〇〇、二〇〇三］。

実際、日本経済の低迷に対応して、日本企業はシンガポール子会社の駐在員数を抑制するだけでなく、家族の少ない若手を登用してコスト削減に努めてきた。もっとも、人の現地化が進んでいるにもかかわらず、トップは相変わらず日本人がほぼ独占している。ちなみに、二〇〇〇年度のシンガポール日本商工会議所会員企業のうち、現地人がトップに就いていたのはわずか二%であった［『シンガポール』二〇九号、二〇〇〇年四月：三九；同二一〇号、六月：三八－三九］。シンガポールへの日本人訪問者数も、一九九七年の一〇九万四〇〇〇人から、九九年の八六万七〇〇〇人、〇二年には七二万三四〇〇人へと減少が止まらない［DSS,2003：167］。

では、近年シンガポールから撤退ないし規模縮小をした日系企業を概観してみよう。

電機・電子産業では、まず三菱電機マニュファクチュアリング・シンガポール社が一九九四年一二月にアッパー・ブキティマのカーオーディオとテレビ工場を閉鎖した。同社は九六年五月に北部のマシリングにある工場も閉鎖し、マレーシアへ生産の移管を行っている［『シンガポール』一八七号、一九九六年七月：四〇］。また、東芝が八九年にフランス系のトムソン・マルチメディアと対等出資で設立したインターナショナル・ビデオ・プロダクツ社はＶＴＲの生産を行っていたが、生産コストの上昇や競争の激化により、九七年末にシンガポール工場を閉鎖し、生産ラインをトムソンのタイ工場に移転した［同上誌、一九五号、一九九七年一一月：二八］。東芝は現在、シンガポールでＶＴＲやカラーテレビなど家電製品の生産を一切行っていない。

日立エレクトロニック・デバイシーズ社は、サムスンの韓国・マレーシア工場、東芝のタイ工場などとの競争が激化したため、一九九五年末にシンガポールと日本でのカラーテレビ・ブラウン管の生産を停止。パソコンモニター用ディスプレイ管の生産に集中した［『シンガポール』一八四号、一九九六年一月：二七-二八］が、二〇〇一年七月にはその生産も停止すると発表した。シンガポール工場は同年九月三〇日に閉鎖され、従業員九五〇人は全員解雇された［*Business Times*,27 July 2001］。また、日立コンシューマー・プロダクツ・シンガポール社は、七二年以降三〇〇〇人前後の従業員を擁して家電製品の製造を行ってきたが、九〇年代なかばに生産規模を縮小。〇一年九月末にはテレビと掃除機の生産を中国・福建省の自社工場へ移管し、シンガポール工場を閉鎖した［『シンガポール』一八八号、一九九六年九月：四六；ジェトロ、二〇〇二：一八六-八八］。

さらに、セイコーエプソンは一九九五年以降シンガポールでスキャナーの生産を続けてきたが、二〇〇二年九月末で生産を打ち切り、七〇〇人を解雇した。そして、上位機種はバタム島のエプソン・バタム社に移管し、低位機種は中国のOEM企業に生産委託している。ミネベアも二〇〇二年三月に計測機器の工場を閉鎖し、生産を中国にシフトした［『日本経済新聞』二〇〇二年七月二五日］。

造船業では、三〇年あまりにわたって造船・船舶修理を続けてきた日立造船が、二〇〇二年三月に子会社の日立造船シンガポール社が所有する全株式をケッペル・コーポレーション（政府系複合企業）に売却して撤退した。食品製造では、日清食品が一九八〇年に全額出資子会社の日清フーズ・シンガポール社を設立し、即席ラーメンの製造・販売を行っていたが、九九年に工場を閉鎖している。

非製造業部門では、小売企業の閉鎖・撤退が相次いだ。一九九七年に日本で八百半デパートが倒産すると、シンガポールのヤオハン店舗もすべて閉鎖された。また、八三年にシンガポールに進出したキミサワ（スーパー）が九九年に撤退し、ラッフルズ・シティにあったそごう百貨店も本社の倒産に伴い、二〇〇〇年の秋に閉鎖を余儀なくされる。さらに、〇三年三月には長年にわたって営業を続けてきた大丸が撤退した。

しかしながら、労働コストの上昇で比較優位を失った日系企業が撤退する一方、政府の優遇措置を受け、現地の優秀な人材を活用して研究開発や先端技術を用いた生産を行う日系企業も増加している。たとえば、横河電機、日立製作所、ソニー、アイワなどが、一九九〇年代末に相次いで研究開発センターを開設した。これに先立つ九六年七月には、日立製作所、新日鉄、ＥＤＢが合弁で日立・新日鉄セミコンダクター社(資本金四億四〇〇〇万ドル)を設立し、半導体ウエハーの生産を開始した。(16) 松下電器産業も二〇〇三年に東南アジアの日系企業としては初めてＤＶＤレコーダーの製造をシンガポールの工場で開始している〔『日本経済新聞』二〇〇三年一〇月三日〕。

産業政策の転換と国際競争力の強化

シンガポール政府は、中国の台頭に対して、産業政策の軸足を従来の外資導入から生命工学など知識集約型の産業構造へシフトするとともに、国内企業の対中国投資を積極的に支援する政策を採るようになった。対中国投資については終章で検討するので、ここでは産業政策について述べよう。

政府は一九九九年一月、「インダストリー21」計画を発表し、知識集約型の経済構造への転換をとおして二〇一〇年までに国際競争力の強化を達成する目標を設定した。そのため、エレクトロニクス、石油・化学、エンジニアリング、物流、生命工学、教育サービス、情報通信・メディア、ヘルスケア・サービス、地域・世界統括業務の九産業を重点産業と位置付け、これらの分野への投資を誘致することにした。同年九月に公表された「テクノプレナーシップ21」(Techno-preneurship 21)では、技術志向型ベンチャー企業の育成を目的として総額一〇億ドルのテクノプレナーシップ投資基金を設立し、ベンチャー企業に対して公的支援を行うことを決めている。また、八月には「マンパワー21」(Manpower 21)政策が打ち出され、産業高度化に対応できる人材育成のために二億ドルの基金が設けられた。生命工学産業(医薬品、医療機器、農業バイオ)では二〇〇〇年六月、「シンガポール・ゲノム計画」を発表し、その実行のために先進国の著名な技術者や研究者を招聘している。

では、エレクトロニクス、石油化学、生命工学の現状について以下に見ていこう。

エレクトロニクス産業は外資主導で急成長をとげ、一九八〇年代なかば以降、経済の中核産業となっている。とりわけ、オフィス・データ処理機器（パソコン、ハードディスク装置、プリンタ、プリント基盤など）が主力製品である。

二〇〇一年におけるシンガポールの地場輸出に占めるエレクトロニクスのシェアは四九・五％であった。ただし、従業員数は、一九九五年の一二万六八九一人（製造業全体の三四・三％）から、二〇〇〇年の一〇万二三二〇人（二九・七％）、〇二年には八万八四七三人（二六・七％）へと減少している。この間、生産高は、五七八億七二七〇万ドル（五一・一％）から八一八億二七〇万ドル（五一・五％）へと増大したが、その後は五九三億六五〇〇万ドル（四二・八％）に急減した。同様に、付加価値も、一一九億八七九〇万ドル（四四・六％）から一七二億二八三〇万ドル（四四・二％）へと大幅に増加した後、一一七億二二〇〇万ドル（三二・三％）へと激減している[17][DSS,1997：85－87；2003：99－103]。

従業員数の大幅な減少については、労働集約型の家電メーカーが相次いで撤退しているため容易に理解できる。一方で、生産高および付加価値の減少は、エレクトロニクス産業の重要性の低下を示している。一九九〇年代前半にはオフィス・データ処理機器および半導体を中心とする電子部品の生産が拡大したが、アジア通貨・経済危機後は外資系企業が相次いで中国などの低コスト国へ生産のシフトをしており、この産業の将来を懸念する向きも少なくない［『月報』二〇〇三年二月号：二〇］。シンガポールは八〇年代末から九〇年代なかばまで全世界のハードディスク装置生産の五割強を占めていたが、その後、タイ、フィリピン、マレーシア、そして近年では中国などの競争相手が現れたため、シェアは急速に低下した［Wong 2001：583－85；『月報』二〇〇三年二月号：二〇］。

なお、半導体産業では一九九〇年代に技術・知識・資本集約的な前工程生産を行う企業が急増した。現在、半導体の設計開発をする企業が三一社、拡散工程をもつ企業が一五社、後工程をもつ企業が一八社、操業している[18]。しかし、半導体産業においても、台湾や中国などでファンドリー企業が低コストで受託生産を行い、手強いライバルとなってきた。そこで、人件費の高いシンガポールで生産を続けていくには、最先端技術を駆使し、人件費率の低い高付加価値製品の開発・生産に特化する必要がある。たとえば松下セミコンダクター・シンガポール社は、移動通信機器（携帯電話など）、光ディスク、デジタルテレビ、ネットワーク用のシステムLSI（大規模集積回路）事業を中核としている［『月報』二〇〇三年六月号：二三-二七］。

次に、石油化学産業について検討しよう。政府は、GNPに占める製造業のシェアを約二五％にするという基本方針を打ち出し、さらに製造業の二〇～二五％を石油化学に依存する産業政策を採っている。そのため、二〇一〇年までに年産三〇〇万トンのエチレン生産体制の確立を目標として、工場用地の提供や税制面での優遇措置を講じて外資系の石油化学会社を支援してきた。また、現在、PCS（シンガポール石油化学）第一期、第二期施設のあるアイヤー・メルバウ島や、エクソン・モービルの製油所のあるアイヤー・チャワン島など七島の間にある海峡を埋め立てており、二〇〇四年中に一つに統合した人工島（ジュロン島）の完成が目標である。

第2節で述べたように、PCSは一九七七年八月にシンガポール政府と日本シンガポール石油化学の合弁で設立された。しかし、八七年に民営化され、シンガポール政府が所有する全株式をシェル石油が取得して、同社株式全体の三割を保有するようになる。現在では、シェル石油と住友化学を中心とする日本シンガポール石油化学が五割ずつ所有している。

一九八四年三月にエチレン三〇万トンの生産能力を有するPCS石油化学コンビナート第一期設備が稼働を開始した。その後、中国や東南アジアの需要拡大に対応して、九七年春から第二期増強設備を稼働させる。その結果、エチレン生産能力は合計で一〇八万トンになった。さらに、住友化学が二〇〇三年一月、シェル・ケミカルズと第三期のエチレンセンター建設に関するフィージビリティー・スタディーを共同で実施することを決めた。このエチレンセンター（エチレン生産能力一〇〇万トン）は総工費三〇〇〇億円でブコム島に建設される予定で、竣工は二〇〇七年の見込みである。また、米国系のエクソン・モービル社も、アジア通貨・経済危機前に八〇万トンの生産能力を有する大型エチレンセンターの建設を決定した［『月報』二〇〇三年四月号：二九-三一］。

しかし、次の三つの理由によりシンガポールの石油化学産業の将来を不安視する向きもある。第一に、アジア通貨・経済危機前に、タイ、マレーシア、インドネシア、台湾、中東産油国がエチレン・プラントの建設を決定し、現在、これらの国でエチレンが生産されているため、アジア市場では供給過剰気味となっている。さらに、中国で石油化学コンビナートが二〇〇六～〇七年にかけて稼働する予定である。第二に、中東産油国のエチレン・プラントではナフサではなく、低価格のエタンを原料としているため、ナフサを使っているアジア諸国より安く生産できる。[19] 第三に、市場規模が小さく、天然資源もほとんどないシンガポールが、果たして米国のヒューストンやオランダのロッテルダムのように石油化学のグローバル・ハブになれるであろうかという懸念がある『月報』二〇〇三年四月号：二九―三三：『日本経済新聞』二〇〇三年一一月二六日、二〇〇四年一月四日」。

最後に、生命工学について見てみよう。シンガポールでは、生命工学産業はエレクトロニクスや石油化学に次ぐ重要産業として位置付けられている。バイオ医薬産業の生産額は二〇〇一年の六六億ドルから〇二年には九七億ドルに増え、〇五年には一二〇億ドルが見込まれる。〇三年一〇月には、五億ドルを投下して建設された七棟のビル「バイオポリス」が一部開業した。このバイオ研究拠点には、すでに医療、製薬関連の五つの国立研究所や民間企業数社が集積している。これに先立ち、医療品や医療機器の製造基地であるチュアス・バイオメディカルパーク（第一期造成、一六三ha）が開業し、シーメンス、ファイザー、メルクなどの欧米メーカーが生産を開始した『日本経済新聞』二〇〇三年一二月八日」。

ＳＡＲＳと日本企業

中国の広東省が発生地とされるＳＡＲＳが香港・シンガポールへ広がったと確認されたのは、二〇〇三年三月である。それから五〇日以内に、患者は世界二八カ国・地域で四六四九人にのぼった。シンガポールでは三月二六日に初の死者が出た後、死者数は増加し、五月一九日までに二八名、六月二五日までに三一名に達した。自由化の推進と相互交流の深化を背景として経済のグローバル化が進んだが、皮肉にも欧米・日本と中国を結ぶ拠点となっている香港とシンガポールで新型肺炎の感染が広がったのである(表1-7)。シンガポールは観光立国であり、また外資に大きく依存しているため、他国に先駆けてSARS対策を打ち出した。

表1-7　SARS患者数(2003年3～6月累計)

	3月31日		4月14日		5月19日		6月25日	
	感染者*	死者	感染者	死者	感染者	死者	感染者	死者
中国本土	806	34	1,435	64**	5,236	289	5,327	348
香港	530	13	1,232	56**	1,714	251	1,755	296
台湾	0	0	0	0	344	40	686	84
シンガポール	91	2	158	12	206	28	206	31
ベトナム	58	4	63	5	63	5	75	5
カナダ	***	***	100	13	140	23	250	37
その他	19	5	195	3	161	7	161	7
合計	1,504	58	3,183	153	7,864	643	8,460	808

注：*感染者は死者を含む，**4月15日時点，***その他に含まれる．
出所：『日本経済新聞』2003年4月2日，4月16日，5月11日，7月6日，およびWTOホームページより作成．

国内初の感染者が見つかったのは三月一三日である。その二日後に香港、広東省、ハノイへの渡航自粛を勧告し、二二日には感染者を国内の二つの病院に隔離した。また、保健省は二五日から、患者と接触し、感染の恐れがある市民七四〇人を一〇日間、自宅に隔離する。隔離者の家には監視カメラを設置して監視し、違反して外出した場合は電子タグを違反者の手首に着け、当局が在宅を確認した。それでも外出した場合、一度目は五〇〇〇ドル(約三四万円)、二度目は倍額の罰金か禁固六カ月を科す。そして、空港には入国者の体温を自動的に検知する赤外線装置を設置した「『日本経済新聞』二〇〇三年三月二六日、四月四日、五月二日」。

さらに、四月一一日から香港、中国、台湾、ベトナムなどから入国する外国人労働者を一〇日間隔離する制度を導入し、四月一五日の時点で一〇〇人が隔離用住居に収容されていた。シンガポールには外国人労働者が五〇万人前後在住しており、その影響はきわめて大きかったという「『日本経済新聞』二〇〇三年四月一六日」。

幸い四月二七日以降は新規感染者が出なかったため、WHO

（世界保健機関）は五月三一日付でシンガポールをＳＡＲＳ感染地域リストから除外した。しかし、ＳＡＲＳがこの小国にもたらした影響は計り知れないほど大きい。外国人入国者数は三月の一七万五七六七人から、四月の六万三二五二人、五月の八万六二七人へと激減した。日本人旅行者数は四月〜六月の三カ月間に三万三五二〇人で、前年同期比七八・三％減である［STB,2002；同2003］。旅行代理店、ホテル、レストラン、百貨店、運輸業など観光客に依存する企業はとりわけ大打撃を受けた。人びとの往来が急減したために、欧米・日本など外資企業の活動にも影響があった。

進出日系企業への影響については、ジェトロ・シンガポール事務所が四月二四〜二八日にかけて二一二社に調査を実施し、一三一社から回答を得ている。この調査結果によれば、日本や他国からシンガポールへの出張を制限した企業は八七％、シンガポールから他国への出張制限をした企業は九四％にのぼった。四月末時点での事業への影響については、「あり」が四五％、「不明」が四三％、「なし」が一二％である。機械販売を行っている企業は「売り上げの大幅減少」と、またエレクトロニクス企業は「タイなどの顧客から訪問を拒否され、新規の商談が難しい」と回答している［『日本経済新聞』二〇〇三年五月一日］。

しかしながら、皮肉にもＳＡＲＳの流行によって売上高を大幅に伸ばした日本企業もある。一部の香港紙が二〇〇三年三月末にヤクルトの新型肺炎予防効果を報じた直後から、日本でＳＡＲＳが流行しないのはヤクルト効果によるものであるという噂が広がり、香港をはじめ、台湾、シンガポールなどで、ヤクルトに対する需要が拡大していく。香港では、一日あたりの販売本数が三月二五日の約三六万六〇〇〇本から三月三一日には約九〇万本に激増し、四月の販売も前年同月比で約二五％の増加となった。シンガポールでも、一日一六万〜一七万本の水準から一時は三二万六〇〇〇本へと倍増している［『中日新聞』二〇〇三年五月七日］。

また、シャープなどが製造しているイオン発生装置付き空気清浄機のイオンがインフルエンザウイルスの増殖能力を抑えるという実験結果が出ていたため、三月以降アジア地域でこの製品に対する需要が突然拡大する。シャープは四月中に、香港とシンガポールに計三〇〇〇台を追加輸出した[『日本経済新聞』二〇〇三年四月五日]。

同様に、体温器メーカーもSARSの恩恵にあずかった。アジアでは一般に検温は病院で行われていたが、SARSの感染が広がると、一般家庭でも体温計が使われるようになり、日本からのアジアの感染国・地域向け体温計の輸出が急増する。シンガポールでは教育省がすべての小・中学校とジュニア・カレッジ(日本の高校に相当)で一日二回児童の検温を義務付けることを決定し、日本製の体温計五〇～六〇万本を児童に無料配布。さらに、政府は国内の一〇〇万世帯に体温計を配ることを決めた。その結果、オムロンは四月に入って一万一〇〇〇本強(例年の月間売上げの一〇～一五倍)を販売した。また、テルモは四月に五〇万ドル分の「耳式」体温計を受注したが、この売上高は二〇〇二年同月比で約五倍である。これまでシンガポールで販売実績がなかった森下仁丹も、四～五月分として約三二〇〇本分を受注した[『日本経済新聞』二〇〇三年四月二四日;『朝日新聞』二〇〇三年四月二九日]。

こうして、二〇〇三年上半期に中国を中心としたアジア地域でSARSが猛威を振るったために、中国に生産を集中させている外資企業(日系企業を含む)の一部は生産の中断を余儀なくされる。多国籍企業の多くは、リスク分散の観点から生産の一部を東南アジアの低コスト国・地域へ移管させる必要が生じた。そして、バタム島がその有力候補の一つとして再び注目を集めるようになったのである。

おわりに

シンガポールは一九六〇年代末以降、積極的に外資を呼び込み、輸出志向型工業化を推進した結果、急激な経済発展をとげた。資源に乏しく、国土も狭いなかで、政府主導で工業化を推進し、東南アジア地域では他に先行して、労働集約型産業から資本・技術集約型産業へ、さらに知識集約型産業へと、産業の高度化を進行させていく。

欧米の多国籍企業と同様、日本の企業は当初、シンガポールを低コストのオフショア生産拠点として位置付けていたが、一九八〇年代なかばに入ると人件費の高騰や労働力不足に対応して、自動化・機械化を進めて生産性を高めるか、近隣アジア諸国へ生産の移管をする必要に迫られる。その結果、多くの企業がタイやマレーシアなどへ生産拠点を移転した。さらに、九〇年代に入ると投資先国として中国が台頭し、欧米・日本などの企業が中国へ生産を移管するようになる。これに対して人民行動党政権は、高レベルの教育水準とインフラ整備などを「ウリ」に、技術・知識集約型産業を誘致する政策を実施している。

シンガポール政府は今後も、製造業とビジネス・金融サービス産業を二本柱としていく方針である。ちなみに、GDPに占める両産業の比率は、一九六五年に一五・一％と一三・八％、七〇年に二〇・四％と一四・一％、八〇年には二八・六％と一七・三％であったが、九〇年には二八・六％と二六・三％へ増加した。二〇〇二年も、二六・五％と二四・五％である[DSS,1983：57－58；同1996：57；同2003：63]。これらの数値が示すように、製造業の対GDP貢献度は過去二〇年あまりにわたって大きく変わってはいない。

シンガポールは独立以降、イギリス軍の撤退、石油危機、アジア通貨・経済危機、SARSなどさまざまな困難に直面してきたが、そのつど迅速で効果的な解決策を打ち出して乗り切ってきた。今後も、世界情勢の変化に臨機応変に対応し、外資に大きく依存しながら経済発展を続けていくのであろう。

（1）雁行形態論は一九三〇年代に赤松要によって考案された理論であり、東アジアの経済発展を説明するのにしばしば用いられる。なお、雁行型発展モデルおよびそれに対する批判については、［進藤、一九九九］を参照。
（2）一九六〇年代にシンガポールへ進出した日本企業については、［清水・平川、一九九八：二四六－八四］を参照。
（3）イギリス軍の撤退問題については、［Lee,2000：47－65］を参照。

(4) 国内治安法はイギリス植民地時代に制定され、現在も生きている法律である。政府が治安に有害とみなした人物をすぐに逮捕でき、裁判にかけずに二年間の拘禁が認められる。その後二年ごとに延長していけば、何年でも拘禁が可能となる。

(5) シンガポールの金融制度については、[Lee,1990]および[Tan,1999]を参照。

(6) シンガポールの造船・船舶修理業の発展史については、[Wong,2001:595-626]および[Loh and Tey,1995]を参照。

(7) エチレンは、原油を精製したときに得られるナフサを原料とする。ナフサを高熱で分解すると、主製品のエチレンと、副産物のブタジエン、プロピレン、芳香族などが生産される。なお、エチレンは、合成繊維、包装材料、各種工業部材など石油化学産業の基礎原料となる。

(8) 日本シンガポール石油化学の株主は、海外経済協力基金、住友化学工業、その他民間企業三五社で構成された。なお、海外経済協力基金は一九九九年一〇月に日本輸出入銀行と統合して、国際協力銀行となった。

(9) 一九五〇年代と六〇年代における総合商社のシンガポール進出と活動については、[清水・平川、一九九八:二一九-二六、二五三-八四]を参照。

(10) 現在、東京銀行は東京三菱銀行、三井銀行と住友銀行は三井住友銀行、富士銀行と第一勧業銀行はみずほ銀行、三和銀行と東海銀行はUFJ銀行、大和銀行はりそな銀行となっている。

(11) CPFは一九五五年に設立された。労働者と使用者の双方が毎月一定比率を拠出し、労働者の口座に積み立てる、定年退職後の強制的厚生年金制度だが、日本のような基礎年金制度はない。ただし、公共住宅購入資金の頭金、健康保険料の支払いや政府系企業の株式購入の際には、基金の引出しが許可される。政府は、掛け金率の変動によって労働者の可処分所得を増減させ、インフレの調整にも使ってきた。CPFは公共住宅建設資金などとして使用されたり、政府系企業や海外へも投資されている。

(12) シンガポールのエレクトロニクス産業の発展については、[Wong,2001:580-595]を参照。

(13) 一方で、石原産業が四億ドルを投じて建設した二酸化チタン製造プラント(第二工場)が一九八九年に操業を開始した。日立エレクトロニク・デバイシィーズ社も同年、カラーテレビブラウン管工場に一億ドルの追加投資を行った。

(14) GSPは、UNCTAD(国連貿易開発会議)が途上国の要求を受けて一九七〇年に導入を決定した。その目的は、先進国が途上国からの輸入工業品に対して低率関税あるいは無税で輸入の拡大を図り、途上国の工業化を後押しすることにあった。しかし、再輸出品や石油・石油関連製品は含まれない。七一年にヨーロッパ共同体(現・ヨーロッパ連合)と日本がこの制度を導入し、米国などが追随した。

(15) ただし、シンガポール会社登録局に登録された日系企業三〇一八社のうち、すでに三割近くが撤退していると考えられる。

(16) 日立製作所は、一九九九年四月に日立・新日鉄セミコンダクター社の経営権を完全に掌握して子会社化した。

(17) これらの数値は、従業員一〇人以上の企業を対象としている。

(18) 拡散工程はシリコンウエハーに回路を形成する前工程で、後工程は一般的に組立て・検査など労働集約的な低付加価値生産部門を指す。

(19) エタンは、原油採掘の際や天然ガスの分離によって得られる。

第2章　工業化初期に進出した日本企業

——ブリヂストンタイヤとトミーを中心に

ブリヂストン・シンガポール工場の内部
（1965年4月、写真提供：(株)ブリヂストン）

はじめに

本章では、ブリヂストンタイヤ（現・ブリヂストン）と総合玩具メーカーのトミー工業（現トミー）を事例として取り上げ、両社がシンガポールに進出した背景、活動の実態、撤退した理由を多角的に分析する。[1] また、シンガポールの工業化において両社の果たした役割についても評価したい。

ブリヂストンタイヤは、シンガポールがマラヤ連邦、サバ、サラワクと合併してマレーシア連邦を結成した一九六三年に地元企業と合弁で子会社を設立し、六五年からマレーシア共同市場向けにタイヤとチューブの生産を開始した。一方、トミー工業は、七二年に旭化成などと合弁で子会社をつくり、翌七三年一月から低賃金労働力を生かして欧米市場向け玩具の製造を始めている。ブリヂストンタイヤは八〇年までの一五年間、トミーは九一年までの約二〇年間、それぞれ五〇〇人あまりの従業員を擁して労働集約的な生産を続けたが、ともに経済の急激な変化に十分対応できなかった。

1　ブリヂストンタイヤ

ブリヂストン・マレーシア社の設立

シンガポールとマラヤ連邦の統合によってマレーシアが結成される計画が一九六一年に発表されると、ブリヂストンタイヤは新たに形成される共同市場に期待してマレー半島への進出を検討し始めた。しかし、マラヤ政府がすでにイギリス系タイヤメーカーのダンロップ社に創始産業のステータスを与えていたことが判明。同様のステータスを獲得するのは不可能に近いと判断して、計画の見直しを行った［ブリヂストン、一九八二：二四三］。

一九六三年四月、丸紅飯田（現・丸紅）がブリヂストンタイヤにシンガポールでのパン・マラヤ・ゴム工業（Pan-Malaya Rubber Industries Sdn. Bhd.）(2)との合弁会社設立を提案した［ブリヂストン、一九八二：二四四-四五］。そこで、同年六月ブリヂストンタイヤはシンガポールへ調査団を派遣。フィージビリティー・スタディーを実施して、採算が取れるという結論に達する。そして、八月に戦後初の海外工場となるブリヂストン・マレーシア社がジュロン工業団地に授権資本二〇〇〇万ドルで設立された(3)。払込資本は一〇〇〇万ドルで、ブリヂストンタイヤとパン・マラヤ・ゴム工業の折半出資である［*Straits Times*,21 Feb. 1964；3 April 1975］。

一九六三年にブリヂストンタイヤはシンガポール政府からジュロン工業団地内（Jurong Port Road）に一四万六〇〇〇㎡の工場用地を賃借するとともに、工場建設のために社員三一人を派遣した。六四年初頭には、シンガポール大学や職業訓練所の卒業生二〇人が研修のために日本へ送り込まれる。彼らは、帰国後に他の地元労働者を訓練することが期待されていた。工場が竣工すると、日本から搬送された八〇〇万ドル相当の機械設備が設置される［*Straits Times*,21 Feb. 1964］。なお、六三年八月二八日にブリヂストン・マレーシア社はシンガポール政府によって五年間の創始産業ステータスを与えられ、税制上の優遇措置が受けられることになった［ブリヂストン、一九八二：二四四-四五］。

一九六五年四月四日のブリヂストン工場の開所式に招かれたリー・クアンユー首相は、誇らしげに述べている。「我が国は長年にわたって生ゴムを取り扱い、梱包し、タイヤを製造する先進工業国に輸出してきたが、本日よりタイヤの製造にも乗り出すのである」(4)［*Straits Times*,4 April 1965］

工場は年間一二万六〇〇〇本のタイヤと同数のチューブの生産能力を備え、二交代制で働く労働者約四〇〇人を擁していた［*Singapore Trade*,March 1965：35］。

しかし、インドネシアがマレーシア結成に反発してとった「対決」政策や、一九六五年のシンガポールのマレーシ

表2-1　シンガポールにおける登録車両台数(1969年,72年)

自動車の種類	1969年12月末	1972年10月末
乗用車(タクシーを含む)	135,636	174,705
バ　ス	2,096	2,867
トラック(トレーラーを含む)	30,689	41,829
モーターサイクル・スクーター	99,265	114,638
合　計	267,686	334,039

出所：塚本,1972：19

図2-1　シンガポールのブリヂストン製タイヤとチューブの流通経路

工場 ⟶ 卸売業者 ⟶ ディーラー ⟶ 消費者

出所：塚本,1972：16.

アからの分離独立が、ブリヂストン・マレーシア社に大打撃を与える。(5) マレーシア市場を失ったため、同社は国内市場での販売強化と新たな海外市場の開拓に全力を尽くす必要があった。国内市場においては、タイヤ交換の需要が約七〇%、本来の装備（すなわち新車に使われるタイヤ）や政府および他の用途の需要が三〇%を占めた。しかし、マレーシアと異なり、シンガポールは道路がよく整備されている。そのため、国内の交換需要はそれほど高くなかった。しかも、七〇年代末ごろまでは生活水準が低かったため、車の所有者は新タイヤを購入するよりも、修理によって可能なかぎり長くタイヤを使用したのである[*Straits Times*,4 March 1965]。

シンガポールの自動車組立会社

表2-1が示すように、登録車両台数は一九六七年一二月末に二六万七六八六台、七二年一〇月末に三三万四〇三九台である。シンガポール市場では、登録車両だけでなく、国内の自動車組立工場もまたブリヂストン・マレーシア社製のタイヤを使っていた。同社は卸売業者をとおして、自社のタイヤとチューブをディーラーへ販売した（図2-1）。六五年の時点で約一五〇のディーラーがあり、うち九〇店が同社によって公認された取扱業者である。

一九六〇年代後半にシンガポールで操業していた数社の自動車組立会社のうち、もっとも歴史が古いのはフォードである。早くも四一年にアッパー・ブキティマ・ロードに近代的な工場をつくり、フォード車の組立てを開始している。しかし、日本軍が四二年二月一五日にシンガポールを占領すると、この施設を接収して日産自動車にトラックの組立てや自動車の修理をさせた。なお、このフォード工場はシンガポールの陥落後にイギリスのマレー軍総司令官パーシヴァルが無条件降伏の書類に署名した場所としても有名である。

戦後は一九四六年にフォードが自動車の組立てを再開した[Shimizu and Hirakawa,1999：134-35,153]。さらに、六五年には地元のサイクル・アンド・キャリッジ工業私人有限公司(Cycle & Carriage (Industries) Pte. Ltd.)が二五〇万ドルを投じてブキティマのヒルビュー・アベニューにメルセデス・ベンツ組立工場を建設し、同年一一月から操業を開始する[*Straits Times*,4 March 1965；Jennings,1975：42]。

一九六七年一月一日、人民行動党政権は七社の自動車組立工場の操業を認可した。そのうち三社が乗用車、四社がバスを含む商用車の組立てである。また同日、全車種の輸入自動車に対して一〇%の輸入税を即日導入し、その後段階的に四五%にまで引き上げた[*Straits Times*,1 Jan. 1967]。フォードは乗用車と商用車の組立てが許可された唯一の自動車メーカーである。サイクル・アンド・キャリッジ社と共同自動車工業私人有限公司(Associated Motor Industries Pte. Ltd.)は、乗用車の組立てを許可された。商用車の組立てを許可された会社は、フォードに加えて、総合運輸私人有限公司(General Transport Pte. Ltd.)、ボルネオ・オーチャード・モーターズ社(Borneo/Orchard Motors Ltd.)、シンガポール日産自動車である。

シンガポール日産は、自動車部品の輸入、小型トラックの組立て・生産、完成車の販売の目的で一九六七年一二月に設立され、翌年七月からジュロン工業団地のジャラン・ペサワット(Jalan Pesawat,ブリヂストン工場の近くに立地)工場で、日産ピックアップの組立てを開始した。同社の資本金は九八万五〇〇〇ドルで、日産自動車が二一・六%、地元自動車販売会社のリム・テックリー(Lim Teck Lee)、サイアム・モーターズなど三社が七八・四%を出資している。七七年一一月の時点では、資本金三〇〇万ドル、従業員数七四人、小型トラック組立台数月産二〇〇台であった[東洋経済新報社、一九七三：一二八-一二九；同一九七八：一一九]。

ブリヂストン・シンガポール社の塚本務によれば、一九七〇年代初頭に主要な自動車組立会社は五社あり(表2-

表2-2　シンガポールにおける主要自動車組立会社(1972年現在)

企　業　名	車種(メーカー別)
フォード自動車私人有限公司	フォード
共同自動車工業私人有限公司	モーリス
〃	オースティン
〃	ルノー
〃	シヴォレー、ヴォクソール、ベッドフォード
サイクル・アンド・キャリッジ工業私人有限公司	メルセデス・ベンツ
〃	フォルクスワーゲン
シンガポール日産自動車私人有限公司	日産ピックアップ
東アジア社(East Asiatic Co. Ltd.)	ヴェスパ(Vespa、スクーター)

出所：塚本,1972：20.

2)、すべてがブリヂストン・マレーシアのタイヤとチューブを使用していたという。ただし、彼は総合運輸とボルネオ・オーチャード・モーターズ社には言及していない。なお、地元のビジネス・タイムズ紙によれば、サイクル・アンド・キャリッジ社は八〇年七月時点でベンツと三菱の乗用車の組立てを行っていたが[*Business Times*,22 July 1980]、彼は後者に言及していない。ゆえに、同社は七二年以降に三菱の自動車を組立て車種に追加したと推測される。

シンガポールで組み立てられた自動車台数は、一九六九年に八九九八台、七〇年に一万八九四台、七一年には九四九一台である。表2-2の四社(東アジア社を除く)が組み立てた四輪車は、国内自動車市場で六九年に六三・四%、七〇年に五六・六%、七一年には四四・三%を占めた。しかし、組立自動車と輸入車がブリヂストンのタイヤに対する十分な需要を生み出さなかったことは明白である。実際、ブリヂストン・マレーシア社は市場規模が狭かったためにスケール・メリットを享受できず、厳しい経営状態が続いた。ブリヂストンタイヤは、自社が受注した輸出用生産の一部を優先的に割り当てて、間接的に支援していた。こうした努力の末に、同社は六七年なかばに多少の利益をあげられたのである。なお、ブリヂストンタイヤは六九年に、シンガポール工場の近代化のために五五〇万ドルの追加投資を行っている[*Straits Times*,3.April 1975]。

高賃金政策とブリヂストンの対応

ブリヂストン・シンガポール社（一九六八年にブリヂストン・マレーシア社から社名変更）は、操業開始時から享受していた創始産業ステータスの期限が七〇年に切れたため、法人税の支払いを余儀なくされた。また、七三年の第一次石油危機後の景気後退によって自動車販売台数が減少する。その一方で、海外のタイヤ市場では競争が一段と激化した。このような状況下で、ブリヂストン・シンガポール社は難局を乗り越えるために経営戦略の見直しを迫られる。

一九七七年一〇月には同じ敷地内に新しい工場をつくり、布地編みホースの製造を開始した。年間生産能力は一四〇万メートルで、製品の半分は国内市場で販売され、残りはＡＳＥＡＮ諸国と香港へ輸出された。新工場はゴムタイヤ製造用の機械と従業員を利用したので、ブリヂストンタイヤはわずか一二〇万ドルの設備投資を行ったにすぎない。そのうえ、この事業に対して五年間の創始産業ステータスが授与された［*Straits Times*,4 Oct. 1977］。なお、ブリヂストン・シンガポール工場は七七年四月の時点で五〇〇人あまりの労働者を抱え、三交代制で二四時間操業していた［*Business Times*,7 April 1977］。

シンガポールの工業化の進展に伴い、登録車両台数は一九七七年の一八万九八八七台から七九年の二一万六八五九台へと増加し、ブリヂストン・シンガポール社のタイヤに対する需要も拡大していく（表2-3）。しかしながら、前章3節で述べたように、人民行動党政権は七九年、労働集約型産業を淘汰して資本・技術集約型産業を促進させるために高賃金政策を導入した。ＣＰＦ（中央積立基金）の掛金率を大幅に引き上げるとともに、ＮＷＣ（全国賃金評議会）の勧告を受けて公務員の給与を引き上げたのである。その結果、民間企業の労賃も上昇した。さらに、労働者の月収の四％を使用者から徴収し、その資金を新設した技術開発基金にプールし、民間

表２－３　シンガポールにおける登録車両台数（1977～81年）

各年末	自家用乗用車	バス	商用車	合　計
1977年	134,903	5,460	49,524	189,887
1978年	137,240	5,889	55,626	198,755
1979年	143,402	6,237	67,220	216,859
1980年	152,574	6,581	78,038	237,193
1981年	161,692	7,080	87,772	256,544

出所：Singapore Cycle, 1983：94より作成.

企業の自動化・機械化や労働者育成プログラムに対する財政的支援のために使う。同年七月には、高賃金政策の一環として、乗用車、タクシー、スクーターの組立てを行っていた企業に対して、関税上の優遇措置の一年後の廃止を明らかにし、商用車に対しても同様の措置を採ることを決定した。自家用乗用車に課せられる高い道路税なども、乗用車の需要を減退させていく[*Straits Times*,7 Aug. 1979]。

一九八〇年八月一日からは国内で組み立てられた自動車に対する優遇措置を廃止し、CKD部品に完成車と同率の四五%の輸入関税を課した。その結果、毎月約一五〇～一六〇台の小型トラックを組み立てていたシンガポール日産は八月以降、生産台数を大幅に減らさざるを得なくなる。他の自動車組立会社も生産規模を縮小して、その場をしのごうとした。しかしながら、規模の経済を享受できなくなり、同年まずサイクル・アンド・キャリッジ社がメルセデス・ベンツの組立てを中止する[Cycle & Carriage,1981 : 5]。次いで、フォード自動車が三〇〇人を超える労働者を解雇して撤退し、シンガポール日産、その他の自動車組立会社も相次いで工場を閉鎖した。

ブリヂストン・シンガポール社は、一九七九年にタイヤに対する優遇措置の廃止を予測し、活路を模索し始める。政府は八〇年三月に、輸入タイヤに対する四〇%の関税廃止を公表し、同日施行した。「独自で生き残れない企業に将来性はない」というのが政府の基本的な方針である[*Straits Times*,16 June 1980]。同社は四月初旬に、輸入品に対抗するため自社製品の価格引下げを余儀なくされた[赤間、一九八一：二六]。

一九六五年に操業を開始したとき、タイヤの販売価格をEDB（経済開発庁）に報告しなければならなかった。その後も、いかなる価格変更も事前に承認を受けなければならない。六五年のマレーシアからの分離独立、七三年の第一次石油危機などさまざまな困難に直面するたびに、EDBに値上げ申請を行ったが、ことごとく断られた。そのため、八〇年に生産を中止するまで一五年間にわたって、同じ価格でタイヤの販売をしてきたのである。

それでも、ブリヂストン・シンガポール社は品質管理サークル（QCC）などを早期に導入し、流通マージンの削減と合理化で、なんとか生産を続けてきた。ブリヂストンタイヤも一九七五年以降、子会社の合理化のために毎年二〇〇万ドルの資本投下を行った[赤間、一九八一：二六]。しかしながら、七九年以降は労働力不足と人件費の高騰に苦しめられる。シンガポールでは多種多様な自動車が使われていたために、六〇〇種類もの異なるサイズのタイヤを高コストで生産しなければならないという事情もあった[塚本、一九七二：一七；*Straits Times*,16 June 1980]。

タイヤ生産の約五〇%を輸出し、残りを国内市場で販売していたが、先述のように、一九八〇年三月に政府がタイヤの輸入関税を撤廃すると、大量の輸入タイヤが市場に流入し、国内市場の約一五～二〇%を失う[*Straits Times*,18 June 1980]。輸入関税の廃止後、国内で販売されるタイヤの銘柄数は一五から三〇へと増加し、消費者の選択肢は広がった。一方で、米国を含む先進工業国も多くの発展途上国も、高い関税障壁を設けて自国のタイヤ産業を保護したので、輸出を伸ばすこともできない(*Straits Times*,16 June 1980)。さらに、七九年にイラク、八〇年にソマリアで相次いで政変が起こり、西アジア・アフリカ市場の一部を失った。そこで、背に腹は変えられず、競輪用自転車タイヤの製造の可能性について検討する。しかし、国内市場が狭小なうえに、海外でも既存のメーカーが市場を支配しており、新規参入するのは困難であった。

こうして、五六〇人(うち日本人八名)もの労働者を雇用していたブリヂストン・シンガポール社は急速に競争力を失い、結局、一九八〇年八月末に生産を中止し、完全撤退したのである[ブリヂストン、一九八二：二四六；東洋経済新報社、一九八一：一三九]。

2　二つの玩具メーカー

業界初の海外進出メーカー・トミー

東京に本拠を置く株式会社トミー(一九二四年、富山栄市郎によって設立)は、バンダイ、タカラに次いで国内第三位の玩具メーカーである。二〇〇三年三月期の単独決算では、売上高が四一九億八八〇〇万円、経常利益が一四億六四〇〇万円に達している[東洋経済新報社ホームページ]。同社は海外に進出した日本初の玩具メーカーである。現在、Tomy Corporation(米国、玩具の販売および販売促進)、Tomy UK Ltd.(イギリス、玩具の販売)、Tomy France SARL(フランス、玩具の販売)、Tomy Hong Kong Ltd.(香港、玩具の製造・販売)、Tomy Thailand Ltd.(タイ、玩具の製造・販売)の五つの海外子会社(一〇〇%所有)を傘下においている[東洋経済新報社、二〇〇三：一〇四五]。

トミーはすでにアジア太平洋戦争前に、米国に対して玩具を輸出していた。戦後は一九五一年に、B二九戦闘機玩具を米国に輸出し始める。五三年上半期まではアメリカ市場で売上高を伸ばしたが、下半期には需要が低迷し、大きな痛手を被った。そのため、他の玩具に切り換える必要があった[吉原、一九八四：一六八-七〇]。しかし、日本の対米玩具輸出におけるトミーのシェアは、五〇年代の八〇%から六九年には一〇%程度にまで急落していく。

一九五〇年代後半から六〇年代までの期間に、米国の玩具市場では香港が日本の主要な競争相手となり、日本製玩具と人形のシェアは六六年の五一%から六九年には三六%にまで下がった。その理由は、単に、香港製の類似品が日本製玩具よりはるかに安かったからである。香港では、難民キャンプにおける主婦の副業として玩具産業が成長した。以前はプラスチックの造花がプラスチック産業の主力製品であったが、六〇年代後半までに玩具が主役の座を奪ったのである[北村、一九八六：一八八-八九]。

香港製玩具の大半は日本製品のコピーである。米国のバイヤーが日本を数日間訪れ、玩具に関する情報収集を行った後に香港へ移動し、現地の下請業者に日本から持ってきた玩具を参考にして模造品を製造させていた。そして、低コストで製造された模造品が米国へ船で送られ、販売された[吉原、一九八四：一六三-六四]。

トミーは、アメリカ市場で香港の玩具メーカーとの競争に打ち勝つために一九七〇年八月、香港にトミー・ホンコン社を資本金五九四万円で設立した。ただし、香港は工場の家賃がとりわけ高かったために工場はつくらず、現地の玩具メーカーを下請けとして使った。東京の本社が高付加価値で高技術を要する企画やデザインを担当する一方、ト

表2-4　アジアにおけるトミー・ホンコンの協力会社（1980年代なかば）

所在地	工場数	製品
香港	6	プラスチック製玩具
マカオ	3	
台湾	7	
中国 広東省	6	動物の縫いぐるみ
上海	1	
韓国	2	

出所：北村,1986：190.

ミー・ホンコン社は納入業者をとおして地元企業に生産の委託をする「下請け生産方式」を導入したのである［吉原、一九八四：一六四-六五］。こうして、地元の下請業者に日本から送られてきたデザインをもとに金型や試作品をつくらせた。その結果、七〇年代末までに日本の約四分の一のコストで金型をつくれるようになる。

表2-4からわかるように、一九八〇年代なかばには、トミー・ホンコン社の下請業者は香港だけでなく、他のアジア地域にも広がった。完成した玩具は日本人スタッフが厳格に検査したうえで、九〇%が北米へ、残りがヨーロッパ、オーストラリア、東南アジアへ輸出された［北村、一九八六：一九〇-九二］。

業績を伸ばしたトミー・シンガポール社

トミーが香港へ進出した一年後の一九七一年八月、双子の赤字に苦しんでいた米国が金と米ドルの交換停止を公表すると、日本を含む主要先進工業国は自国通貨を固定相場制から変動相場制へ移行させる。その後、円が対米ドルで急上昇したため、トミー・ホンコン社はアメリカへの玩具輸出の重要拠点になるはずであった。ところが、下請業者がより高い加工賃を要求する一方、欧米市場では韓国と台湾が手強い競合相手となり、対米輸出を増大できなかった。しかも、日本人駐在員が厳格に商品の検査をしたにもかかわらず、日本でつくられた玩具よりも品質が劣っていたという［吉原、一九八四：一六六；北村、一九八六：一九二］。

こうして海外に自社工場をもつ必要性を痛感した富山栄市郎社長は、一九七一年末に宮本英世海外事業部長に海外生産拠点の調査を命じた。宮本は、翌七二年一月から五〇日間にわたってヨーロッパとアジアの七都市で調査を行い、帰国後に、次のようなメリットを有するシンガポールがオフショア生産拠点として最適であるという報告を行った［土屋、一九八五：一三；社史編纂委員会、二〇〇〇：七五］。

①欧米市場への地理的な位置、②優れた港湾施設を有する自由貿易港、③GSP（一般特恵関税制度）ステータス、④人民行動党のもとでの政情安定、⑤豊富で質の高い労働力の存在、⑥労働集約的で、無公害、輸出志向型の企業に対する税制上の優遇策、⑦政府が民間企業の生産活動にほとんど干渉しない、⑧プラスチック原材料やパッケージ印刷など地元で資材が調達できる。

これをうけて富山社長は、一九七二年七月にシンガポールを訪問。ブーン・ケーン・ロード（Boon Keng Road）にある政府所有の貸し工場ビル五階（床面積約二八〇〇㎡）の賃貸契約に調印した。そして一〇月五日、住友商事、旭化成工業、旭ダウとの合弁で、トミー・シンガポール私人有限公司（Tomy Singapore Pte. Ltd.）を資本金一六六万ドル（約一億八〇〇〇万円）で設立した。出資比率はトミーが六〇％、住友商事二五％、旭化成工業・旭ダウが一五％である［社史編纂委員会、二〇〇〇：七五；吉原、一九八四：一六七］(6)。当時のシンガポールでは零細企業が低賃金労働者を使って玩具を製造していたため、トミー・シンガポール社は現地の労働者を一日四ドル程度で容易に雇用できた［土屋、一九八五：一一三］。

シンガポール工場は一九七三年一月に操業を開始し、七月ごろにはフル操業を行う。当初は安い労働力を利用して、一個五～一〇ドルの幼児用プラスチック製玩具を生産。一般特恵関税制度を最大限に利用して、製品の五〇～六〇％を米国へ、約三五％をヨーロッパへ、残りはオーストラリアと日本へ輸出した。しかし、不運にも、同年一〇月に第四次中東戦争が勃発し、第一次石油危機が発生する。その影響は一一月以降に出て、石油を原料とする樹脂価格が四倍に跳ね上がり、原料の調達が困難になった。このとき、全従業員の半数を解雇している（表2-5）。

その後、一九七六年に入ると米国への輸出が増大したため業績は好転し、生産能力を拡大する必要が生じる。そこで、七七年末にカランバシン工業団地内の工場（一万六〇〇〇㎡）へ移転し、従業員も八〇〇名へと大幅に増やした［社史編纂委員会、二〇〇〇：一〇五］。

シンガポールでは裾野産業が十分に発達していなかったので、トミー・シンガポール社は自社工場内で小さな部品

（スクリュー、モーター、ゴム、スプリング）や包装紙の生産を行った。一方、精密部品の場合は高度な技術を要する。そのため、台湾や日本から輸入しなければならなかった。また、プラスチックの原材料は、旭化成のシンガポール子会社を通じて日本やアメリカから輸入した〔北村、一九八六：一九二〕。一九七七年の時点で、玩具の研究開発・デザインは約九〇人のエンジニアとデザイナーを擁する東京の本社が担当し、金型の約七〇%をシンガポール工場でつくった。プラスチック鋳型の五〇%は工場内でつくり、残りは現地のプラスチック鋳型メーカーに下請けされていたという〔後藤、一九七七：一七；北村、一九八六：一九二〕。

一九七二年にトミー・シンガポール社を設立した当時、トミーは米国市場で強力な販売網を構築していなかった。

表2－5　トミー・シンガポール私人有限公司の概要

年次	資本金（万ドル）	従業員数（うち日本人）	売上高（万ドル）	税引前利益（万ドル）
1972	166	350(4)	—	—
1973	〃	270(4)	202.0	△35.7
1974	〃	140(不明)	708.4	—
1975	〃	270(不明)	529.5	—
1976	〃	265(6)	186.8	—
1977	〃	800(不明)	1,213.2	220.2
1978	322	550(8)	1,474.0	169.1
1979	〃	630(10)	2,279.9	379.3
1980	〃	〃	3,541.1	547.1
1981	〃	250(10)	3,318.4	530.9
1982	〃	250(2)	4,676.4	966.4
1983	〃	〃	4,031.6	586.4
1984	〃	517(13)	3,709.2	295.4
1985	〃	534(14)	4,256.6	95.6
1986	〃	460(12)	3,956.1	559.9
1987	〃	460(12)	5,870.6	946.5
1988	〃	551(7)	6,468.8	415.7
1989	〃	750(7)	5,698.4	396.9
1990	〃	650(7)	8,007.4	375.6
1991	〃	640(7)	4,297.7	△450.8
1992	〃	不明	6,659.7	△317.1
1993	〃	21(1)	2,411.2	31.6
1994	〃	21(0)	2,316.8	45.6
1995	〃	0	2,178.9	△78.2

注：トミー・シンガポール社の決算期は1973～75年が９月，1976～90年が２月，1991～95年が３月．資本金および従業員数は各年11月１日現在．1992年11月１日現在の従業員数は不明だが，同年１月に元社員23名が再雇用されている．

出所：東洋経済新報社，1973-96；社史編纂委員会，2000：279より作成．

香港に子会社を設立した時点でこの問題はすでに存在していたが、何ら手を打たなかったのである。しかし、シンガポールの工場は大規模であり、緊急に米国市場を開拓する必要性があった。

トミーは元来、代理店制度を利用して米国市場の開拓を行うとともに、JCペニー、Kマート、シアーズ・ローバックなどの小売業大手のためにOEM生産を行っていた。だが、取引先であった代理店が倒産したのを機に、一九七三年三月に資本金四四万米ドル（約一億円）でトミー・コーポレーションをロサンゼルス郊外のカーソン（Carson）市に設立する。七八年には、工場もつくった。もっとも、従業員二九人のこの会社が生産する玩具の種類は限られており、生産拠点というより、むしろアジアの子会社から輸入した製品の販売拠点である［北村、一九八六：一七一：『週刊東洋経済』一九八三年八月一三日号：九〇-九一］。

一九七〇年代後半は、円高のために日本の玩具メーカー数社（後述のニッコーを含む）がシンガポールへ進出し、主として欧米市場向けに生産を行った。それを反映して、八〇年代初頭まで、玩具産業の輸出高は増加を続けていく。玩具輸出額（再輸出を含む）は七四年の二八〇〇万ドルから、七八年の六二〇〇万ドル、八〇年の一億六二〇〇万ドル、八三年には二億三九〇〇万ドルへと急増している［土屋、一九八五：一六］。

この時期のトミー・シンガポール社の業績も、きわめて良好であった。表2-5が示すように、同社の売上高は、二月期決算で一九七七年の一二一三万二〇〇〇ドルから、八〇年の三五四一万一〇〇〇ドル、八三年には四〇三一万六〇〇〇ドルへと増大する。税引前利益は七七年に操業開始後初めて二二〇万二〇〇〇ドルを計上し、八〇年に五四七万一〇〇〇ドル、八三年には五八六万四〇〇〇ドルに達した。また、八三年二月決算期の経常利益率は一〇％強であり、宮本英世トミー常務海外本部長は「この一〇年間シンガポールでの生産を〝エンジョイ〟させてもらいました」と述べている［『日経ビジネス』一九八三年五月二日号：一三六-一三七］。

高賃金政策とタイ工場

一九七九～八四年にシンガポール政府は高賃金政策を実施し、労働集約型産業を淘汰し、資本・技術集約型産業を誘致した。その結果、トミー・シンガポール社は賃金の高騰と労働力不足により競争力を失い始める。そこで、親会社のトミーは、生産拠点の移転を視野に入れて、八四年にタイ、マレーシア、インドネシア、スリランカで調査を行い、次の六つの理由でタイが最適であるという結論に達した。①政情の安定、②外資に対する優遇措置：投資奨励法の適用による三～八年間の法人税の免除、③低賃金労働力の存在、④GSPステータス、⑤親日的イメージ、⑥教育水準の高い人材が豊富である。

こうしてトミー・シンガポール社は一九八四年一二月、バンコクに駐在員事務所を開設した。そして、八七年一〇月にバンコク郊外パタムタンのナワナコン工業団地に、トミー・タイランド社を資本金八六〇〇万バーツ（約五億円。出資比率はトミー七〇％、住友商事二〇％、旭化成一〇％）で設立。八八年五月に工場（建屋面積七六〇〇㎡）が完成すると、操業を開始した［社史編纂委員会、二〇〇〇：一五七-一五八］。

ところで、日本の玩具メーカーの大半は自社工場をもたず、生産を他の企業に委託するため、実質的には卸問屋である。しかし、トミーは外注にはほとんど依存せず、自社工場を所有していたので、高品質の維持や納期の厳守ができた。また、一九八〇年代前半には海外生産を推進せず、国内生産を拡大した結果、国内で生産した玩具の五割が輸出向けとなり、さらに海外市場向け製品の六割が米国へ輸出されていた。先述のように、シンガポールや香港などでも玩具の生産を行っていたが、その大半は低付加価値製品である。付加価値の高い玩具は、日本国内の自社工場で製造していた。また、アジアの工場では部材生産の現地化が遅れていたため、樹脂材料や歯車などの主要な部材はおもに日本から輸入していた。八〇年代なかば以降、この経営戦略がトミーの業績にマイナスに働くことになる。

一九八五年九月のプラザ合意後、円の対米交換レートが一米ドルあたり二四〇円から一二〇円へ上昇すると、海外市場に大きく依存していたトミーは円高の影響を如実に受ける［『日経ビジネス』一九八九年一月一六日号：四九］。八六年二月までの一年間に日本と北米での売上高が大幅に減少し、連結ベースで三九億円の赤字を出した『週刊エコノミスト』二〇〇〇年一一月二七日号：一〇三]。そして、八七年一月には、北米におけるトミー製品の販売権およびトミー・コーポレーションを米国第三位の玩具メーカーであるコレコ社に売却することになる。八八年七月にはそのコレコ社自身が倒産したが、幸い八九年一月以降は自社製品の取扱いができるという契約を八八年二月に結んでいたため、トミー・アメリカを設立して北米での直販は再開できた[『日経ビジネス』同上号]。

一九八六年一二月に社長に就任した富山貫太郎は、赤字経営に大鉈を振るうことを決断した。そして、同月に東京と千葉の自社四工場のうち三工場を閉鎖し、従業員一一〇〇人のうち六〇〇人を解雇する[『週刊エコノミスト』二〇〇〇年一一月二七日号：一〇三]。生産の一部は、シンガポールを含む東南アジアの自社工場へ移管させた。カランのシンガポール工場は、親会社からの生産移管によって、八六年一〇月の時点で三五〜四〇%の注文増となった。この時期、マカオ、マレーシア、香港、タイにあるトミー・シンガポールの下請け会社は、従業員を大幅に増員している[*Business Times*,28 March 1988)]。

トミー・シンガポール社は一九八六年二月決算期に、従業員は四六〇人、売上高は三九五六万ドルにのぼった。次年度は、従業員は同数であったが、売上高は五八七一万ドルに増大している(七三ページ表2-5)。同社は、おもちゃの銃、ミニカー、プラスチック製ロボットの生産を行っていたが、そのうち約九六%は海外市場向けである。約八五%がアメリカとヨーロッパへ、残りは日本、香港、オーストラリア、ニュージーランドなどへ輸出された[*Business Times*,24 Oct. 1986]。

深刻な労働力不足、人件費の高騰、ドル高などを考慮すると、シンガポール工場は付加価値の高い玩具を製造すべきであった。しかし、高付加価値製品は日本で、中付加価値製品は香港で、それぞれ生産されており、シンガポールは当初から低コスト生産基地として位置付けられていたのである。

また、すでに述べたように、米国が一九八九年一月をもって、シンガポールはじめアジアＮＩＥｓをＧＳＰ対象国からはずした。一方でタイなどの周辺アジア諸国はこの制度の恩恵を享受し続けたため、シンガポールが比較優位を失ったことは言をまたない。トミー・シンガポール社の場合、八七年に生産の四〇～五〇%をアメリカへ輸出していたからである[Toh and Low 1991 : 25 ; *Business Times*, 28 March 1988]。そのうえ、玩具の原材料となるプラスチック樹脂の価格が八七年以降、三〇%程度値上がりした。さらに悪いことに、人民行動党政権がＣＰＦ掛金率の引上げを計画しており、生産者のコスト増となることは避けられない。

表2-6　トミー子会社の輸出先の内訳と売上高
(1991年3月31日決算)

生産国＼輸出先	日本	ヨーロッパ	北米	その他	売上高
シンガポール	30%	45%	20%	5%	約40億円
香　　港	15%	40%	30%	15%	約60億円
タ　　イ	30%	40%	25%	5%	約35億円

出所：『日経ビジネス』1992年5月18日号：52.

このような状況下で、八〇年代末にトミー・シンガポール社は労働集約部門の一部を、八七年末に設立されたトミー・タイランド社に移転した。九一年三月決算で四二九七万七〇〇〇ドルの売上高を上げたが(表2-5)、労働力不足、ドル高、コンピュータゲーム機の競争激化などマイナス要因の影響で四五〇万八〇〇〇ドルの赤字を出した。

表2-6から明らかなように、当時のトミー・シンガポール社の輸出先はヨーロッパと日本が中心で、一九九一年下半期には、クリスマス前の需要に備えて生産の増大をする必要があった。同社は地元の人材派遣会社数社を利用していたが、それでも十分な労働力を確保できない[『日経ビジネス』一九九二年五月一八日号：五二]。慢性的な労働力不足を解消するため、同社はマレーシア人を積極的に雇用した結果、九一年には彼らが全労働力の約四〇%を占めるまでになった。ただし、シンガポール政府は九二年一月一日以降、労働者総数に占める外国人の割合が三五%以上の企業を対象として、外国人労働者雇用税を一人あたり月額三〇〇ドルから四〇〇ドルへ引き上げる[『通商弘報』一九九二年五月八日：一三]。それでも、シンガポールの生産コストは日本と比べて二割程度は低かった。

また、シンガポール政府は産業の高度化を推進しており、トミーに対しても自動化ラインの導入を何度か促してきた。これに対してトミーは、ヒット商品になる玩具を予測するのはきわめて困難であり、売上高を見て適宜判断する必要があると主張。リスクの大きい自動化ラインの導入を見送ってきた『日経ビジネス』一九九二年五月一八日号：五一』。

結局、トミーは一九九一年一一月末にシンガポールでの玩具生産を打ち切り、香港とタイに移管した［*Straits Times*,14 Nov. 1991］。一二月末には、六四〇人の従業員を全員解雇する。そして、翌年一月に元社員二三人を再雇用して、次の四つの業務を開始した。①タイで使う金型の管理、②シンガポールで調達した部材のタイ工場への供給、③マレーシアにおける外注先の管理、④シンガポールでのトミー製品の販売［*Business Times*,15 Nov. 1991；『日経ビジネス』一九九二年五月一八日号：五一］。新生トミー・シンガポール社の社長に就任したチャン・チンホン（Chang Chin Hong）は、シンガポール工場の操業開始時（七三年）に採用された現地従業員の一人である。

しかし、タイがトミーの主要生産拠点として重要性を増すと、トミー・シンガポール社の存在意義は失われていく。こうして九五年三月にシンガポールでの全業務を停止し、所有していたバタム島の工場用地も売却した［社史編纂委員会、二〇〇〇：一五七］。

九八年まで操業を続けた玩具メーカーのニッコー

トミーは一九九一年にシンガポールでの生産に見切りをつけたが、同じく玩具メーカーの株式会社ニッコーは、七九年に全額出資子会社のニッコー・エレクトロニクス・トイ私人有限公司（Nikko Electronics Toy Pte. Ltd.）を資本金二〇〇万ドルで設立し、九八年一月まで生産を続けていた(7)。同社がEDBから五年間の創始産業ステータスを取得し、生産を開始したのは、七九年六月である。八二年初頭には電子機械玩具の新しい原型を製作するため約一〇〇万ドルを投じ、同年五月時点で三〇〇人の従業員を擁していた［*Business Times*,17 May 1982］。トミー・シンガポール社は、すでに述べたように、台湾や香港の玩具メーカーが簡単にコピーできる低付加価値のプラスチック製玩具を生産していた。これに対して、ニッコー・エレクトロニクス・トイ社は当初から、リモコンカーや機械仕掛けの玩具など高技術・高付加価値の生産に特化していたという違いがある[*Straits Times*,25 Oct. 1986]。

ニッコーは一九八六年一〇月、シンガポールでの生産能力を二倍にするため、一五〇〇万ドルを投じてマーシリングに新工場の建設を決めた。その背景には、八五年の景気後退後の法人税とCPF掛金率の引下げや建設費の下落など、民間企業の規模拡大に有利な条件が整っていたという事情がある。このころまでに同社はカランに二工場(Kallang Way と Kallang Pudding)、マーシリングに一工場を所有していたので、新工場はシンガポールで四番目となった[*Straits Times*,25 Oct. 1986]。八七年一一月には、この工場へ二五〇〇万ドルの追加設備投資を行う。同年なかばの従業員数は約一〇〇〇人だった[*Business Times*,1 Sep. 1987]。

しかし、一九八〇年代後半に人件費の高騰や原材料価格の上昇に苦しめられたことは、トミー・シンガポール社と変わらない。先述のように、シンガポールは八九年一月にアメリカのGSPから「卒業」することになっていた。製品の約四五%をアメリカへ、約五〇%をヨーロッパへ輸出していたニッコー・エレクトロニクス・トイ社にとって、受けるダメージは深刻である。

その打開策として、ニッコーは一九八〇年代末にGSP対象国のマレーシアへの進出を決めた。八八年九月にニッコー・エレクトロニクス社(Nikko Electronics Sdn. Bhd.)を設立し、約一六〇〇万ドルを投じてペナンに工場を建設したのである。ペナン工場は八九年初頭に操業を開始し、同年六月時点では六〇〇人前後の従業員をかかえて、おもにアメリカ市場向けの電子機械玩具を製造していた[*Business Times*,19 Aug. 1989]。また、九三年三月にジョホール州のジョホールバル(Johore Bahru)に、同年七月にはペラ州のパリ・ブンタ(Parit Buntar)にそれぞれ工場をつくり、生産を開始した。さらに、同年二月に中国広東省の東莞《トンコワン》に東莞日興電子玩具有限公司を設立し、翌九四年三月から東莞工場で生産を始めている[ニッコーホームページ]。低コスト国へ労働集約的部門を移転する一方、シンガポールでは高付加価値製品の生産を続けたのである。

しかしながら、シンガポールの高度産業化が急速に進み、人件費が高騰したため、結局は一九九八年一月に撤退した。[8]『シンガポールの日系企業総覧』(二〇〇〇年版)によれば、閉鎖前のニッコー・エレクトロニクス・トイ社は授権資本が三〇〇万ドル、払込資本が二三三万ドルである[日本シンガポール協会ほか、二〇〇〇:一四三]。なお、シンガポールでは現在も、ニッコーの販売子会社であるニッコー・アジア・トイ私人有限公司(Nikko(Asia)Toy Pte. Ltd.)が営業を続けている[ニッコーホームページ]。

おわりに

ブリヂストンタイヤは主としてマレーシア共同市場を目当てにシンガポールに直接投資を行ったが、シンガポール工場の操業開始直後に同国がマレーシアから分離独立したため、重要な市場を失い、出端をくじかれてしまった。そのため、ブリヂストン・シンガポール社は当初から小規模な国内市場に大きく依存するとともに、海外市場への輸出拡大によって活路を見出そうとする。しかし、さまざまな自動車のニーズを満たすために多種類のタイヤを高コストで製造せざるを得ず、労働力不足と人件費の上昇にも悩まされ続けた。タイヤの生産は労働集約的で、同社は世界市場で高い競争力をもたなかったので、人民行動党政権がタイヤに対する関税保護を撤廃すると採算が取れなくなり、撤退した。

一方、トミーは優れたインフラや安くて豊富な労働力を生かして、おもに労働集約的なプラスチック玩具の生産を行い、製品の大部分を先進工業国市場へ輸出していた。だが、人民行動党政権は、自国の工業化が急速に進展すると産業の高度化に関心をもち始め、労働集約型産業を淘汰する産業政策を導入していく。トミーは当初からシンガポールを低コスト生産拠点として位置付け、機械化・自動化を推進しなかったので、生産性の向上が図れず、競争力を弱めていった。致命的な打撃となったのは、一九八九年に米国がシンガポールを含むＮＩＥｓ諸国をＧＳＰ対象国リストからはずしたことである。

ブリヂストンタイヤとトミーはシンガポール工業化の初期の段階から数多くの労働者をかかえ、長年にわたって労働集約型生産を続けた。しかし、同国の産業政策と産業構造の変化に追いつけず、石油化学や電子・電機などの資本・技術集約型産業に主役の座を譲って撤退したのである。なお、ニッコーの事例から明らかなように、たとえトミーがシンガポールで高技術・高付加価値の玩具を生産していたとしても、シンガポールの産業高度化にキャッチアップできずに、早晩、撤退を余儀なくされていたであろう。

(1) ブリヂストンタイヤ株式会社は、一九八四年に社名を(株)ブリヂストンに変更した。トミー工業株式会社も、八九年に(株)トミーに改称している。

(2) パン・マラヤ・ゴム工業は、シンガポールとマラヤ連邦にセメント工場を所有するパン・マレーシア・セメント・ワークス社の関連会社であった。

(3) ブリヂストンタイヤは、シンガポールに続いて、一九六八年にタイに、七三年にイランとインドネシアに、それぞれ合弁会社を設立している。

(4) ブリヂストンタイヤは、戦前期に人造ゴムの研究を開始し、一九五七年には同社会長の石橋正二郎が中心になって半官半民の日本人造ゴム(株)を設立している。シンガポールの工場でも、タイヤの原料として生ゴムのみを使用していたわけではない。

(5) インドネシアのスカルノ大統領は、「マレーシア連邦はイギリスが植民地主義の復活をもくろんで結成し、東南アジア地域への脅威となる」と主張して、反発を強めた。また、この新生国家の誕生は、彼が描いていた汎インドネシア構想(マレー世界の統合)と相いれないものであった[Turnbull,1989：274-75]。

(6) トミーのシンガポール工場は、原材料として合成樹脂を使用するため、旭化成も合弁事業に参加した。

(7) (株)ニッコーは、東京に本拠を置く玩具メーカーである。資本金は二〇〇〇万円、従業員は国内が一〇〇人、グループ総数が四五〇〇人である[ニッコーホームページ、二〇〇四年一月一九日]。

（8）　二〇〇四年一月一九日に㈱ニッコーの国内販売事業部より入手した情報。

第3章　ミネベアのグローバル戦略
——シンガポール、タイ、中国を中心に

ミネベアの子会社 NMB シンガポール社のチャイチー工場(2001年9月撮影)

はじめに

ミネベア(株)は世界最大のミニチュア・小径ボールベアリングメーカーであり、二〇〇三年三月期には世界シェアの六〇%を占めた。資本金は六八二億五一〇〇万円、売上高は単独が一六二九億五二〇〇万円、連結が二七二二億二〇〇万円(〇三年三月期決算)に達している。ボールベアリング以外では、電子機器部品やIT関連製品などがある。一五カ国に五七の子会社・関連会社を擁し、八カ国三一カ所の生産拠点で製造された製品は、一四カ国四五カ所の販売子会社を通じて世界各地で販売されている。従業員数は、単独が二五一二人、連結が四万三〇〇二人にのぼる[ミネベアホームページ、二〇〇三年一一月一七日:ミネベア、二〇〇四]。

こうした多国籍企業であるにもかかわらず、ミネベアは一般の人たちにはあまり知られていない。それは、製品の大半がハードディスク装置、レーザープリンター、ファックス、エアコン、VTR、ビデオカメラ、計測器、航空機器などに組み込まれる精密部品であり、一般消費者の目に直接ふれないからである。

本章では、ミネベアが一九七〇年代初頭にシンガポールへ進出した動機を明らかにしたうえで、同国における活動の実態を考察する。あわせて、八〇年代初頭にタイに、九〇年代初頭に中国に生産拠点をつくった背景を分析し、これらの国に設立された子会社とシンガポールの子会社との関係を検討し、最後に同社のグローバル戦略に評価を加える。

表３－１　ミネベアグループの国・地域別生産高（本決算）

国・地域	2000年３月		2001年３月		2002年３月		2003年３月	
	100万円	%	100万円	%	100万円	%	100万円	%
タイ	165,596	58.2	163,494	57.0	156,160	55.9	154,015	56.6
中国	23,767	8.3	30,640	10.7	31,591	11.3	35,713	13.1
日本	42,482	14.9	40,149	14.0	29,609	10.6	25,738	9.5
米国	24,276	8.5	22,122	7.7	28,345	10.1	24,622	9.0
シンガポール	14,633	5.1	18,789	6.5	16,982	6.1	17,745	6.5
台湾	7,389	2.6	5,407	1.9	8,841	3.2	7,246	2.7
マレーシア	0	0	1,062	0.4	1,523	0.5	961	0.4
ヨーロッパ	6,614	2.3	5,382	1.9	6,293	2.3	6,162	2.3
合計	284,757		287,045		279,344		272,202	

出所：ミネベアホームページ，2003年７月５日より作成．

１　高いアジアの比重

表３－１からわかるように、ミネベアの生産の大半はアジア地域、とりわけタイ、中国、シンガポールで行われている。総生産高に占めるアジア（日本を除く）のシェアは、二〇〇〇年三月期の七四・二％から、〇一年三月期の七六・五％、〇三年三月期には七九・三％へと増大した。総売上高に占めるアジアのシェアも、二九％から、二九・五％、三九・三％へと急増している。一方、日本のシェアは同時期、生産高が一四・九％から、一四％、九・五％へと減少を続けた。売上高は、最初の二年間こそ三八・二％と変わらなかったが、〇三年三月期には二七・一％へと減少に転じている（表３－２）。

ここで注目すべきは、アジアで大半の製品が生産されているにもかかわらず、同地域の売上高は日本や米国と比べてそれほど多くないという点である。その理由は、タイやシンガポールなどの工場で生産された製品が欧米へ直輸出される場合でも、帳簿上は本社をとおしての輸出として処理されるからである。なお、日本国内の工場ではさまざまな顧客のニーズに応えて小ロットで生産しているが、付加価値の高い製品の製造に特化しているわけではない(1)。

表3-2　ミネベアグループの国・地域別売上高(本決算)

国・地域	2000年3月		2001年3月		2002年3月		2003年3月	
	100万円	%	100万円	%	100万円	%	100万円	%
日本	108,838	38.2	109,591	38.2	83,021	29.7	73,835	27.1
アジア*	82,445	29.0	84,687	29.5	96,758	34.6	106,941	39.3
アメリカ	58,148	20.4	58,203	20.3	60,733	21.7	57,102	21.0
ヨーロッパ	35,326	12.4	34,564	12.0	38,832	13.9	34,322	12.6
合計	284,757		287,045		279,344		272,200	

注：*日本を除く.
出所：ミネベアホームページ,2003年7月5日より作成.

ミネベアは軽井沢工場がボールベアリングや小型モーターの、浜松工場が電子機器部品のマザー工場として、それぞれ機能している。これらの工場は、製品の研究開発や、国内外の他工場での量産前に小ロット生産を行い、生産技術の向上を図る役割を果たす。また、海外から現地従業員を研修生として受け入れている。(2)作業工程は標準化されており、海外の現地人従業員はマザー工場での研修後は、世界各地の工場で働くことができる。海外の工場で機械の故障などが発生した場合も、マザー工場の技師のアドバイスに従ってすぐに修理できる態勢が整っている。さらに、ミネベアは一貫生産を基本としているため、下請けや外注に依存していない。部品や治具《じぐ》(3)・工具なども自社内で製造している[五十嵐、二〇〇〇：一八-一九]。

2　シンガポール進出の背景と操業方針

ミネベアがアジア初の生産子会社としてNMBシンガポール社(NMB Singapore Ltd.)をつくったのは、一九七二年である。当時は長野県に拠点を置く中堅ボールベアリングメーカーで、日本国内での知名度はそれほど高くなかった。七三年にベドク地区のチャイチー工場で操業を開始し、それ以来、三〇年余にわたってミニチュアボールベアリングなど精密部品の生産を行っている。

表3-3が示すように、一九八〇年代にはペルメック・インダストリーズ私人

表3－3　シンガポールのミネベアグループ企業（2002年11月現在）

現地法人名	設立年	資本金	従業員数（日本人）	売上高（万ドル）	事業内容
NMB Singapore Ltd.	1972	3,800万ドル ミネベア97.37％	1,075(15)	1.54億 (2001年3月)	ミニチュア・ボールベアリング、精密電子部品の製造・販売
Pelmec Industries Pte. Ltd.	1980	3,500万ドル ミネベア100％	655(10)	1.44億ドル (2001年3月)	小径ボールベアリングの製造・販売
Minebea Singapore Pte. Ltd.	1993 (買収)	2000ドル	0	持株会社	
Minebea Technologies Pte. Ltd.	1993 (買収)	700万ドル Minebea Singapore Pte. Ltd. 100％	156(23)	10.57億ドル (2002年3月)	ミニチュア・ボールベアリング、精密部品などの販売
Sheng Ding (Pte.) Ltd.	2002	1,000万ドル ミネベア60％、Huan Hsin Holdings Ltd. 4％	不明	持株会社	

出所：東洋経済新報社，2003：704～723より作成．

有限公司（Pelmec Industries Pte. Ltd.）やNMBプリシジョン・ツール・アンド・ダイ私人有限公司（NMB Precision Tool & Die Pte. Ltd. 後述のように、二〇〇二年七月にNMBシンガポール社に吸収合併された）などの子会社をつくり、八〇年代初頭にはシンガポールでもっとも多くの従業員を擁する日系企業に成長した。ミネベアは、高度な製造技術や特殊工具の生産などの企業特殊的優位性を有しているため、地場資本や現地政府との合弁事業を好まない。これらの現地法人のほとんどが、ミネベア本社あるいは同社の子会社の一〇〇％出資によって設立されている。これはタイや中国の子会社についても同様である。

なお、一九八〇年代初頭には賃金の高騰や労働力不足に対応して、労働集約的部門をタイにシフトした。そのため、今日ではミネベアグループ企業の従業員数は最盛期と比べるとかなり減少したが、機械化・自動化をとおして生産性を向上させ、生産高を増大させている。九八年一〇月の時点で、シンガポールの六つの子会社は合計で一八六一人を雇用し、同年三月決算期の売上高は一四九億ドルにのぼった［東洋経済新報社、一九九九：七〇六-七］。

では、ミネベアが一九七〇年代初頭にシンガポールへ進出した背景を探ってみよう。

ミネベアは一九五九年五月から、ミニチュアボールベアリングを米国へ輸出し始めた。六五年二月以降、ベトナム戦争が本格化すると、米軍のミニチュアボールベアリング需要が急増する。米国内のボールベアリングメーカーはフル操業したが、供給が追いつかなかった。そこで、米軍は六七年ごろからミネベアに大量の発注を始める［香村、一九八七：六六］。当時、円為替は一米ドルあたり三六〇円に固定されており、米国市場ではミネベア製品はきわめて安価であった。その結果、同社は六〇年代末には米国市場の約四割、日本の対米ミニチュアボールベアリング輸出の九五%を供給するまでになっていく［岩井、一九九五：二一；Minebea, *Annual Report*, 1995：6］。

米国には当時、六社の精密ボールベアリングメーカーがあったが、ミネベアとの熾烈な競争により閉鎖あるいは規模の縮小を余儀なくされる。各社は軍事用ボールベアリングの輸入規制を求めて、政府に圧力をかけた。結局、国防総省は北米大陸にある工場で生産された軍事用部品（精密ボールベアリングを含む）以外は購入しないことに決定する［高橋・佐藤、一九八九：六六；岩井、一九九五：二二-二三］。

米国におけるミネベアバッシングに加えて、日本では労働力不足によって賃金が高騰していく。国内では長野県の御代田《みよた》（軽井沢工場）で操業していたが、機械化・自動化が進んでおらず、大量の労働力を必要としていた。しかし、国内で知名度が高いとは言えないミネベアにとって、多くの従業員を集めるのは容易ではない。こうした状況下で、一九六九年ごろからアジア進出について検討し始めた。

高橋高見社長は一九七一年に台湾、韓国、シンガポールのうち一カ国に進出することを計画し、まず台湾を訪問する予定であった。ところが、台風のため台湾行きのフライトがキャンセルとなり、やむを得ず翌週シンガポールへ向かったという［高橋・佐藤、一九八九：六八］。当時のシンガポールは機械やエレクトロニクスなどの産業分野の外資企業を呼び込もうと躍起になっており、公害とは無縁のミネベアの誘致にきわめて熱心であったようだ［香村、一九八七：

四五-四六〕。韓国や台湾と比べると賃金水準は高かったが、次のようなリットがあった〔矢延、一九八三：一一〇-一一；*Business Times*,9 April 1980〕。

①豊富な労働力の存在と、日本の五分の一～六分の一の賃金水準、②安定した政権、③ビジネス言語として英語が使用されている、④政府が外資導入に熱心である、⑤GSP（一般特恵関税制度）ステータス。

高橋社長は、シンガポールでリー・クアンユー首相と食事しながら進出条件などについて交渉した。リー首相は、ミネベアに対して五年間の法人税免除など税制面で優遇することを確約する。また、シンガポール政府は当時、原則として外資による一〇〇％出資を認めていなかったが、ミネベアが全額所有にこだわったため譲歩した。さらに、経済開発庁長官は、軽井沢工場で研修を受けるシンガポール人従業員の往復航空運賃と冬用オーバーコートの購入代金をシンガポール政府に肩代わりしてほしいという高橋の要望にも応えている〔香村、一九八七：四四、四三-四四；高橋・佐藤、一九八九：六八〕。

その結果、ミネベアは一九七二年二月にチャイチーに資本金二〇〇〇万ドル(4)でNMBシンガポール社を設立し、現地政府から六〇年間の契約で借り受けた三万㎡の用地に一八億円の建設費で工場をつくった〔矢延、一九八三：一一〇；*Business Times*,9 April 1980〕。当時のシンガポールには低廉で豊富な労働力が存在し、従業員を募集すると六〇〇人以上が応募してきた。結局、一〇五名（うち女性七〇名）を採用し、研修のため全員を軽井沢工場へ派遣する。その大半はオペレーターとして半年から一年間、品質管理、メンテナンス、切削、研削などの研修を受けた〔岩井、一九九五：五一；*Straits Times*,2 July 1972；『国際経済』二四巻二号、一九八七年一月：一八三〕。

そして一九七三年三月、チャイチー工場でミニチュアボールベアリングの生産を開始する。ここでも軽井沢工場と同様に「自己完結生産」方式（一貫生産体制）を導入し、鋼球と潤滑油以外は自社内ですべてつくった〔岩井、一九九五：四二、五一〕。同年一〇月に第一次石油危機が発生したが、ボールベアリング業界は七四年までその影響をほとんど受けていない。事実NMBシンガポール社は、七四年八月には月間一〇〇万個以上を生産し、五億円の純利益を計上した。それでも、七五年に入ると不況の洗礼を受け、四月の生産高は月産二九万個にまで減少したため、軽井沢工場が七〇万個分の仕事を回して稼働率を高めた。七六年一一月には、月産一〇〇万個に回復している［岩井、一九九五：五二-五三］。

ＮＭＢシンガポール社は一九七六年一二月、アジアダラー債を発行し、チャイチー工場の拡張に必要な資金二九四〇万ドルを調達した。事業拡張を目的としてシンガポールのアジアダラー市場で保証債券を売り出したのは、進出日系企業のなかでミネベアが最初である［*Business Times*, 14 Dec. 1976］。チャイチー工場の生産は順調で、七八年には月産四四〇万個に達し、初めて軽井沢工場の生産高を超えた。さらに、先進工業国におけるＯＡ機器産業の急成長に伴ってミニチュアボールベアリングに対する需要が拡大し、八二年四月には月産六〇〇万個、その五カ月後の九月には七〇〇万個に達した。また、チャイチー工場では七〇年代末からミニチュアボールベアリングに加えてステッパー、シンクロモーター、ひずみゲージなどの生産も始めている。これは、高橋社長が七〇年代初頭にＭ＆Ａ（合併・買収）戦略を打ち出し、国内外で企業買収を積極的に行い、非ボールベアリング製品の生産にも着手したからである。

表３-４が示すように、ＮＭＢシンガポール社の従業員数は一九七五年の三一〇人から、七八年の一五〇〇人、八〇年には三六三四人へと急増しており、従業員数ではシンガポール最大の日系企業となった。七三年の操業開始後の一〇年間で、チャイチー工場は約四〇〇名の現地従業員を軽井沢工場へ派遣し、最新技術を習得させている。実際、同社は機械化・自動化を推進し、従業員数を増やさずに生産性を高めることに成功した。七八年には月間四四〇万個の生産が可能になったが、これは従業員がサイクルタイム（一個にかける時間）を二〇秒から五秒に短縮したことによって達成されたのである［五十嵐、二〇〇〇：二〇］。

ミネベアは一九八〇年代初頭までに、チャイチーに加えて、カラン、ジュロン、アンモキオでも操業を始めている。同社が工場を複数の地域に分散して操業しているのは、労働力の確保を容易にするためである［*Business Times*, 15 Feb. 1980］。

カラン工場は七六年五月に、シンガポールの第二工場としてカラン工業団地内につくられた。ひずみゲージとステッピングモーターの製造からスタートし、その後は小プリンターやプリンター付き電卓の生産も行うようになる。プリンター付き電卓はミネベア初のＯＥＭ製品であり、販売会社を通じて米国のシアーズ・ローバック社に納入された

表3-4　シンガポールのミネベアグループ2社の従業員数と売上高

年次	NMBシンガポール社		ペルメック・インダストリーズ社	
	従業員数（うち日本人）	売上高（1万ドル）	従業員数（うち日本人）	売上高（1万ドル）
1975	310 (14)	1,400		
1976	240 (15)	1,329		
1977	240 (15)	1,329		
1978	1,500 (20)	2,339		
1979	2,752 (55)	5,244		
1980	3,634 (180)			
1981	3,634 (180)			
1982	1,854 (46)	11,000	626 (16)	3,086
1983	1,765 (36)		667 (16)	
1984	1,765 (36)		667 (16)	
1985	1,765 (36)	14,340	667 (16)	8,009
1986	1,765 (36)	10,421	771 (21)	8,042
1987	1,330 (29)	10,321	768 (18)	7,771
1988	2,271 (34)	13,840	746 (17)	9,222
1989	1,543 (35)		769 (15)	8,880
1990	1,414 (28)	13,200	633 (15)	
1991	1,414 (28)		633 (15)	
1992	1,414 (28)		633 (15)	
1993	1,414 (28)		633 (15)	
1994	1,134 (17)	5,663	537 (10)	3,658
1995	1,107 (20)	13,200	511 (8)	8,973
1996	1,042 (14)	14,900	511 (8)	11,500
1997	957 (18)	13,300	491 (7)	9,070
1998	1,084 (13)	13,900	521 (8)	8,761
1999	1,013 (13)	12,500	588 (9)	9,925
2000	1,116 (13)	13,400	614 (9)	11,200
2001	1,075 (15)	15,400	655 (10)	14,400
2002	1,075 (15)		655 (10)	

注：従業員数は各年11月現在，本決算は各年3月31日．
出所：東洋経済新報社，1973～2003より作成．

［岩井、一九九五：七五］。

また、一九八〇年一月にペルメック・インダストリーズ社が、資本金六〇〇万ドルでジュロンに設立された(5)。ミネベアはこの会社のために八〇年四月、光洋精工シンガポール社（建物と機械類）を約三〇億円で買収し、従業員一六〇人も引き継いだ。さらに、生産設備の拡充を目的として七〇億円を投じ、七月から操業を開始する。当初はおもにＶＴＲとエアコン用の一九ミリと二二ミリの小径ボールベアリングの生産を行った［岩井、一九九五：一〇七、一一二］。従業員数は六六七人で、月間生産高は八五年三月に一〇〇〇万個に達する。九五年には生産ラインの機械化・自動化によって生産性を高め、一五〇〇万個の生産が可能になった［同上書：一一六］。

アンモキオ工場は、カラン工場用の部品の組立てを目的に、ジュロン都市公団所有の建物内に一〇〇〇㎡の床面積を確保して一九八〇年三月につくられた。投下資本は五〇万ドル、従業員数は二四〇人である［*Business Times*, 15 Feb. 1980］。

3　効を奏したタイと中国への進出

タイ進出の背景

一九七〇年代末になると、すでに述べたようにシンガポールでは労働力不足となり、賃金が高騰していく。歴史的に振り返ると、大半の欧米諸国や日本の工業化の過程においては、国内農業の余剰労働力が製造業に吸収された。しかし、シンガポールの場合、このセクターは重要でなかったため、近隣アジア諸国からの労働力に依存することになる。そして、政府は七九年、労働集約型・低付加価値産業を資本集約型・高付加価値産業で代替する目的で高賃金政策を打ち出した。フレーベルらが主張するように、多国籍企業は生産コストの低い発展途上国へ進出して生産活動を行い、ホスト国が人件費の高騰などによって比較優位を喪失すると、生産コストのより低い途上国へ拠点を移す傾向がある［Fröbel et al., 1980］。実際、八〇年代には数多くの欧米・日本の企業がシンガポールから完全撤退したり、労働集約的な工程を近隣アジア諸国へ移転している。

ミネベアをはじめ外資系企業の大半は、賃金の高騰と労働力不足に対応して、マレーシア人やタイ人などの外国人労働者を多数雇用した。しかし、一九七〇年代末には政府が外国人労働者の規制を強化し、シンガポール人の比率を六割以上にすることを義務付けた［『国際経済』三八巻四号、二〇〇一年三月：五九‐六〇］。そこで、ミネベアは七九年ごろからタイへの生産拠点の移転を検討し始める。当時のタイは、工業化がそれほど進んでおらず、賃金水準はシンガポールの四分の一程度で、大量の女性労働力の確保が容易であった。もっとも、ミネベアの生産コストに占める労賃の割合は一割程度だったので、タイへの進出決定に際して低賃金労働力のみを考慮に入れたわけではない。シンガポールの工場で多くのタイ人出稼ぎ労働者を雇用した経験で、彼らの勤勉さや従順さを高く評価したからである［『国際経済』二四巻一号、一九八七年一月：一八三］。

ミネベアは、日系企業が未進出で、賃金高騰の原因となる工業団地も存在していなかったアユタヤ州のウタイ（Uthai、バンコクから約七五キロ）を選んだ。アユタヤはインフラが比較的よく整備されており、バンコクと鉄道、水路、国道一号線で結ばれており、輸送上の問題もなかった［岩井、一九九五：一五〇］。しかも、外国企業は八年間法人税が免除され、他の恩典についても投資規模によっては政府と交渉できた［『国際経済』二四巻二号、一九八七年一月：一八三］。

効を奏したタイ進出

こうして一九八〇年八月、一〇〇％所有の子会社であるＮＭＢタイ社を設立した。そして、八二年七月にアユタヤ工場が竣工し、事前に軽井沢工場で研修を受けた一三〇人のタイ人を使って八月から操業を開始する［岩井、一九九五：

一五四-五六]。当初は、スピーカーと小型トランスを製造する計画を立てていたが、工場建設中にこれらに対する需要が減退したため、需要が拡大していたミニチュアボールベアリングの生産に切り替えた[同上書：一四八]。また、当初は、シンガポールのチャイチー工場で生産された部品を使って組立て・加工のみを行う予定であったが、以下のような理由で部品の生産から組立て・加工まで行う一貫生産拠点とした[同上書：一六四-六五]。

① NMBシンガポール社のチャイチー工場においてミニチュアボールベアリングの外販と非ベアリング製品の生産が急激に伸び、部品を供給する余裕がなくなった。

② NMBシンガポール社のチャイチー工場やジュロン工場では、スペースの制約により生産施設の拡張が不可能である。

③ ジュロンのペルメック工場周辺には多くの外資系企業が進出しており、労働力の確保が容易ではない。

④ ミネベアが入居していたカラン工場では、二階以上のフロアでの切削作業が禁止されていた。

表3-5が示すように、ミネベアはNMBタイ社の設立を皮切りに、一九八四年にアユタヤ県バンパイン(バンコクから約五〇キロ)にミネベア・タイ社とペルメック・タイ社、八七年と八八年にロッブリー県ムアン(バンコクから約一八〇キロ)にパワー・エレクトロニクス・オブ・ミネベア社とミネベア・エレクトロニクス・タイ社などを相次いで設立していく。同社が工場建設用に購入した土地はいずれも田畑同然であり、インフラの整備を行ったうえで工場を建設した。タイ工場で生産された製品は、ほとんど輸出用である。また、各工場には当初から最先端の機械設備が設置され、金型・工具製造から部品の組立てまで一貫生産が行われている[*Asia Market Review* Jan. 2000：14-15]。

タイでは生産コストが低いため、利益率はシンガポールよりも高い。しかも、ミネベアの場合は最先端の機械が導入され、年間三六五日二四時間稼働(三交代制)しているから、機械類の減価償却コストもかなり低い[池田、一九八八：三三]。一九八五年のプラザ合意以前にタイに進出した日本企業のほとんどは輸入代替型である。バンコク周辺に拠点を置き、親会社から輸入した中古の機械類を導入して、日本から輸入した部品の組立て・加工など後工程生産を中

表3-5　タイのミネベアグループ企業(2002年11月現在)

現地法人名(所在地)	設立年	資本金	従業員数(うち日本人)	売上高	事業内容
NMB Thai Ltd.(アユタヤ県ウタイ)	1980	12億バーツ	2,590(9)	49.99億バーツ(2001年3月)	ミニチュアボールベアリングの製造・販売
Minebea Thai Ltd.(アユタヤ県バンパイン)	1984	83.81億バーツ	16,348(138)	285.76億バーツ(2002年3月)	キーボード、モーターなどの製造・販売
Pelmec Thai Ltd.(アユタヤ県バンパイン)	1984	11億バーツ	1,229(11)	31.91億バーツ(2001年3月)	小径ボールベアリングの製造・販売
Power Electronics of Minebea Co. Ltd.(ロッブリー県ムアン)	1987	16.1億バーツ	3,435(31)	81.5億バーツ(2002年3月)	電子機器・部品の製造・販売
Minebea Electronics (Thailand) Co. Ltd.(ロッブリー県ムアン)	1988(操業)	15.63億バーツ	5,324(32)	74.92億バーツ(2002年3月)	電子機器・部品の製造・販売
NMB Hi-Tec Bearings Ltd.(ロッブリー県)	1988	10億バーツ	2,351(11)	36.97億バーツ(2001年3月)	スピンドルモーター用ベアリングなどの製造・販売
NMB Precision Balls Ltd.(アユタヤ県バンパイン)	1988	4.5億バーツ	551(9)	19.62億バーツ(2001年3月)	ベアリング用鋼球の製造・販売

出所：東洋経済新報社,2003：596,610；2003：617-32より作成.

心としていた。タイ政府は輸入制限によってこれらの企業を保護したが、その見返りに地場資本との合弁を要求する。その結果、日系工場の大半は低品質の製品を少量生産し、高価格で販売していた[高橋、一九八五：八；『国際経済』三八巻四号、二〇〇一年三月：二〇一二]。さらに、八〇年代にはバンコクに日本企業が次々と進出したため労働力不足が生じて賃金が高騰する一方、政府が優遇策の見直しを行った。しかし、ミネベアの工場はいずれもバンコクから離れていたため、そうした影響をほとんど受けていない[*Asia Market Review* Jan. 2000：14-15]。

タイ最大の日系企業であるミネベアは、雇用創出や輸出などをとおしてタイの経済発展に大きく寄与してきた。二〇〇二年一一月の時点で、現地企業七社、計三万一八二八人（うち日本人二四一人）の従業員を擁していた（表3-5）。〇三年三月決算で、ミネベアグループの総生産高（ボールベアリング、部品、電子機器など）に占めるタイの比率は五六・六％である（八五ページ表3-1）。タイで生産した製品の大部分は本社をとおして米国・ヨーロッパ・日本で販売され、取引きはすべて米ドル建てで行われている［*Asia Market Review* Jan. 2000 : 16］。

中国進出の経緯と現状

ミネベアは一九七〇年代初頭以降、高橋社長の下で拡大路線を採っていく。国内外の企業を次々と買収して傘下に収め、異業種である流通業、金融業、養豚業などへも進出した。シンガポールでも、七八年にスイスの時計会社と合弁でプリシジョン・ウオッチケース社を設立して時計ケースの製造を始めたり、八四年にはアクタス・シンガポール社（家具輸入・販売会社）を設立している。しかし、八九年に高橋社長は六〇歳の若さで亡くなり、その翌年バブルが崩壊した。ミネベアグループは財政難に陥り、これまでの戦略の見直しを迫られる。その結果、拡大路線を転換して本来の製造部門（とりわけボールベアリングなどの精密部品の製造）重視の方針が打ち出され、赤字企業（その多くが非製造業）は清算・売却された。この新しい方針に沿って行われたのが、中国進出である。

中国政府は鄧小平の下で一九七九年に改革・開放政策を打ち出し、シンガポールをモデルに深圳、珠海、汕頭《スワトウ》、アモイなどに経済特区を設置して、外資の誘致に乗り出した。すでにタイとシンガポールに巨額の資本を投下していたミネベアは、中国に強い関心をもっていたわけではない。それでも、経営陣は九〇年ごろに中国進出の必要性を認識し、九一年五月に小林博治を所長とする中国市場開発準備事務所を本社内に開設した。小林は、上海で中国人の父と日本人の母との間に生まれ、後に母の母国である日本へ移住した人物である。日本では、当初は総合商社に就職し、上海宝山製鉄所建設プロジェクトチームの一員となった経験をもつ。八二年に三五歳でミネベアへ入社した小林は九二年一月、香港ミネベア支店勤務を命じられる。同年七月には、中国市場開拓と情報収集の目的で上海に開設された

表3-6　中国のミネベアグループ企業(2002年11月現在)

現地法人名	設立年月	資本金	従業員数(うち日本人)	売上高	事業内容
上海美蓓亜精密機電(有)	1994年8月	11.69億人民元 ミネベア100%	4,133(45)	15.97億人民元(2002年3月決算)	小径ボールベアリング、ファンモーターの製造
美蓓亜貿易(上海)(有)	2002年9月	50万米ドル ミネベア100%			電子機器の販売
美蓓亜貿易(深圳)(有)	2002年9月	50万米ドル ミネベア100%			電子機器の販売

出所：東洋経済新報社,2003：332,444より作成.

駐在員事務所の初代所長に就任した[岩井、一九九五：一九四-九五]。

ミネベアは一九九四年五月、上海市青浦《チンプー》県西岑《シーツエン》郷への進出を決定し、上海市から一三万㎡の土地を五〇年間の契約で借り受けた[五十嵐、二〇〇〇：九七]。同社が西岑郷を選んだのは、上海国際空港の南西五〇㎞の地点に位置し、上海中心部と国道三一八号線で結ばれて、交通の便がきわめてよかったからである。また、青浦県と西岑郷当局はミネベアの誘致に積極的であり、上海市はミネベアの全額出資を認めた。さらに、西岑郷周辺には縫製以外の工場はなかったため、若くて豊富な労働力の確保が容易で、工場で使用する水も質・量ともに十分あったという事情もある[岩井、一九九五：二〇四-五]。

こうして一九九四年八月、ミネベアが全額出資した子会社である上海美蓓亜精密機電(有)が設立された。当時、ミネベアはタイとシンガポールでの生産が需要に追いつかなかったため、一〇月には西岑郷周辺の工場(西岑工場)をリースし、両国の工場で製造された部品を使って小径ボールベアリングとファンモーターの生産に着手する。翌九五年一月、西岑工場から車で数分の距離にある一三万㎡の用地に上海工場が完成すると、小径ボールベアリングの生産部門を移転した[Minebea, *Annual Report* 12 July 1995；五十嵐、二〇〇〇：九七-九八]。

二〇〇二年一一月現在、上海美蓓亜精密機電の二つの工場(上海と西岑郷)は計四一三三人の従業員を抱え、小径ボールベアリングとファンモーターの一貫生産を行っている。また、同年九月には電子機器などの販売目的で美蓓亜貿易(上海)と美蓓亜貿易(深圳)が設立された(表3-6参照)。

シンガポール工場と中国工場の共存

ミネベアは一九八〇年のタイ進出後も、シンガポールで生産活動を盛んに行っている。八五年一〇月には、ナット、ボルト、リベット、ファスナー、治具・工具、金型、その他の金属製品の生産を行うために、一五〇〇万ドルを投じてNMBプリシジョン・ツール&ダイス社をジュロンに設立した。先述のように、この時期のシンガポールは高賃金政策の破綻で独立後初めてマイナス成長を経験し、土地リース代の大幅な引下げや失業者の増加など新しい会社を設立するには好条件がそろっていた。同社の工場床面積は三〇〇〇㎡、当初の従業員数は五〇名である[*Business Times*,20 May 1986]。

一九八六年五月の『ビジネスタイムズ』紙によれば、NMBプリシジョン社の年間売上高は四〇万ドルにのぼり、製品の約八割はシンガポールとタイのミネベアグループ企業に、二割は松下、日立、モトローラなどのエレクトロニクス・メーカーに販売されたという[*Business Times*,20 May 1986]。なお、同社の従業員数は二〇〇一年一一月の時点で六七人、同年三月期の売上高は七八六万ドルである。ただし、経営の効率化を図るため、〇二年七月、同社の全事業はNMBシンガポール社に移管され、その工具とダイス部門となった[ミネベア、二〇〇四]。

ミネベアは、シンガポールとタイには世界市場向けの量産を目的として進出したが、中国には国内市場を目当てに直接投資を行った。そして、取引メーカーの中国への生産移管に対応して、生産部門の一部を東南アジアから中国に移している。たとえば、二〇〇二年三月にシンガポールの計測機器部門を中国にシフトした。また、〇二年八月には、中国でのパソコン用キーボード生産のために、シンガポールのハンシン・ホールディングス社(Huan Hsin Holdings Ltd.)と合弁で、投資会社「勝鼎私人有限公司」(Sheng Ding Pte. Ltd.)を資本金約一二億円(ミネベア六〇%、ハンシン四〇%)で設立した[『日本経済新聞』二〇〇二年八月九日]。さらに、同年一二月にはこの合弁会社が上海に生産子会社

（上海順鼎科技有限公司）を設立し、〇三年八月からキーボードの生産を開始している［ミネベア、二〇〇四］。同社では、ミネベアがキーボードの基本設計、開発、生産技術の支援を、ハンシンが工場の運営と生産を担当する。

二〇〇五年までには、タイでの生産分をすべて中国に移管する計画である。同社は、〇二年なかばにタイのバンパイン工場で月間二五〇万台のキーボード（ＯＥＭを含む）を生産し、世界市場で約二〇％のシェアをもっていた。〇五年には、中国での生産によってシェアを四〇％に引き上げる計画である［『日本経済新聞』二〇〇二年八月九日］。

このようにミネベアの中国生産は急速に拡大しているが、にもかかわらずタイとシンガポールの工場では欧米・日本向けの精密ボールベアリングの生産を続けている。それは、タイの人件費は中国と比べて約三割高いものの、全自動機械の導入によって十分に対抗できるからである。シンガポールでは人件費がさらに高いが、機械化・自動化を推進しているため、製造コストに占める人件費の比率はタイよりも低い［*Asia Market Review* Nov. 2002：18］。

4　現地人の巧みな活用

ミネベアは、シンガポールとタイで現地人スタッフの人脈などを利用して事業展開を行ってきた。シンガポールでは、一九八七年から九五年三月まで顔尚強（Gan Siang Kiong）をＮＭＢシンガポール社の社長として迎え、彼の人脈を活かしてシンガポール政府などとの良好な関係を築いている。六六年に東京理科大学を卒業した顔は、日本原子力研究所の研究生（六六〜六七年）となり、米国留学を経て、三井ハイテック・シンガポール社長（七二〜七七年）、タイガースポリマー・シンガポール社の社長、(6)駐日シンガポール大使館の公使（八五〜八七年）、経済開発庁日本担当部長（八六〜八七年）を歴任した。(7)八六年五月にリー・シェンロン商工相代行が訪日した際にも、同行している［『月報』二〇〇三年七月号：一五四］。

タイ進出の際にも、日本で高等教育を受けたタイ人を活用した。早稲田大学および大学院に留学した経験をもつブティチャイ(Vutichai)や、創価大学で教育を受けたカンチット(Kanchit)を軽井沢工場がリクルートしたのである。彼らは、タイから軽井沢工場に派遣された研修生の通訳や世話係として重要な役割を果たした［岩井、一九九五：一五八-六〇；*Asia Market Review* Sep. 2002：18］。その後、彼らは本社の社員としてタイに派遣される。ブティチャイはタイのオペレーション全体の総務・人事担当マネージャーに就任し、現在はNMBタイ社の取締役を務めている。カンチットはアユタヤ工場の管理担当マネージャーとなり、同じくNMBタイ社の取締役に就任した。彼らは地元従業員の意見を汲み取り、日本人側へ伝えるのが重要な任務の一つである。

また、一九九〇年一二月にはチャンチャイ・リータヴォンを本社の社外取締役として迎えている。七〇年代初頭から八〇年代初頭にかけて、タイの商業大臣、大蔵副大臣、首相府投資委員会事務局長など重要なポストを歴任した彼は、工場の新設・拡張などで許認可が必要なときに、政府との折衝などで重要な役割を果たしてきた［岩井、一九九五：一五四；ミネベアホームページ、二〇〇三年一二月二六日］。タイのミネベア工場には、労働組合はない。その代わりに、各工場に職場懇談会があるほか、さまざまな製造部門からの代表三〇名、一二名のタイ人取締役(ブティチャイとカンチット)、総務・人事担当の日本人マネージャーで構成する合同諮問委員会が設置されている。現地人を取締役に登用することによって、日本人駐在員と地元従業員とのコミュニケーションを円滑にしているのである。そのため、無断欠席はほとんどなく、転職率も比較的低い［五十嵐、二〇〇〇：三三-三五］。

おわりに

ミネベアが最初の本格的な生産子会社をシンガポールに設立した一九七〇年代初頭は、低廉で豊富な労働力が存在して、労働集約的な生産ができた時代である。当時の日本は欧米と貿易摩擦を起こしており、東芝、日立、松下電器などの大手家電セットメーカーがアジア諸国へ進出し、日本から輸入した部品や半製品を現地で組立て・加工して、完成品を欧米へ迂回輸出していた。その後、これらの大企業の要請を受けて関連会社や下請け会社がアジアへ進出し、部品の生産・供給を始めていく。そうしたなかで、中堅の精密部品メーカーであったミネベアは、日本国内の特定セットメーカーに依存せずに、独自にシンガポールに進出した。

一九七〇年代末以降、高賃金政策などによって生産コストが上昇すると、労働集約的な生産を行っていた外資系企業の大半は採算が取れなくなり、シンガポールから撤退していく。しかし、ミネベアは八〇年代初めに労働集約型工程をタイへ移転する一方、シンガポールでは自動化・機械化の推進によって生産性を高め、困難を切り抜けた。ただし、今日ではミネベアの最大生産拠点はタイであり、さらに九〇年代に中国でも生産を開始したため、シンガポールは以前ほど重要ではなくなっている。九九年一〇月時点では、同社の精密ボールベアリングの月間生産能力は、シンガポールの二工場が三〇〇〇万個、タイの三工場が七〇〇〇万個、上海工場が一〇〇〇万個である(ミネベアホームページ、一九九九年一〇月二八日)。

グローバル戦略を採っているミネベアは、おもにアジア地域で標準化した製品を量産し、世界市場で販売している。高度産業技術や一貫生産など企業特殊的優位性をもち、ミニチュアボールベアリングなど特殊な精密部品の生産を行い、完成品の輸送も容易であるために、グローバル戦略が可能だったのである。同社は現地政府や地場民間資本などとの共同出資を避けて一〇〇%所有の生産子会社を設立し、一貫生産方式を導入しているがゆえに、ＯＥＭやＥＭＳ企業に依存するようなことはない。

また、日本国内のマザー工場と海外の生産子会社との間で国際分業体制が構築されており、前者は技術・資本集約的な研究開発と海外従業員の研修を担い、後者は標準化した製品を量産している。事実、一九七二年のＮＭＢシンガポール社設立後の二十数年間に約一〇〇〇人のシンガポール人が、また八二年にタイに進出後の十数年間に約五〇〇〇人のタイ人が、日本で研修を受けた［Minebea, *Annual Report*, Jury 1995：12-13］。

このような分業体制下では、規模の経済のメリットを生かして生産性の向上は達成できるものの、ホスト国への技術移転は限定的となるであろう。とはいえ、上海工場の操業開始前に三グループの中国人オペレーター（合計四〇〇人）がシンガポールとタイのミネベア工場で半年から一年間の研修を受けている点には、注目すべきである。しかも、ミネベアは九五年にタイに、九六年にはシンガポールに、研究開発センターを設置している（『人材教育』一九九六年九月号：五一-五三）。両国の子会社は、日本のマザー工場のような役目も徐々に果たしつつあるといえるだろう。

最後に、ミネベアの国際分業体制の一翼を担ってきた自社所有のヘリコプターと航空機について述べよう。

ミネベアは現在、ヘリコプターを日本で三機、タイで一機所有している。二〇〇〇年初頭までは、自家用航空機も一機所有していた。同社が東京・軽井沢間の輸送用に初めて自家用ヘリコプターを所有したのは、一九六七年である。自家用航空機は、八四年にバンパイン工場が操業を開始し、シンガポールのチャンギ国際空港第二滑走路が完成したとき、派遣社員・研修生の移動、資材・原材料の供給、アジアの工場で生産された製品の日本への輸送のために、所有したという。ビーチクラフト・キングエアー二〇〇型双発のプロペラ機で、一一名分のシートと一・五トンの貨物積載量を有し、チャンギとバンコクのドン・ムアン空港を往復した。

一九八五年にはボーイング七二七（一二四座席と貨物積載量一〇トン）に替え、チャンギ、ドン・ムアンおよび成田を周回するようになった。八八年には、一まわり大きなボーイング七〇七（三二座席、貨物積載量三〇トン）に買い換える。九四年の上海進出後は、上海運航するようになった。九五年には積載量六六トンのＤＣ－一〇型機が導入され、シンガポール、バンコク、上海、東京間を週一～二便運航していた（『国際経済』三八巻四号、二〇〇一年三月：二〇-二一）。機体の大型化は、出張社員数と貨物の増大、および九五年九月に実施された第三次成田騒音規制に対応するものである［岩井、一九九五：九四；*Asia Market Review* Jan. 2000：18］。

しかしながら、輸送用荷物が減少したために、二〇〇二年六月に運航を終了し、機体は売却された。往路では上海、タイ、シンガポールへ原材料や部品などを運べたが、復路では積荷（完成品など）が少なかったという。蘭の輸送も検討したが、採算が取れないという判断で断念したそうだ。もっとも、タイでは現在もヘリコプターを一機所有している［*Asia Market Review* Sep. 2002：18；ミネベア、二〇〇四］。

（1）この情報は、二〇〇一年二月二一日にミネベアの東京本部総合企画部広報・ＩＲ室から得た。［*Asia Market Review*, Jan. 2000：16］も参照。

（2）一九八〇年代初頭から九九年末に、タイ人だけでものべ五〇〇〇人が軽井沢工場と浜松工場で研修を受けた［Minebea, *Annual Report*, July 1995：7,12-13］。

（3）治具は、工作物を固定して切削工具を正しく当て、正確に加工するために使用される工作用具であり、英語の jig の意訳と音訳である。

（4）表3-3が示すように、ＮＭＢシンガポール社の資本金は後に増資され、二〇〇二年一一月現在、三八〇〇万ドルとなっている。

（5）ペルメック（Pelmec）は Precision, Electronics, Mechanics の合成語である。表3-3からわかるように、同社の資本金はその後、増資されている。

（6）タイガースポリマー・シンガポール社（Tigers Polymer Singapore Pte. Ltd.）は、一九七七年に大阪のタイガースポリマー株式会社によって設立された。

（7）顔尚強は、一九九六年から新加坡日本文化協会（星日文化協会）の会長を務めており、現在はタイガー・エンタープライズ社の役員も務めている。

第4章　ポッカコーポレーションのアジア戦略

――シンガポール、中国、マレーシア

ポッカ・シンガポール社の製品(2001年9月撮影)

はじめに

（株）ポッカコーポレーション（以下、ポッカ）は名古屋市に本拠を置く、資本金一三六億四七〇〇万円の総合清涼飲料総合メーカーである。二〇〇三年三月期には、連結ベースで売上高が一〇〇二億八〇〇〇万円、営業利益が二五億三五〇〇万円にのぼり、日本国内で二三四一人の従業員を擁している［東洋経済新報社ホームページ、二〇〇三年一二月一七日］。同社がシンガポールに進出したのは一九七七年で、当初は缶飲料の製造・販売をしていた。後に食品や外食産業に参入し、今日ではシンガポールだけでなく、中国本土、香港、マレーシアで多角経営を行っている。

本章では、ポッカがシンガポールへ進出した動機、活動の実態、食品や外食産業に参入して多角経営を行うようになった経緯を明らかにする。また、香港、マレーシア、中国への進出に際してシンガポールの子会社であるポッカコーポレーション・シンガポール社（Pokka Corporation（Singapore）Ltd.）の果たした役割を分析し、その「アジア戦略」を評価する。

1　シンガポールへの進出

ポッカの沿革とポッカコーポレーション・シンガポール社の設立

まず、ポッカの沿革について述べよう。谷田利景がレモンの代用として合成レモンジュースを開発し、ニッカレモン株式会社を資本金一〇〇万円で設立したのは、一九五七年である。当時はカクテルブームであったが、果物の輸入はまだ自由化されておらず、レモンは日本市場で非常に高価であった。そのため、レモンジュースはバーで非常な人気を博す。当初ニッカ・バーに製品を納入していた谷田は、ニッカの名にちなんで企業名をニッカレモンとしたという。その後、販路が他のバー、パブ、一般家庭に拡大すると、六六年四月にポッカレモン株式会社に改称し、商標名もポッカに変更した。さらに、八二年にはグローバル経営戦略を視野に入れて、(株)ポッカコーポレーションに改称する『日本会社史総覧』一九九五：二三二。

一九七二年にポッカが発売した缶コーヒーは、後に缶コーヒーのプロトタイプになった。そのころ電機メーカーのサンデン株式会社と共同で、「ホットorコールド自動販売機」も開発する。その結果、缶コーヒーは一年中売れるようになった。自動販売機の開発が、販売方法の革新をもたらしたのである。さらに、工業化の進展に伴い国民の生活水準が向上し、家庭用冷蔵庫のサイズが大きくなると、七六年には大型缶の「ポッカアイスコーヒー」を発売し、売上高を大幅に伸ばす『日本会社史総覧』一九九五：二三二。

一九七一年八月の変動相場制への移行にあたって、谷田は円高と日本の貿易自由化を予測し、翌年二月に国際化の推進を決定した。そして、国内で純粋プルーン・ジュースの製造・販売を行うため、米国のサンスィート社と技術提携を行う『日本経済新聞』一九九二年三月七日。シンガポールのジュロン都市公団からチンビー・ロード(Chin Bee Road)の工場(総床面積二〇〇〇㎡)を借り受け、資本金三〇万ドルで全額出資子会社のポッカコーポレーション・シンガポール私人有限公司(Pokka Corporation (Singapore) Pte. Ltd.)(以下、ポッカ・シンガポール社)を設立したのは、一九七七年一月である。四月から、缶飲料の生産を始めた。

ポッカ・シンガポール社の従業員は三二人(うち日本人駐在員三人)で、年間一〇〇万カートン(一カートンは三〇缶)を生産した『東洋経済新報社、一九七九：一四七』。同社は、フルーツなどの輸入原料に大きく依存する一方、製品の大半を海外市場向けに生産していたから、自由貿易港のシンガポールに生産拠点を設けることは道理にかなっていたといえる。ただし、創始産業ステータスは取得しなかった(1)。その理由は、おそらく、ヨー・ヒャップ・セン(Yeo Hiap

Seng)など地元メーカーがすでに飲料の生産を行っていたからだと思われる。(2)

当時のシンガポールは工業化の初期の段階にあり、低廉で豊富な労働力が存在していたため、ポッカ・シンガポール社もこれまでに取り上げた各社と同じく、容易に従業員をリクルートできた。多民族国家のため多民族の従業員がおり、当初は使いこなすのに苦労したが、それぞれの職務を明確にしたところ、従業員一人あたりの生産性が大幅に向上したという。ただし、中東市場向けに大量の缶飲料を輸出した際は、現地の輸入業者が突如、注文をキャンセルしたり、大幅な割引・値引き要求をするなど、販路の拡張には四苦八苦している[『週刊ダイヤモンド』一九九三年一二月二五日号：四一；『日本経済新聞』一九八九年六月一六日；*SES Journal*,1994：38]。

第二工場の建設と業務の多様化

一九七九年からは日本と香港に缶コーヒーを輸出し始めた。八二年には香港の四洲貿易社(Four Seas Mercantile Ltd.)と販売代理店契約を結び、販路の大幅な拡大に成功する。後述するように、ポッカ・シンガポール社は九〇年代前半、四洲貿易社の協力を得て中国進出を果たしている。また、同じ八二年から、缶飲料に加えてゼリーやキャンディーなどの食品の製造も始めた(*SES Journal*,1994：38)。八二年から八六年までは、缶入り清涼飲料をインドネシア、マレーシア、中国、フィジーへも輸出している。

一九八六年になると、親会社が生産コスト削減の目的で、つぶつぶオレンジ(Pulpy C Orange)の生産をシンガポールへ移管した。また、それまでは自社工場で使用する缶の一部を輸入していたが、同年以降はすべての缶を現地で調達するようになる(*SES Jouranl*,1994：38)。八七年八月の時点では、ポッカ・シンガポール社の従業員は六〇人で、そのうち四〇人が缶飲料、ゼリー、キャンディーなどの製造に工場で従事していた。八六年の売上高は一七〇〇万ドル、缶飲料の生産量は一四〇万カートンに達し、約八〇%が日本、西アジア、マレーシア、香港、インドネシアへ輸出された[*Business Times*,20 Aug. 1987]。

一九八七年に入ると、シンガポールの事業を拡大するために一〇〇〇万ドルの設備投資を行った。六月には、第一工場に隣接するジュロン工業団地のクオリティ・ロード(Quality Road)に総床面積六二〇〇㎡の二階建て建物(第二工場、事務所、研究室、倉庫として使用)の建設に着工し、翌年一月に竣工する。この第二工場には、約六〇〇万ドル分の缶詰め作業をするための機械設備などが備え付けられた(*Business Times*,4 Feb. 1988)。ポッカ・シンガポール社の経営最高責任者である高木剛明によると、不況の影響で建設費が下落していたので、通常の五割で建設できたという[高木、インタビュー、二〇〇〇年九月七日]。

一九八八年二月一一日には、第二工場の開所式が開かれた。経済開発庁(EDB)のフィリップ・ヨー(Philip Yeo)長官はスピーチのなかで、ポッカ・シンガポール社が大量のポッカ製品を日本へ輸出している点をとりわけ称賛している[*Straits Times*,12 Feb. 1988]。同社の対日輸出は、八五年の四〇万カートンから八六・八七年には五〇万カートンに増大した[*Business Times*,20 Aug. 1987]。とはいえ、これは八七年の日本国内の年間缶飲料消費量三〇〇〇万カートンのわずか二%弱にすぎない。そこで同社は、近い将来、三〇〇万カートン(日本の総消費量の約一〇%)を日本へ輸出する計画をたてた。シンガポールにおける缶飲料の生産コストは日本の約九〇%であり、輸送コストなどを含めても割安であった。なお、対日輸出額は、八六年の一七〇〇万ドルから八七年には一八〇〇万ドルへと増加した。しかし、製品は企業内取引価格で親会社へ販売されていたので、実際の輸出額はこの数字が示すよりはるかに多かったと考えられる[*Business Times*,4 Feb. 1988 : 12 Feb. 1988]。

当初は、第二工場の竣工と同時に第一工場を閉鎖する予定であったが、円高によって対日輸出が拡大したため、計画を変更して当分は操業を続けることにした。一九八八年の缶飲料生産高は、第一工場が一〇〇万カートン、第二工場が二〇〇万カートン、合計三〇〇万カートンである。そのうち二〇〇万カートンが日本へ輸出された。その後、日本への輸出増に対応して第二工場の年間生産能力を四〇〇万カートンへと二倍に引き上げ、二交代制を採用する。その結果、年間出荷量は七〇〇万カートンとなり、四〇〇万カートンが日本へ輸出された。こうして、シンガポールの子会社は、ポッカグループの連結生産高の約一割を占めるようになっていく[『日本経済新聞』一九八九年六月一六日]。

一方、缶飲料と食品を生産していた第一工場は、一九八九年に食品加工専門工場となった。シンガポール観光振興局の要請を受けて、マンゴー菓子や土産品の製造も開始する[高木、インタビュー、二〇〇〇年九月七日]。九一年八月には、親会社がポッカ・シンガポール社の食品部門を独立させて、全額出資の子会社ポッカフード・シンガポール私人有限公司(Pokka Food Singapore Pte. Ltd.)を資本金四〇〇万ドルで設立した。新会社は、缶飲料生産以外のほぼ全業務を引き継ぐとともに、レストラン経営も担当した。

ところで、ポッカの谷田利景社長(現・会長)は一九九二年三月二四日、シンガポール政府によって在名古屋シンガポール名誉領事に任命された。これは、ポッカが七七年以降一五年間にわたって、日本とシンガポールの交流に多大な貢献を続けてきたからである[『日本経済新聞』一九九二年一月二一日、三月二五日]。

ポッカ・シンガポール社の現地化

ポッカ・シンガポール社は一九九四年九月二八日にシンガポール証券取引所へ上場し、社名はPokka Corporation (Singapore) Pte. Ltd.からPokka Corporation (Singapore) Ltd.に変更された。その結果、親会社の所有株式の比率は九九・四%から七〇・九%へ縮小する。上場の目的は、現地において資金を低コストで集めるとともに、信用力を高めることである。株式発行で得た八九〇万ドルのうち、六〇〇万ドルは第二工場の生産性を高めるために、二一〇万ドルはラムスーン・グループ(Lam Soon Group)のラムスーン缶詰会社(Lam Soon Cannery Sdn. Bhd.)との折半出資でマレーシアにポッカ・エース(マレーシア)社(Pokka Ace (M) Sdn. Bhd.)設立のために、残りの八〇万ドルは運転資金として使われた[『日本経済新聞』一九九四年九月一三日;*Business Times*, 13 Nov. 1994]。

これに先立つ一九九〇年初頭には、マレーシアのボー・ティー・インターナショナル社から、ボー・ティー缶飲料のシンガポールでの生産と、シンガポール、マレーシア、香港、日本での販売権を、カナダのラバット社からはシンガポールでのアイスビール販売権を、それぞれ獲得している[*SES Journal*,1994：38]。こうして、ポッカ・シンガポールグループの連結売上高は、ボー・ティー、パワーゴールド(Power Gold)[3]、ラバット・アイスビールなどの新製品の導入と、加えて香港でのカフェレストランの開店によって、九三年度の六八四〇万ドルから九四年度の七四一〇万ドルへと八・三％増加した。ただし、原材料や包装紙の価格上昇、ドル高、生産性の低さなどの要因によって、税引後利益は九三年度の二四〇万ドルから九四年度の一四〇万ドルへと減少している(PCSL, *Annual Report* 1995：2-3；*Business Times*,30 April 1995)[4]。

また、連結売上高は、日本と中国での競争の激化などで、一九九四年度の七四一〇万ドルから九五年度の六六三万一〇〇〇ドルへと減少し、九四年度には一六七万ドルの純利益を得たが、九五年度には一九三万ドルの赤字を出した[*Business Times*,21 Aug. 1996]。ポッカ・シンガポール社は、タイからパイナップル、ブラジルからオレンジ、インドからグァバやマンゴーなど、世界各地から原料となるフルーツや果汁を輸入する一方、製品の大半を輸出している。そのため、為替相場の変動は同社の業績に大きな影響を与えていたのである

売上高拡大のためには、新たな製品を開発する必要があった。幸い、一九九五年三月三一日にポッカ・シンガポール社は高レベルの缶飲料生産システムに対してＩＳＯ(国際標準化機構)九〇〇二の認証を取得し、製造活動に大きな励みとなる[PCSL, *Annual Report*,1995：3]。そして、コーヒー、お茶、ジュース飲料などの従来の主力缶飲料を重視する一方、九六年には「冬瓜茶」(Winter Melon Tea)を発売し、主要製品となった。あわせて、以下のような新製品を開発していく。まず、イスラエルでザボン(pomelo)とグレープフルーツの異種交配によって生まれた果物を原材料とするスイーティー・ジュース・ドリンク(Sweetie Juice Drink)を、とくに日本市場向けに開発した。マンゴスティーン・ドリンクも日本市場向けに生産し始めた飲料である[PCSL,*Annual Report*,1996：7]。さらに、九六年九月一日にはレモン・アンド・カラマンシ・デライト(Lemon & Kalamansi Delight)[5]を発売した。これは、初めてシンガポール・ポリテクニックの化学プロセス・生物工学学科との共同で開発した飲料である[PCSL,*Annual Report*,1997：4]。

一九九三年一二月の時点で、ポッカ・シンガポール社は缶飲料を四二カ国へ輸出し、総売上高は毎年約一〇%、シンガポール国内では毎年四〇%増加していた。国内飲料市場における同社のシェアは、非炭酸飲料が三五%、缶コーヒーは九八%で、ミネラルウオーターのシェアも順調に伸びていた〔『週刊ダイヤモンド』一九九三年一二月二五日号：四一〕。また、ポッカは九五年一月、シンガポール工場の生産性を高めるため、約五八〇万ドルを投じてコンピュータ管理システムを導入し、生産ラインの完全オートメーション化を行っている〔PCSL, *Annual Report*, 1995：8, 10〕。

シンガポールと香港における外食産業

外国為替の変動に左右されない現金を入手するために、ポッカフード・シンガポール社は一九九一年、シンガポール国内で初めてカフェレストランを開いた。セントラルキッチンを設置し、デザートなどの製造・販売もできる店舗である〔『日本経済新聞』一九九二年二月二四日〕。これが成功すると、とん吉（豚カツを中心とし和食レストラン）やファミリーレストランなどを次々と開業していく。

二〇〇〇年七月一日の時点で、ポッカフード・シンガポール社の従業員数は一三〇人、うち五人が日本人（コックおよびサービス要員）、三〇人あまりが外国人（おもにレストラン従業員）である。同社は年間五〇万箱のデザート（ミニゼリー、カップゼリー、マンゴープリン、土産物）を製造し、その一部は自社所有のケーキ店やカフェレストランで販売している〔PCSL, *Annual Report*, 2000：2；高木、インタビュー、二〇〇〇年九月七日〕。表4-1が示すように、現在シンガポールで経営しているのは、ファミリーレストラン一店、カフェ二店、とん吉三店、洋菓子店とアイスクリーム店一店ずつの計八店である。

香港では、外食店の運営をするために一九九一年五月、地元の四洲貿易社との合弁でポッカコーポレーション・ホンコン社（Pokka Corporation（HK）Ltd.）を一〇〇万香港ドル（当時の交換レートで約一二万八四〇〇米ドル）で設立した。九三年には、中国への進出準備のためフォー・シーズ・チャイナ・ホールディングス社（Four Seas China Holdings

表4-1　ポッカ・シンガポールグループの外食店や洋菓子店など

店　　名	所　在　地
パスタ・カフェ	タカシマヤ・ショッピングセンター地下2階
とん吉(豚カツなど)	タカシマヤ・ショッピングセンター4階
〃	サンテック・シティ・モール地下1階
〃	イセタン・スコッツ店4階
ポッカカフェ・ワン・デグリー・ノース	明治屋リャンコート店
リブゴーシュ(ケーキ)	明治屋リャンコート店
ポッカ・ジェラート(アイスクリーム)	明治屋リャンコート店
わさびファミリーレストラン(和食)	コンパス・ポイント、センカン・スクエア

出所：星日報,2003より作成.

表4-2　香港におけるポッカ・シンガポール社のグループ企業(2002年11月現在)

現地法人企業名	設立年月	資本金(万香港ドル)	出資比率	従業員数(うち日本人)**	業務内容
Pokka Corporation(HK) Ltd.	1991年5月	100	ポッカ・シンガポール51%、四洲貿易49%	256(0)	飲食店業
Pokka Four Seas Co. Ltd. *	1993年1月	2,000	ポッカ・シンガポール50%、フォー・シーズ・チャイナ・ホールディングス50%	4(0)	投資会社
Papochou Holdings Ltd.*	1993年3月	1,500	ポッカ・フォー・シーズ100%	6(0)	投資会社

注：*登記上の所在地はバージン諸島.
　**2000年10月現在.
出所：東洋経済新報社,2001：451,452；同2003：504,505.

Ltd.)との合弁でポッカ・フォー・シーズ社(Pokka Four Seas Co. Ltd.)を設立している(表4-2)。

ポッカコーポレーション・ホンコン社は、一九九六年までに四店のレストランを開業した[PCSL,*Annual Report*, 1995：3]。そして、九七年四月にはカウリー・ベイ、一〇月にジャンク・ベイ、九八年一月にツーセン・ワンで、それぞれカフェ・レストランを開く[PCSL,*Annual Report*, 1998：4]。九八年に中央調理場が完成すると、さらに三店のレストランをシャーティンとワンポア地域にオープンした。

2　中国とマレーシアへの進出

一九九〇年代初めにポッカは日本国内市場で主力製品である缶コーヒーの売上高を拡大できなかったため、マレーシアと中国に進出して、清涼飲料の製造・販売をすることにした[『日本経済新聞』一九九二年三月七日]。また、先述のように九四年にポッカ・シンガポール社をシンガポール証券取引所に上場して、現地化を図った。中国市場参入に際してはポッカ・シンガポール社が重要な役割を果たした。当時の高木剛明社長(現・経営最高責任者)は、こう言う[*Straits Times*,11 May 1993 ; *Business Times*,11 May 1993]。

「日本人は中国式の経営になじめないが、シンガポールと中国はよく似た言語と文化を共有しているため、日本人よりもシンガポール人を使ったほうが有利である」

とりわけ中心的な役割を果たしたのはパポチョウ・ホールディングス社(Papochou Holdings Ltd.)である。同社は一九九三年三月に、資本金一五〇〇万香港ドル(約一九二万五五四五米ドル)で香港に設立された。設立時の出資比率は、リッポ・ホンコン社の子会社であるアジア・セキュリティーズ・インターナショナル社が三三%、ポッカ・シンガポール社とその香港販売代理店である四洲貿易社が六七%である(6)[*Straits Times*,11 May 1993]。ポッカが経営を、四洲貿易が販売を、アジア・セキュリティーズが財政を、それぞれ担当した[*Business Times*,11 May 1993]。

一九九三年四月にパポチョウ・ホールディングス社は、深圳最大のパン製造会社である美奇思食品(有)(Matchless Food Co. Ltd.)の株式の五〇%を一〇〇万ドルで取得し、中国で食品の製造・販売に乗り出した(表4-3)[*Straits Times*,11 May 1993]。残り五〇%の株式は深圳経済特区免税商品企業公司によって保有されている。パポチョウ社は広東省汕頭で欧米風のカフェレストランと併設のパン・ケーキ販売店を運営するため、汕頭経済特区免税商品企業公

表4－3　中国におけるポッカのグループ企業（2002年11月現在）

現地法人企業名	設立年月	資本金	出資比率	従業員数（うち日本人）*	業務内容
深圳美奇思食品（有）	（買収）1993年4月	550万人民元	パポチョウ・ホールディングス50％、深圳経済特区免税商品企業公司50％	148(0)	パンと洋菓子の製造・販売
汕頭百佳珈琲餐庁（有）	1993年4月	500万香港ドル	ポッカコーポレーション・ホンコン100％	36(0)	飲食店
珠海百佳珈琲	1994年11月	400万香港ドル	パポチョウ・ホールディングス100％	18(0)	飲食店
百佳四洲（蘇州）食品（有）	1995年7月	1,100万米ドル	ポッカ70％，フォー・シーズ・チャイナ・ホールディングス30％.	41(2)	食品と飲料の製造・販売

出所：東洋経済新報社，2001：355，394，395；同2003：401，447，448.
注：*2000年10月現在.

司との合弁事業にも一〇〇万ドルを投じた。一〇〇の座席が配置されこのレストランは、九三年六月に開業している。九四年一一月には、中国でカフェ風レストランを運営するために新会社を設立した［PCSL,*Annual Report*,1995：3］。

ポッカが中国で次に展開した事業は飲料の生産である。シンガポールで製造されたポッカ飲料は香港経由で中国へ輸出されていたが、中国市場での小売価格は一缶あたり約六〇円ときわめて高価であった。しかし、コストが低い中国で生産すれば約三〇円で販売できる［『日本経済新聞』一九九二年三月七日；PCSL,*Annual Report*,1995：3］。そこで、ポッカは九五年七月にフォー・シーズ・チャイナ・ホールディングス社との合弁で百佳四洲（蘇州）食品（有）を資本金一一〇〇万米ドルで設立した。同社が蘇州工業団地内の工場で中国国内と海外市場向け缶飲料の生産を開始したのは、九七年五月からである［PCSL,*Annual Report*,1997：5］。

一方でポッカ・シンガポール社は一九八〇年代初頭以降、マレーシアへ缶飲料の輸出を続けていた。マレーシアでは缶飲料に対する需要が拡大していたものの、政府が輸入飲料に二〇％の関税を課していたため輸出量の増大は困難であった。そこで同社はクアラルンプール郊外のブキラジャ（Bukit Raja）第一工業団地内に二八〇〇㎡の用地を確保し、九三年九月に現地の華人系資本、

表4－4　マレーシアにおけるポッカ・シンガポール社のグループ企業（2002年11月現在）

企業名	設立年月	資本金（リンギ）	出資比率	従業員数*（うち日本人）	業務内容
Pokka Ace(M) Sdn. Bhd.	1993年9月	2,700万	ポッカ・シンガポール50%、ラムスーン50%	105(1)	清涼飲料の製造・販売

出所：東洋経済新報社,2001：723；同2003：776
注　*2000年10月現在.

ラムスーン・グループとの折半出資でポッカ・エース（マレーシア）社（Pokka Ace(M) Sdn. Bhd.）を設立する（表4-4）。同工場は年間二二五万カートンの生産能力を有し、九四年一二月からポッカ（つぶつぶオレンジを含む）とドリンホ（Drinho）ブランドの缶飲料を生産し始めた(7)。輸出と国内販売の比率は、ほぼ半分ずつである［*Straits Times*,29 Dec. 1993；PCSL,*Annual Report*,1995：2］。

その後、一九九五年にポッカ・シンガポール社はポッカ・エース社に二一〇万ドルの追加投資を行った。ポッカエースは九七年一月に紙パック・ラインを増設し、アジア飲料（大豆ミルク、菊花茶、冬瓜茶など）、フルーツ・ジュース飲料（レイシ、マンゴー、トゲバンレイシ、グアバなど）、オリジナル飲料（ミルク・コーヒー、人参ジュースなど）の三種類の紙パック飲料を生産している［PCSL,*Annual Report*,1997：5］。今日では、マレーシアで製造された紙パック緑茶や他の清涼飲料がシンガポール市場でも販売されている。

なお、ポッカフード・シンガポール社は、一九九三年一〇月にマレーシアで外食事業を運営するため一〇〇％子会社のアンタレックス社（Antarex Sdn. Bhd., 資本金五〇万リンギ）をクアラルンプールに設立し、レストランの経営を始めた。しかし、九七年のアジア通貨・経済危機の影響で経済不況となり、翌年一二月に閉鎖した。

3　ポッカ・シンガポールグループの現状

表4-5が示すように、シンガポールで営業しているポッカグループ企業は現在、ポッ

表４－５　シンガポールにおけるポッカのグループ企業（2002年11月現在）

企業名	操業年月	資本金（万ドル）	出資比率	従業員数（うち日本人）*	業務内容
Pokka Corporation(S) Ltd.	1977年4月	2,100	ポッカ72.83％、一般投資家27.17％	112(4)	缶飲料と食品の製造・販売、年産570万カートン
Pokka Food (S)Pte. Ltd.	1991年8月	400	Pokka Corporation(S)Ltd. 100％	240(3)	食品の製造・販売、レストランとパン屋の経営
Pokka Landcentral(S) Pte. Ltd.	1995年4月（設立）	30	Pokka Food(S) Pte. Ltd. 60％、Landcentral 40％	27(0)	飲食店経営
PH Sales & Marketing Pte. Ltd.	1998年２月		Pokka Corporation(S)Ltd. 51％、HSC Universal Marketing 49％		飲料の販売

注：*2000年10月現在．
出所：東洋経済新報社，2001：107；同2003：101．；PCSL, *Annual Report*, 2000：１－２．

カ・シンガポール、ポッカフード・シンガポール、ポッカ・ランドセントラル、ＰＨセールス・アンド・マーケティングの四社である。

ポッカ・シンガポール社は、一九九七年四月にポッカフード・シンガポール社の食品生産を自社の販売・流通部門に統合して食品部門を完全に管理する目的で、親会社から同社を買収した。同社は九六年一月期に三年連続で赤字となったが、同年九月までの八カ月間に五三万三七二九ドルの利益を上げた。これを機に買収に踏み切ったのである［*Straits Times*,11 Nov. 1996］。同年一二月の時点で、ポッカ・シンガポール社は中国、マカオ、香港で九つのレストランを所有していた。一方、ポッカフード・シンガポール社はシンガポールで食品生産施設、四つのレストラン、二つの食品販売店、二つのケーキショップを所有し、マレーシアでは子会社のアンタレックスを通じて外食店の運営をしていた。

ポッカ・シンガポールグループは、一九九七年一月期に香港のレストラン経営の改善やマレーシアでの清涼飲料の販売増加などの好材料がそろい、七〇三二万ドルの連結売上高を上げる。ただし、ポッカ・シンガポール社は単独ベースで税引後の営業赤字が前年比一〇％増の二一三万ドルとなった。この背景には、売上高の減少、営業費の増加、日本市場向け缶飲料（二種類）の製造中止などのマイナス要因がある。また、日本市場での熾烈な競争と円安の影響で対日輸出が減少し、中国市場では高率関税と香港から中国への輸送費が同社の競争力を弱めた［PCSL,*Annual Report* 1997 : 2］。にもかかわらず、レストランとベーカリー部門は一五三〇万ドルの売上高と二四〇万ドルの営業利益を上げている［*Straits Times*,26 April 1997］。

一九九八年一月の決算では、七〇八〇万ドルの連結売上高を記録した。しかし、高利子の支払い、アジア通貨・経済危機によって引き起こされた為替差損、中国の蘇州における飲料工場の操業開始に伴う経費、シンガポール工場でのペットボトル吹込成形・瓶詰めライン設置費用などの複合的な要因によって、五一〇万ドルの赤字を出す［PCSL,*Annual Report*,1998 : 2］。とりわけ、ポッカ・シンガポール社の売上高は単独ベースで前年比二五％減となり、グループ全体の業績を悪化させた。

このほかにも、次の三つのマイナス要因が生じていた。第一に、日本市場で飲料メーカー間の競争が激化し、親会社のポッカがシンガポールで生産された清涼飲料の輸入中止を九七年に決定したことである。第二に、ミャンマー政府が飲料の輸入制限を実施したため、ポッカ・シンガポール社の対ミャンマー輸出に大きな影響が出たことである。第三に、中国で百佳四洲（蘇州）食品がポッカ清涼飲料を生産し始めたために、自社製品を香港経由で輸出できなくなったことである。こうした状況下でポッカ・シンガポール社は九八年、百佳四洲（蘇州）食品の所有株式（四〇％）すべてを親会社に売却した［PCSL,*Annual Report* 1999 : 10］。

一九九九年一月期の連結売上高は、一転して前年比一八・八％増の八四二〇万ドルにのぼり、連結営業損失額を三九〇万ドルにまで減少できた［PCSL,*Annual Report*,1999 : 3］。その背景には、生産性の向上とコスト削減、シンガポールと香港での三店のレストラン開業、ＰＨセールス・アンド・マーケティング社の積極的な販売促進の効果がある。

ＰＨセールス社は、シンガポール市場で飲料の販売を促進するため、ポッカ・シンガポール社が地元のＨＳＣユニバーサル・マーケティング社と合弁で九八年二月に設立した販売会社である[8](表4-5)。また、ポッカ・シンガポール社が九八年に人参ジュース、緑茶、ペットボトル飲料、スポーツドリンクのヴァイティーンC(Vitaene C)など新製品を矢継ぎ早に発売したことも、売上高の増加に寄与している[*Business Times*,29 April 1999 ; PCSL,*Annual Report*, 1999 : 3]。

表4-6　ポッカ・シンガポールグループの業績　(単位：1,000ドル)

	単独決算(1月31日)			連結決算(1月31日)		
	2000年	2001年	2002年	2000年	2001年	2002年
売上高	54,277	59,614	62,200	105,748	117,810	129,145
税引前利益	31	698	474	3,437	3,616	1,333
純利益	31	698	474	998	1,928	550

出所：PCSL, *Annual Report*, 2001；同2002より作成.

表4-6が示すように、ポッカ・シンガポールグループの連結売上高は、二〇〇〇年一月期の一億五七四万八〇〇〇ドルから二〇〇一年一月期には一億一七八一万ドルに増加した。また、この表からは、両年の連結売上高に占める子会社および関連会社の比率が五割前後に達しているのがわかる。その背景には、シンガポール市場における飲料売上高の増大と香港でのレストラン三店の開業がある。営業コストの大幅な削減などによって、税引前利益も前年比五・二%増の三六一万六〇〇〇ドルにのぼった。

二〇〇一年一月の決算では、アジア地域におけるポッカ・シンガポールグループの売上高は前年比一一・四%増となった。これは、二〇〇〇年に香港チムシャーツイにポッカカフェ、とん吉、XYZグリル&寿司バーを開店したためである。シンガポールでは若者を意識して、義安城(Ngee Ann City)のタカシマヤ・ショッピングセンター内のパスタカフェを改装した。その一方で、そごうが破綻したのに伴い、同年九月にオーチャード・ロードのパラゴン・ソゴーフードホールにあったポッカ・カフェレストランを閉鎖している[PCSL,*Annual Report*,2001 : 16-17]。なお、〇一年にはチムシャーツイのシルバーコードに新しいレストランを、同じく香港のチェンムンのジャスコに洋菓子などの販売店をそれぞれ開いた。ただし、チムシャーツイのポッカ・カフェは閉店している[PCSL,*Annual Report*,2002 : 13]。

二〇〇二年一月の決算期に、ポッカ・シンガポールグループの連結売上高はタイの子会社、バヤリーズ・カリフォルニア・オレンジ・タイ社が新たに加わったため、前年比九・六％増の一億二九一四万五〇〇〇ドルに達した(9)。外食産業の売上高は、二〇〇〇年に香港に開業したレストランの業績向上などによって、前年比七・四％増である。しかし、純利益は七一・五％減の五五万ドルであった（表4-6）。その背景には複数の要因がある。まず、PHセールス・アンド・マーケティング社の営業コストの増大、外国人観光客数（とりわけ日本人）の減少に伴う土産物の販売不振があった。加えて、バヤリーズ・カリフォルニア・オレンジ・タイ社が生産施設を十分に利用できなかったために売上高が伸び悩み、利益をあげられなかったことも大きい［PCSL, *Annual Report*, 2002 : 4］。

一方でこの二〇〇二年一月決算期には、ポッカ・シンガポールグループが業績を大きく伸ばす複数の足がかりがつくられている。

第一に、先述のように一九九五年三月にシンガポール政府からISO九〇〇二の認証を得たポッカ・シンガポール社は、〇一年三月にはHACCP（総合衛生管理製造過程）の認証も授与された。

第二に、牛乳をベースとした飲料メーカーとしてヨーロッパ連合（EU）に認可されたため、ヨーロッパ市場へ当該製品を輸出できるようになった［PCSL, *Annual Report*, 2001 : 6-7］。

第三に、ペットボトル飲料の需要拡大に対応して、二〇〇一年一〇月に無菌ペットボトル詰めシステム（Aseptic PET bottle filling system）を導入した。このシステムは従来よりはるかに軽量で、原材料コストを削減して競争力を高め、生産能力を拡大できる。

第四に、二〇〇二年一月に新コンピュータ・システムを導入し、IT（情報技術）インフラを一層充実させた［PCSL, *Annual Report*, 2002 : 5］。

第五に、二〇〇一年にバヤリーズ・オレンジ・ジュース社からシンガポール、マレーシア、ブルネイにおけるバヤリーズ・オレンジ・ジュース飲料の、また大塚ベバリッジ社からシンガポールにおけるポカリスエットの販売権を、それぞれ獲得した[PCSL, *Annual Report*, 2002 : 11](10)。

おわりに

輸入原料に大きく依存するポッカは、日本の総合飲料メーカーとしては最初にアジアに進出した。最初に直接投資を行ったシンガポールでは、一九八〇年代に入って人件費が高騰し、労働集約的な外国企業は近隣アジア諸国に生産を移管するか、機械化・自動化を推進して生産性の向上を図るかの二者択一を迫られる。

これに対して、シンガポールの飲料生産工場の自動化・機械化を推進して生産性を高めるとともに、新しい飲料を開発・発売して売上高を伸ばす一方、食品の製造・販売や外食産業にも参入し、多角経営によって規模の拡大とリスクの分散を図ってきた。また、マレーシア、香港、中国にも進出し、飲料の生産や外食産業の経営などの事業展開を積極的に行っている。実際、ポッカ・シンガポール社は飲料の製造・販売だけを行っているわけにはいかなかった。かつては大量の缶飲料をマレーシアや中国に輸出していたが、今日ではポッカ製品はこれらの国でも量産されているだけでなく、逆にマレーシアから輸入してシンガポールで販売されているからである。ヨー・ヒャップ・センやヴァイタソイ・インターナショナル・ホールディングス社(Vitasoy International Holdings Ltd.)など地元の有力清涼飲料メーカーとも、熾烈な競争を展開している。また、一九七〇年代後半以降、大量の飲料を名古屋の親会社に販売してきたが、九七年以降はその政策転換により日本へ輸出できなくなったのである。

ポッカ・シンガポール社は今後も、飲料の製造・販売と食品・外食事業を二本柱として、アジアで経営戦略の展開を続けていくであろう。ポッカ・シンガポールグループは一九九九年一月の本決算で、食品および飲料の製造・販売部門は一四一万六〇〇〇ドルの営業損失を出したが、外食産業およびベーカリー部門は二八一万三〇〇〇ドルの営業利益を上げた[CWIC,2000：242]。

シンガポールで長年にわたって営業を続けてきたポッカは、その経済に多大の貢献をしてきた。その証に、谷田利景会長が二〇〇三年一一月五日、政府からパブリック・サービス・スター勲章を受賞している。この勲章は一九六三年に創設され、公共サービス面で多大な貢献をした人物や芸術・文化・スポーツ・事業などで顕著な功績をあげた人物が対象である。日本人では過去に松下電器産業の森下洋一が〇一年度に、ソニーの大賀典雄が〇二年度に受勲している[ポッカホームページ、二〇〇三年一一月一一日；*Straits Times*,6 Nov. 2003]。

(1) 二〇〇〇年一〇月一七日に名古屋のポッカ本社のお客様相談室から得た情報。
(2) ヨー・ヒャップ・センの企業史については、[岩崎、一九九〇：七八－八五]を参照。
(3) 発酵後のビールをマイナス四℃まで凍らせ、雑味を取り除いたビール。
(4) ポッカ・シンガポール社製の栄養ドリンク(缶飲料)。
(5) カラマンシはミカン科ライムの一種で、東南アジア地域で栽培されている。その果実とレモンを原料としてつくられた缶飲料が、レモン・アンド・カラマンシ・デライトである。
(6) リッポ・ホンコン社は、インドネシアの不動産・金融複合企業であるリッポ・グループの金融子会社である。
(7) つぶつぶオレンジの生産は、一九八六年に日本からシンガポールへ移管された。しかし、マレーシアに工場ができると、マレーシアへ再度移管され、今日ではマレーシアからシンガポールへ逆輸入されている。
(8) PとHは、それぞれPokka とHSC Universal Marketingの頭文字である。
(9) ポッカ・シンガポール社は二〇〇〇年九月一八日、タイの瓶飲料メーカーのバヤリーズ・カリフォルニア・オレンジ・タイ社の株式の八三・六%を取得し、子会社化した。
(10) 大塚ベバリッジは二〇〇二年二月に、ポッカコーポレーションの株式の六・八一%を取得した。同社はポカリスエットなどの飲料の製造・販売をしている(『中日新聞』二〇〇二年一月二五日)。

第5章　キッコーマンの海外戦略とシンガポール

オーチャード・ロードを走るキッコーマンの広告でラッピングされた２階建てバス
（2003年２月撮影）

はじめに

　キッコーマン株式会社は、何世紀にもわたって培ってきた醤油製造技術をもつ、歴史ある国際企業である。同社の起源は、高梨平左衛門が一六六一年に、また茂木七左衛門が一六六二年に、現在の千葉県野田市でそれぞれ醤油の生産を開始した、江戸時代初期にまで遡る。高梨・茂木両家は、以後数世紀にわたって独自に醤油の生産を続け、一九一七年一〇月に茂木六家族と高梨一家族が企業合同に合意。さらに堀切家も参加して、同年一二月に資本金七〇〇万円の野田醤油株式会社を設立した［キッコーマン、二〇〇〇：七四‐八三］。

　一九六四年一〇月、野田醤油はキッコーマン醤油株式会社に改称し、その後多角経営を行うようになったため、八〇年一〇月にキッコーマン株式会社へ社名変更した(1)。二〇〇三年三月決算期には、資本金が一一五億九九〇〇万円、連結売上高が三四二五億八〇〇〇万円、単独売上高が一二六六億二六〇〇万円にのぼり、二三三〇人の従業員を擁する［キッコーマンホームページ、二〇〇三年八月八日］。現在は世界各地で四六の子会社と一三の関連会社を傘下におき、アジア、北米、ヨーロッパで醤油と関連製品の生産・販売を行っている。国内醤油市場では三割を占め、業界最大手であり、世界でも最大の醤油メーカーである。とはいえ、醤油および関連製品の製造・販売のみを行っているわけではない。

　表5‐1からわかるように、キッコーマングループの連結売上高三四二五億八〇〇〇万円のうち、醤油の製造・販売は二五・九％（八八六億七五〇〇万円）にすぎない。一九六〇年代以降、醤油以外の分野にも進出し、今日では食料品の製造・販売（醤油、デルモンテ製品、酒類）、食料品の卸売（東洋食品などの卸売・仕入れ）、コカ・コーラ（千葉、栃木、茨城の三県におけるコカ・コーラおよび飲料の製造・販売）、その他（医薬品、レストラン経営、物流）の四部門が柱とな

っている。

成熟した日本市場においては、競争の激化、人口の伸び悩み、デフレ不況の影響などで、醤油販売量の拡大を期待できない。しかし、海外市場では、日本食の浸透、欧風料理における醤油の利用拡大などにより、海外子会社の出荷量は確実に増大している。しかも、海外事業の営業利益率はきわめて高い。表5-2が示すように、連結売上高のうち、国内が二七四七億一〇〇〇万、海外が七九三億八〇〇〇万円であるが、営業利益はそれぞれ九一億七〇〇〇万円と八七億三四〇〇億円で、両者に大差はない。

二〇〇三年二月時点で、年間醤油生産能力は四四万二五〇〇kℓ、そのうち日本が二七万kℓ(全体の六一%)、米国が一一万一〇〇〇kℓ(二五・一%)である(表5-3)。台湾と中国の子会社は、台湾最大の総合食品メーカーである統一企業公司との合弁で設立され、キッコーマンと統一ブランドの醤油を生産して

表5-1　キッコーマングループの分野別業績(2003年3月決算)

(単位：100万円)

分類		日本	海外	合計*
醤油の製造・販売	売上高	60,937	31,014	88,675
	売上利益	13,798	12,599	26,398
デルモンテの製造・販売	売上高	36,738	5,495	42,234
	売上利益	2,923	357	3,280
酒類の製造・販売	売上高	24,716	0	24,716
	売上利益	2,776	0	2,776
食料品の卸売	売上高	14,219	42,116	48,657
	売上利益	515	2,833	3,348
コカ・コーラ	売上高	118,095	0	118,095
	売上利益	11,391	0	11,391
合計(その他を含む)	売上高	274,710	79,162	342,508
	売上利益	35,336	15,818	51,153

注：*「消去」を控除後の合計額.
出所：キッコーマンホームページ,2003年8月8日より作成.

表5-2　キッコーマングループの連結業績(2003年3月期)(単位:100万円)

	国内	海外			消去	合計
		北米	その他	合計		
売上高	274,710	66,704	12,676	79,380	△11,582	342,508
営業利益*	9,175	7,742	992	8,734	△　5	17,904

注：*売上利益から販売費や一般管理費などを控除したもの.
出所：キッコーマンホームページ,2003年8月8日より作成.

いる。米国、シンガポール、オランダの子会社はキッコーマンが一〇〇%所有しており、キッコーマン醤油と関連製品を製造している。

二〇一〇年までに一億米ドルを投じて、米国ウィスコンシン工場の生産能力を現在の九万一〇〇〇klから一三万klへ引き上げる計画である。また、オランダの工場も〇三年末までに現在の二割増の九〇〇〇klに、シンガポール工場も現在の一万klから〇九年までに二万klにそれぞれ拡大する計画で、準備を進めている『日本経済新聞』二〇〇三年四月一八日)。

米国はキッコーマンが最初に海外進出した国であり、しかも巨大な市場を形成しているため、同社の海外事業に関する研究の大半は米国に焦点が当てられている。しかし、シンガポールも、同社にとって重要な生産拠点であることは間違いない。そこで、本章では醤油の製造・販売の国際展開について、一九八〇年代初頭にシンガポールへ進出する前の同社の海外事業史をたどったうえで、シンガポールに直接投資を行った背景を明らかにし、人件費が高騰を続けているにもかかわらず二〇年にわたって生産を続けている要因を分析する。あわせて、オランダと中国に工場をつくり、醤油の生産に乗り出した経緯と、これらの工場とシンガポールの子会社との関係を検討したい。

表5-3　キッコーマングループの年間生産能力　(単位：kl)

プラント	日本	米国*	台湾	中国	シンガポール	オランダ	合計
生産能力	270,000	111,000	30,000	14,000	10,000	7,500	442,500

注：*ウィスコンシン工場が91,000kl、カリフォルニア工場が20,000kl.
出所：『日本経済新聞』2003年4月18日；キッコーマンホームページ，2003年2月12日より作成.

1　欧米における事業

アジア太平洋戦争前までは、醤油はおもにアジア人とアジア系アメリカ人によって消費されていた。太平洋戦争期(一九四一～四五年)、連合国軍の日本占領期(一九四五～五一年)、朝鮮戦争期(一九五〇～五三年)に多くの米国人将兵がアジアに駐留し、醤油を用いたアジア料理を食べるようになる。そして、彼らは帰国後、醤油の消費拡大に大きな寄与をする[Yates 1998 : Xiii]。

キッコーマンは一九五七年、サンフランシスコにキッコーマン・インターナショナル社を設立し、西海岸市場の開拓を積極的に開始した。この販売子会社は、五八年のロサンゼルス支店開設を皮切りに、六一年にニューヨーク、六五年にはシカゴ、その後ジョージア州アトランタに相次いで支店を設けていく[茂木、一九九〇：四四六：横江、一九八八：一五一―一五三]。当時、キッコーマンは米国から輸入した大豆と小麦を原料として醤油を製造し、一部の製品を米国へ輸出していた。

一九六五年には米国に工場をつくることを検討したが、需要が限定的であったため、規模の経済を享受できないとの懸念があった。また、日本国内の工場で機械化・自動化が進んでおり、瓶詰め部門以外は資本集約的であったため、対米輸出を続けたほうが有利であるとの意見が大勢を占めたという[茂木、一九八一：二〇：荒川、一九八九：一五]。

結局、海外進出は実現せず、代わりの一時的な措置として日本から輸出した醤油の瓶詰めを米国で行うことにした[荒川、一九八九：一六]。日本の海運会社は六七年ごろから、日本・太平洋間航路でコンテナ船を導入し始める。そこで、海運会社の協力を得て一万四〇〇〇ℓの醤油専用タンク・コンテナをつくり、六八年からカリフォルニア州オークランドの瓶詰め工場で、醤油の瓶詰めとテリヤキソースの生産を開始した[茂木、一九八一：二〇]。

米国では、醤油は塩とコショウに次ぐ三番目に重要な調味料である。一九六〇年代末ごろまでは、華人系企業のラ・チョイ(La Choy)やチュン・キン(Chun King)などが製造したケミカル・ソイソース(アミノ酸液混合醤油)が、醤油市場をほぼ独占していた。これに対して、キッコーマンが販売促進キャンペーンで自然発酵・醸造を前面に出し、販売攻勢を行ったところ、同社製品の需要が拡大していく。七一年までには、米国のスーパーにおける売上高ランキングでラ・チョイに次ぐ二位に浮上した[Yates 1998 : xiv]。しかし、日本の工業化の進展に伴って対外貿易が拡大し、海運会社は以前のようにキッコーマンだけを優遇するわけにはいかなくなる。また、米国の東海岸と西海岸でしばしば起こるストに対処するために、貯蔵タンクを建造する必要に迫られていた。そこで、同社は米国での醤油生産について再度検討を行う［茂木、一九八一：二二］。

巨大な国土を有している米国の特定地域に工場をつくった場合、製品を他の地域へ陸上輸送する必要があり、輸送コストが嵩むことが懸念された。また、醤油生産に要する特殊な機械類が米国では製造されていなかったため、業者に特別注文で製造してもらわなければならない。その機材コストは、日本と比べてはるかに高い。さらに、七一年八月まで一米ドルの交換レートは三六〇円に固定されており、日本の工業化が進展していたにもかかわらず、当時の米国の賃金水準は日本の約二倍であった［茂木、一九八一：二三］。

一方で、米国での生産には、原料の国内調達や輸入税の支払い不要などいくつかのメリットがある。たとえば醤油輸入税は、一九六〇年代なかばには一二％であったが、ケネディ・ラウンド（六四～六七年）後に六％に引き下げられた(2)。そうした事情を勘案して、キッコーマンは米国への直接投資を決断する。七一年三月、ウィスコンシン州ウォルワースに二〇〇エーカー（約八〇万九四〇〇㎡）の農地を買収し、翌年に一〇〇％子会社のキッコーマン・フーズ社（Kikkoman Foods Inc.）を設立した。米国産の大豆と小麦を原料として生産を開始したのは、七三年六月である［茂木、一九八一：二三；茂木、一九八八：一六‐二〇；横江、一九八八：一五二―三］。

当初の年間生産能力は九〇〇〇kℓ、出荷量は六〇〇〇kℓであったが、需要増に対応して生産能力を数回にわたって拡大させ、一九九〇年までにはそれぞれ五万kℓと四万kℓに達していた。米国市場でPR活動を盛んに行った結果、キッコーマン醤油の知名度は上がり、ステーキやバーベキューなどの米国料理にも使われるようになる。九〇年までにキッコーマン・フーズ社は米国醤油市場の五〇％を占めるほどに成長し、ラ・チョイなどの米国アミノ酸液混合醤油メーカーが四〇％、中国、香港、日本などからの輸入品が一〇％を占めていた［『週刊ダイヤモンド』一九九〇年八月一一・一八日合併号：三八］。また、西海岸でも現地生産をするため、九八年一〇月にカリフォルニア州フォルサム（Folsom）に、年間生産能力二六〇万ガロン（九八四一kℓ）の第二工場を総工費四六〇〇万米ドルでつくった［キッコーマンホームページ、二〇〇三年一〇月一五日」。

米国市場の開拓に続いてターゲットとしたのはヨーロッパである。一九七〇年代初頭、西ドイツ（当時）では日本の醤油はほとんど知られていなかったが、フランスやスペインと違って名物料理が少なかったため、醤油を受け入れる土壌が存在していると考えられた。そこで、まず西ドイツにレストランを開き、醤油を使った日本料理を浸透させて需要の拡大を図ろうとする［荒川、一九八九：五六］。

一九七二年九月にキッコーマン大都会（ヨーロッパ）有限会社（資本金五〇万マルク）をサン大都会と折半出資で設立し、七三年六月に鉄板焼きレストランの第一号店、デュッセルドルフ大都会を開店した。二号店はハンブルグに開き、その後九一年までに、ミュンヘン（二店）、ケルン、ベルリン、フランクフルト、さらにスイスにも次々と開店していく［キッコーマン、二〇〇〇：四〇七；横江、一九八八：一五六；茂木、一九九〇：四四八］。また、七九年三月には、デュッセルドルフ郊外にあるノイス市にキッコーマン貿易ヨーロッパ有限会社（Kikkoman Trading Europe GmbH）を資本金五〇万マルクで設立した(3)。新会社の業務は、日本から輸入したキッコーマン醤油の販売とヨーロッパ各国の市場開拓である。

オーストラリアでは当初、丸紅やトヨタ通商に醤油の輸入とマーケティングを依存していたが、販売は伸び悩んでいた。一九七七年になって、これらの日系企業に代えて地元の企業に輸入・販売を任せたところ、販売高が急増する。七八年の対オーストラリア輸出量は三〇〇kℓで、ドイツへの輸出量を大きく上回った［キッコーマン、二〇〇〇：四四九‐五〇］。しかし、日本では人件費の高騰などによる生産コストの上昇のみならず、輸送コストも大きな負担となっていた。そこで、七〇年代末ごろから海外生産を検討し始め、シンガポールへの進出を決める。

2　シンガポールへの進出

アジア太平洋戦争期における海外事業

キッコーマンが初めて海外進出をしたのは一九二〇年である。日本の支配下にあった朝鮮半島の仁川で味噌・醤油工場を、京城(現・ソウル)で味噌工場と出張所を所有していた日本醤油株式会社を買収し、京城出張所を朝鮮支店に格上げした。二六年には、やはり日本醤油の子会社であった奉天(現・瀋陽)のほまれ味噌会社も買収し、奉天営業所とする。一九三二年に日本軍の傀儡国家である満州国(現在の中国東北部)が建設されると、日本人移民と企業の派遣社員が急増し、味噌と醤油に対する需要が拡大していく。そこで、三六年八月、満州国に資本金一〇〇万円で野田醤油株式会社を設立し、奉天営業所の全業務を移管した(同社は三八年に満州野田醤油に改称される)。さらに、四一年には醤油と味噌の生産のため、北京にも工場をつくった[キッコーマン、二〇〇〇：六一-六二、八五、一四六]。

一九四二年以降は、日本軍の命令でアジア地域での生産活動を活発化させる。東南アジアでは、四三年二月の昭南(4)(シンガポール)とメダンを皮切りに、四三年八月にはクアラルンプールに、四四年六月にはシボルガに、それぞれ工場を設立した。日本軍の作成した「南方委託経営工場調査表」によれば、四二年九月に、日本軍から醤油、味噌、および木製樽の製造を受命している[外務省外交文書、E.2.2.1/3-40、日付なし]。しかし、東南アジアに進出した四三年二月ごろには、すでに戦局が悪化し、機材を地元で調達するのは困難であった。大半は野田市の本社から取り寄せたが、物資不足のなかで原料は可能なかぎり代用品を使用しなければならない[キッコーマン、二〇〇〇：一四八]。日本占領下の東南アジアでは、ヤシ油の絞り粕(コプラミール)を調達できたため、野田の研究所は、大豆の代わりにこの絞り粕を原料として使用する方法を開発した。醤油粕を薄めた塩化水素酸で溶かした後にソーダ灰で中和し、絞り粕

表5－4　敗戦時の東南アジアにおけるキッコーマンの活動状況　（1945年8月15日）

工場・出張所	醤油の生産能力(kℓ)	味噌の生産能力(t)	従業員数*
昭南工場	3,590	4,200	441(430)
昭南出張所	-	-	2
クアラルンプール工場	110	972	52 (50)
メダン工場	1,200	1,200	357(350)
シボルガ工場	-	350	27 (25)

注：*括弧内の数字は現場作業員数.
出所：キッコーマン，2000：149より一部加工して作成.

からつくった麹と混ぜて仕込み、醤油を醸造するのである［同上書：一四一］。

表5－4からわかるように、昭南工場は東南アジア最大規模であり、醤油三五九〇kℓと味噌四二〇〇トンの生産能力を有し、四四一人の従業員をかかえていた。製品出荷量に関する統計数値は入手できていないが、原料と熟練労働者の不足のため、生産高は生産能力よりはるかに低いレベルであったと推測できる。

シンガポールへの回帰

キッコーマンがシンガポールへの進出を決めた一九八〇年代初頭には、シンガポールの平均賃金は近隣アジア諸国よりもかなり高かった[5]。にもかかわらず、シンガポール進出には次のメリットがあった。

①人民行動党の下での安定した政権、②安くて豊富な労働力、③英語がビジネス言語として使用されている、④アジアの金融センターのひとつであるため必要資金の調達が容易、⑤自由貿易港のために原料の輸入が自由、⑥先進工業国で一般特恵関税制度が適用される、⑦インフラが整備されている、⑧直接投資に対する規制がほとんどなく、一〇〇％子会社の設立が可能である。しかも、シンガポール政府はハイテクで輸出志向型のキッコーマンの誘致にきわめて熱心であった［キッコーマン、二〇〇〇：四五一；戸邉、インタビュー、二〇〇二年九月三日］。

その結果、一九八三年六月に資本金七五〇万ドルで、全額出資子会社のキッコーマン・シンガポール私人有限公司（Kikkoman (Singapore) Pte. Ltd.）を設立する。野田市の本社ではその二年前から、シンガポール進出のための本格的な準備を始めていた。日本と同じ味と香りの醤油を生産するために、本社中央研究所の野田文雄が中心となって、熱に強い微生物の特定を開始したのである。約三〇〇〇種類の麹菌、酵母菌、乳酸菌から一〇種類を選定するのに一年半要した。野田は八四年三月、キッコーマン・シンガポール社の社長に就任するためシンガポールへ派遣されることになる。

また、シンガポールへ派遣された社員二〇名は、工場が操業開始する一年前から英語と現地の風習について特訓を受け、準備を整えた。その際、ジュロン・シップヤード社の元社長であった桜井清彦を半年間講師として招聘した(6)[荒川、一九八九：一七五]。

シンガポール北東部に位置するウッドランズ東部工業団地内に一万八〇〇〇㎡の用地を借り受け、総工費一四〇〇万ドルで工場建設に着工したのは、一九八三年九月である。翌年一一月に三〇〇〇㎘の生産能力をもつ工場が竣工すると、醤油とテリヤキソースの製造を始めた。原料は、大豆が米国産とブラジル産、小麦は米国産、食塩はミネラルの豊富なオーストラリア産である。日本では、すでに六〇年代後半から五〇〇㎖と一〇〇〇㎖のマンパック醤油を生産していたが、シンガポールでは当時ガラス瓶が主流であり、プラスチック容器は国内で製造されていなかった。そこで、地元業者にプラスチック容器の製造法を指導することから始める必要があったという[荒川、一九八九：一五七]。

地元醤油メーカーの対応

欧米やオーストラリアとは異なり、東南アジアでは伝統的な醤油や魚醤が何世紀にもわたってつくられてきた。キッコーマンの進出は、地元のこうした製造業者に脅威を与えることになる(7)。一九八〇年代初頭のシンガポールには二八社の醤油メーカーがあり、合計五〇〇人前後の従業員が雇用されていた。比較的大規模な企業は、アモイ・カンニング(Amoy Canning)、ヨー・ヒャップ・セング(Yeo Hiap Seng)、大華食品工業(Tai Hua Food Industries Pte. Ltd.)、シンシン(Sinsin)、チュエン・チオン(Chuen Cheong)など、シンガポール食品業者協会に加盟する一四社である。同協会の推計によれば、シンガポールでは毎年二一〇〇万ドル相当の醤油および醤油をもとにしたソースが消費され、八二年の輸出額は三〇〇万ドルにのぼったという。

大華食品工業の社長で、シンガポール食品業者協会の名誉会長の白清泉(Pek Cheng Chuan)は、醤油産業はシンガポールの伝統的な産業であるから、政府は地元の業者を保護すべきだと主張した。同社は当時、五〇〇万ドルを投じてジュロン地区のジャラン・ベスット(Jalan Besut)に新工場の建設を計画しており、強敵となる可能性があったキッコーマンの直接投資を歓迎する気にはなれなかったと思われる[*Straits Times*,11 May 1983]。

では、キッコーマンはシンガポールの醤油メーカーと競合関係にあったのだろうか。地元の業者は、付け醤油に用いられるダークソース(dark soy sauce)と料理に用いられるライトソース(light soy sauce)という二種類の醤油を生産していた。ダークソースは、ライトソースにカラメル、砂糖、サッカリンなどを加えて製造される。キッコーマンが進出した当時、日本の醤油とシンガポールの醤油には大きな違いがあった[『月報』一九八六年一二月号:二一]。

まず、製造過程における特徴をあげよう。①日本の醤油は原料として大豆と小麦を対等の割合で使用するが、シンガポールの醤油は八対二の割合である。②日本の醤油は、諸味は屋外のタンクで六カ月間発酵させるが、シンガポールの醤油は屋外で三カ月間日光に晒して発酵させる。③日本の醤油は諸味を絞って生醤油と醤油粕に分け、殺菌のため火入れをするが、シンガポールの醤油はこのような工程を経ない。

品質については次の特徴がある。①日本の醤油は一七%の塩分を、シンガポールの醤油は二二～二三%の塩分を含む。②日本の醤油は添加物や防腐剤を一切含まないが、シンガポールの醤油は防腐剤を使用する。③シンガポールの醤油は小麦粉を原料として使用し、発酵期間も三カ月と比較的短いため、日本の醤油ほど香りが強くない。

経営戦略

シンガポール工場が操業を開始した当時、キッコーマン醤油の価格は地元の醤油と比べて三倍ぐらい高かったが、知名度は低かった。そこで、一五秒のテレビコマーシャル、新聞・雑誌広告、バス車内での吊り広告をとおして販売促進キャンペーンを展開し、大豆、小麦、食塩、水という天然原料の使用と自然醸造を地元消費者に訴えていく。

人事面では、シンガポール人の陳恵元をキッコーマン・シンガポール社人事課長として採用し、現地従業員の人事を一任した。陳は南洋大学で教育を受け、ジュロン・シップヤード社の課長補佐を務めた経験をもつ。中国語、英語、日本語の三カ国語に堪能で、官僚とも知己があった。彼は設立時の従業員募集に応募してきた三〇〇人前後のなかから、人格、熟練、教育水準などを考慮して約四〇名を採用した。また、地元の雇用形態を重んじて、シンガポール国立大学経済学科のリー・スーアン(Lee Soo Ann)教授を経営顧問として招聘し、地元の雇用慣行や労使関係についてアドバイスをしてもらった。あわせて、必要に応じて日本の雇用制度も取り入れ、和洋折衷の経営システムを導入したのである[荒川、一九八九：一七一-一七二]。(8)

米国の工場では従業員が自主的に始業時間前に出社し、同僚と業務の問題点について話し合うし、創立記念パーティには全社員が配偶者とともに出席するため、QCサークル、朝礼、社歌の斉唱など日本企業の慣行は不要である[横江、一九八八：一五四]。ところが、シンガポールでは、従業員が早めに出社して同僚と仕事の話をするような習慣がない。そのため、日本人駐在員と現地従業員が毎朝ラジオ体操をいっしょに行い、一丸となって働けるように帰属意識を高めたり、評価委員会を設置してそれぞれのサークルの提案を評価し、優秀な従業員には褒賞を与えている。

しかし、敷地内に日本式庭園を建設したり、国旗掲揚などはしていない。その理由は、「日本」を強調しすぎると、地元の従業員が疎外感を覚えるからである。また、社外で日本人ばかり固まらないようにするため、当初は七組の日本人駐在員とその家族はシンガポール各地に分散して居住していた[荒川、一九八九：一八一—一八七]。

表5-5が示すように、シンガポール工場の年間生産能力は一九八六年の三〇〇〇kℓから、八七年の四五〇〇kℓ、さらに八九年には二〇〇〇万ドルを投じて六〇〇〇kℓへと上昇した。同時に人件費の高騰に対応して機械化・自動化を推進したため、八九年一一月の時点でも従業員数は五八人にすぎない。

シンガポールに子会社を設立した当時のキッコーマンは、オセアニア、中東、東南アジア市場への輸出を念頭に置

表5-5　キッコーマン・シンガポール社の従業員数と生産能力

年次	従業員数（うち日本人）	生産能力（kℓ）
1986	40（9）	3,000
1987	40（9）	4,500
1989	58（6）	6,000
1990	不明	6,500
1994	62（6）	10,000
2002	58（5）	10,000

出所：東洋経済新報社，1987〜2003；*Business Times,* 15 April 1987；12 Jan. 1989；戸邉，インタビュー，2002年9月3日より作成.

き、ヨーロッパ市場への輸出は視野に入れていなかった。しかし、ヨーロッパで日本料理の浸透によって醤油の消費が伸びたため、シンガポールで製造した醤油の重要な市場となっていく。たとえば、一九八八年にはシンガポール工場の出荷量一五〇〇kℓのうち四五〇kℓ（全体の約三〇%）がヨーロッパ向けである。残りの約半分がシンガポールを含む東南アジア地域で販売されたり、オセアニア地域へ輸出されていた［*Business Times,* 12 Jan. 1989］。なお、キッコーマンは、九〇年一一月に東南アジア地域での醤油と関連製品の販売とマーケティングのため、全額出資子会社のキッコーマン・トレーディング社（資本金二〇万ドル）をシンガポールに設立している(9)［東洋経済新報社、一九九二：四三二］。

一九九〇年代に入ると、香港へ進出した米国の貿易会社が米国製キッコーマン醤油をグアムはじめ南太平洋諸国で販売して、シンガポール製キッコーマン醤油と競争し始めた。そこで、キッコーマン・シンガポール社は九二年から次の対策を講じて、競争力の強化を図っていく。①機械化による生産性の向上、②納入業者の多様化による原料コストの削減、③諸味圧縮能力の向上、④フルタイム労働者数を減らし、パートを雇用して、瓶詰め部門の労働コストを引き下げる、⑤ガラス瓶をマンパックで代替し、包装紙と輸送費の削減を図る［キッコーマン、二〇〇〇：五七九-八〇］。

一方で、ヨーロッパ、アジア、オセアニアなどの市場における需要拡大に対応して、一九九四年にシンガポール工場の生産能力を一万kℓに引き上げた（表5-5）。同年には発酵タンクの冷却装置も完成し、瓶詰め部門にロボットが導入される。翌年初頭までに、シンガポールへの累計投資額は五〇〇〇万ドルにのぼった［『シンガポール』一八二号、一九九五年四月：三四-三五］。出荷量は九一年の七四〇〇kℓから、九二年の七八〇〇kℓ、九三年の八四〇〇kℓ、九四年の八七〇〇klへと、年々増大している［キッコーマン、二〇〇〇：五七九］。九五年の時点で、シンガポール製キッコーマン醤油の九割を東南アジア諸国を含む四五カ国へ輸出し、一割をシンガポール市場で販売していた［『シンガポール』一八二号、一九九五年五月：三四-三五］。

シンガポール工場は当初、ファンシー（fancy）（窒素含有率一・四五％の高級醤油）、スタンダード（standard）、テリヤキ・マリネード（teriyaki marinade）の三種類を製造していた。その後、市場ごとに特定の製品を製造するようになり、一九九五年までに一二種類に増える。たとえば、スイート・ソイ・ソース（sweet soy sauce）はヨーロッパ市場向け、テリヤキ・ソースはオーストラリア市場向け、そして醤油を香辛料とブレンドしたオール・イン・ワン・バーベキュー・マリネード（all in one barbecue marinade）はアジア地域の華人向けである。

一九九五年七月二一日、キッコーマンはシンガポールで操業一〇周年記念式典を行った。出席した茂木友三郎社長は記者会見で、「シンガポールは近隣アジア諸国よりも人件費が高いが、すでに五〇〇〇万ドルを投じており、またインフラがよく整備されているため、今後も生産を続けていく」と明言した［*Straits Times*,22 July 1995］。しかし、実際にはこのころ、ヨーロッパに醤油工場を建設する計画を練っていたのである。

3　オランダ、台湾、中国への進出

先述のように、シンガポールの工業化が進展し、進出企業は労働力不足と人件費の高騰に悩まされたうえ、一九八九年に米国が一般特恵関税制度対象国リストから除外し、他の先進工業国も追随する可能性があった。しかも、日本の他の醤油メーカーが海外進出を行い、海外市場でキッコーマンと競合し出す。たとえば、三重県桑名市に本拠を置くヤマモリが九五年一一月、現地市場での販売や日本への逆輸入の目的で、バンコクに合弁会社であるヤマモリ貿易会社(資本金二〇〇〇万バーツ)を設立し[10]、醤油工場をチェンライのメーコーンにつくった[東洋経済新報社、二〇〇二：六五二；同書二〇〇三：六七五]。

こうした状況のなかでキッコーマンは一九九〇年代なかば、シンガポール工場で生産された醤油の約三割を輸入していたヨーロッパに工場をつくることを検討し始めた。そして、生産コスト、輸送費、関税などを考慮に入れると、ヨーロッパで生産したほうが有利であると判断。オランダのフローニンゲン州ホーヘザンド・サッペメアに九六年四月、全額出資の子会社であるキッコーマン・フーズ・ヨーロッパ社(Kikkoman Foods Europe B.V.)(資本金二八〇〇万ギルダー)を設立した[キッコーマン、二〇〇〇：五八三]。オランダ進出の利点は、次のとおりである。①ヨーロッパの物流の中心、②英語がよく通じる、③高水準の労働力、④政府の積極的な誘致活動、⑤巨大なヨーロッパ市場の存在、⑥発酵に適した冷涼な気候、⑦発酵学で有名なフローニンゲン大学(Groningen University)の存在[『財界』一九九七年一一月四日号：七九]。

さらに、日本はオランダとの長い交流の歴史をもち、日本製醤油は数世紀にわたってオランダ人に消費されてきた。一六四七年に長崎の出島に拠点を置いていた(オランダ)東インド会社が台湾の東インド会社商館に醤油を初めて輸出し、翌年にはタイ、ベトナムのトンキン、マレー半島のマラッカなどの同社商館に出荷している。一七三七年には東インド会社商館を通じて、直接の輸出が始まった。それ以前にも、オランダ船の船長や船員、長崎の東インド会社商館職員などによって、オランダへ持ち込まれていたという[『食の科学』二三八号、一九九七年一二月：九五]。

オランダ工場は、シンガポール工場よりはるかに資本集約的である。オランダ工場は年間生産能力四〇〇〇kℓ、従業員三〇人(週三八時間労働)でスタートしたのに対して、シンガポール工場では操業開始時の生産能力が三〇〇〇kℓ、従業員が三九人(週四二時間労働)であった。また、オランダ工場では、発酵機や諸味圧縮機などの特殊な機械以外は現地で調達した。そのため、現地調達比率は九〇%ときわめて高い。シンガポール工場の場合は、二〇%が日本から運んだ機材であった[キッコーマン、二〇〇〇：六二三]。工場建設の時期が異なるため単純比較はできないが、キッコーマンが工場の操業開始までに投じた資金は、オランダが約三五億円、シンガポールが約一四億円である〔同上書：六二六〕。なお、オランダ工場では、遺伝子組み換え食品を嫌うヨーロッパの消費者のために、ブラジル産の非遺伝子組み換え大豆、ヨーロッパ産の小麦、オランダ産の食塩を原料として使用している〔『財界』一九九七年一一月四日号：七八〕。

次に、台湾・中国進出について見てみよう。中国に子会社をつくったのは二〇〇〇年で、その一〇年前に台湾に進出した。当時の台湾では、おもにアミノ酸液混合醤油を製造していた地場産業を保護するため、輸入醤油には高率関税が課されていた。実際、キッコーマンは一九八八年に三〇〇kℓの醤油を輸出したが、それ以上は増やせなかった。そこで、九〇年二月、台湾最大の総合食品メーカーである統一企業公司との折半出資（資本金八〇〇〇万台湾元、米ドルでは約二九五万一〇〇〇ドル）で、統萬股份有限公司を台南県新市郷に設立する。新会社は統一企業公司の醤油部門を引き継ぎ、九〇年一二月から統一ブランドとキッコーマンブランドの醤油と調味料を製造した〔茂木、一九九〇：四四八〕。キッコーマン醤油の出荷量は、九〇年の二〇〇kℓから、九二年の一五〇〇kℓ、九五年の四一〇〇kℓ、九七年の五九〇〇kℓへと増加を続けていく〔キッコーマン、二〇〇〇：六二六〕。

注目すべきは、この統一企業公司との合弁事業が中国進出に大きな役割を果たした点である。二〇〇〇年五月、上海郊外の昆山に資本金一一〇〇万米ドルで、昆山統万微生物科技有限公司を統一企業公司との合弁で設立した〔『日本経済新聞』一九九九年一一月三〇日：キッコーマンホームページ、二〇〇三年八月八日〕。昆山工場は、台湾の合弁会社と同様に、アミノ酸を使用した統一醤油とキッコーマン醤油を〇二年五月から生産している。キッコーマン醤油は風味が日本と同一だが、五〇〇mℓ容器入りの価格は一二・六人民元（約一・五二米ドル）と、地場企業の醤油の四〜五倍する。したがって、ターゲットは中産階級以上の消費者である〔山出、二〇〇二：六二〕。

4　シンガポールにおけるキッコーマンの重要性

シンガポール人の健康志向

シンガポールでは近年、生活水準が向上し、国民の健康志向が高まってきた。キッコーマン醤油は添加物を一切加えず、自然醸造しているため、この傾向はキッコーマンにとって有利に働いている。また、キッコーマン・シンガポール社は一九九〇年代初頭にシンガポールの醤油メーカーで初めてＩＳＯ九〇〇〇を獲得し、九八年にはＨＡＣＣＰの認証も受けた[*Straits Times*,19 May 2002]。それゆえ、同社に対する評価は一層高まっている。

シンガポールでは近年、死者一〇人のうち一人は脳卒中が原因で、現在一万人前後のシンガポール人がこの病気で入院しているという。その主因は、塩分の摂りすぎである。専門家が推奨する一日あたりの塩分摂取量は二〇〇〇㎎だが、シンガポール人は平均で、女性三〇〇〇㎎、男性三五〇〇㎎も摂取している。また、華人の平均は三七二五㎎である。これは、マレー人(二五七二㎎)やインド人(二六八八㎎)と比べてかなり多い。そこで、保健促進局は二〇〇二年五月、キッコーマン・シンガポール社を低塩分の醤油メーカーとして称賛する一方、国内の調味料製造業一五社(これらのうち醤油の生産を行っているのは数社のみ)に対して塩分を減らすよう勧告した。これに対して、大規模メーカー四社のうち大華食品工業と廣祥泰(Kwong Cheong Thye)が一部製品の含塩量を五割程度減少させることを決めた[*Straits Times*,19 May 2002]。

キッコーマン醤油と大華食品工業の比較

とはいえ、国内で消費されている醤油の大半は地元メーカー製やマレーシアなどからの輸入品である。そこで、本節では、シンガポールの醤油産業におけるキッコーマン・シンガポール社の重要性を、地元の醤油メーカーとの比較を通じて考察してみたい。

一九八〇年代以降、政府の産業政策転換の影響などによって廃業する醤油メーカが続出し、今日では数社が残っているにすぎない。ここでは、歴史があり、大規模生産を行っている大華食品工業を取り上げることにする。同社は、四九年に白清泉によって創設され、八五年にジュロンに新工場を建設して以来、機械化・自動化を推進してきた。二〇〇二年度の売上高は約一九〇〇万ドルで、醤油が約八〇〇万ドルを占める。醤油は約七割を国内で販売し、約三割をアジア、ヨーロッパ、中東、北米、オーストラリア、南アフリカなどに輸出している。なお、大華食品工業は総合食品メーカーであり、醤油以外にも調味料や食品の製造を行っているほか、二〇年以上にわたってカゴメ製品のシンガポール総代理店を務めてきた[Pek,インタビュー,23 Aug. 2003]。

表5-6は、二〇〇三年八月二三～二五日の期間に筆者がシンガポールの都心にあるスーパーマーケット五店(うち一店は日系)でキッコーマン醤油と大華醤油(Tai Hua soy sauce)の塩分や価格などを調査のうえ、まとめたものである(11)。総じて、キッコーマンは大華よりも割高である。ただし、大華の「高級ダーク・ソイソース」(Dark Soy Sauce Superior)と「高級ライト・ソイソース」(Light Soy Sauce Superior)は、五店舗のうち一店しか置かれていなかった。これらは「高級品」であり、地元消費者はあまり購入しないということであろう。五店のうち三店は同一の小売企業によって運営されているが、価格はかなり異なっている。塩分含有量については、キッコーマンの減塩醤油を除くと、両社の製品はほぼ同じである。

なお、シンガポールでは地元メーカーの醤油は一般に三二〇㎖か六四〇㎖のプラスチック容器に詰めて販売されており、日本のような一ℓ入り容器はほとんど見かけない。熱帯雨林気候であるために食品が腐敗しやすいので、買い置きをせずに、必要に応じて購入するということなのであろうか。

キッコーマン・シンガポール社の卓上醤油瓶はガラス製である。シンガポールにはガラス瓶を製造する企業が存在

表5－6　キッコーマン醤油と大華醤油の塩分・価格比較（2003年8月現在）

商品名	容量	100mℓあたりの塩分	価格（ドル）					平均価格（ドル）
			A店	B店	C店	D店	E店	
Kikkoman Soy Sauce	1000mℓ	不明	6.90	5.20	4.54	6.97	－	5.90
Kikkoman特選 (Premium)	600mℓ	6620mg	3.99	3.80	3.84	3.84	3.84	3.86
Kikkoman Special Fragrance	〃	5160mg	3.03	2.95	2.93	2.93	2.93	2.95
Kikkoman減塩 (Milder)	〃	3574mg	3.95	4.50	－	3.95	4.54	4.24
Kikkoman（卓上醤油瓶）	150mℓ	6620mg	－	2.85	2.63	2.68	－	2.72
Tai Hua Dark (Superior)	640mℓ	6304mg	－	－	－	－	4.61	4.61
Tai Hua Dark (Special)	〃	5688mg	2.78	2.90	2.52	－	2.58	2.70
Tai Hua Dark (Standard)	〃	5690mg	－	1.95	1.87	－	1.87	1.90
Tai Hua Light (Superior)	〃	5724mg	－	4.70	4.64	－	4.64	4.66
Tai Hua Light (Special)	〃	5688mg	2.78	2.90	－	－	2.52	2.73
Tai Hua Light (Standard)	〃	5690mg	－	－	－	－	1.87	1.87

しないため、タイなど近隣諸国から輸入している。この卓上醤油瓶は著名なインダストリアル・デザイナーの栄久庵憲司氏がキッコーマンの要請でデザインしたもので、注ぎ口のキャップは赤いプラスチック製である。キッコーマンは一九六一年からこの容器に詰めた醤油の販売を開始した「『日本経済新聞』二〇〇二年八月二〇日」。地元メーカーも類似した卓上醤油瓶を販売しているが、瓶はガラス製ではなくプラスチック製なので、低価格で製造されている。

醤油の需要と輸出入

キッコーマン・シンガポール社製の醤油に対する需要は、まず在留邦人と日系外食店によって生み出される。在留邦人は二〇〇二年一〇月一日時点で二万六九七人居住しており、日系外食店も多い。また、近年寿司ブームが起こっており、シンガポール人経営の回転寿司やテイクアウト寿司ショップがあちこちに開店する一方、スーパーなどでもさまざまな種類の寿司が販売されている。しかし、現地の人の話では、健康志向の高まりにもかかわらず、地元消費者は日本料理を食べるとき以外は日本の醤油をほとんど使わないそうだ(12)。価格の問題以外に、子どものころから食べ慣れた風味を好むのは万国共通であろう。

キッコーマン・シンガポール社の日本人スタッフによれば、シンガポール工場の出荷量のうち約一割が国内で販売されているというので(戸邉、インタビュー、二〇〇二年九月三日)、仮に出荷量を一万kℓとすると、一〇〇〇kℓ(約一〇〇〇トン)が国内向けとなる。ただし、地元輸出業者などが国内販売用のキッコーマン醤油をオランダ工場の販売地域であるヨーロッパや中東などへ横流ししているともいわれる(13)。これが事実とすれば、国内消費量はさらに少なくなるであろう。ちなみに、大華食品工業は醤油の年間生産能力が七〇〇〇トン、出荷量が約四〇〇〇トンである。出荷量の約七〇%が国内販売だから約二八〇〇トンになる[Pek,インタビュー,23 Aug. 2003]。

では、二〇〇二年におけるシンガポールの醤油の輸出入を見てみよう。表5-7からわかるように、シンガポールの醤油はアジア地域だけでなく、オセアニア、ヨーロッパ、北米、中東、南米などに輸出されている。総輸出量は一万一七六九トンにのぼり、オーストラリアの三一三〇トン(全体の二六・六%)、香港の二四七八トン(二一・一%)、タイの一一八九トン(一〇・一%)がベストスリーである。キッコーマン・シンガポール社が年間九〇〇〇kℓ(約九〇〇〇トン)を輸出しているとすれば、全体の七六・五%

表5-7　シンガポールの醤油の輸出量と輸出額(2002年)

輸出先	輸出量(kg)	輸出額(1,000ドル)
オーストラリア	3,130,256	6,551
香港	2,478,219	4,197
タイ	1,189,242	2,169
中国	506,879	690
ニュージーランド	491,828	1,373
米国	448,805	501
オランダ	438,947	900
台湾	411,233	659
サウジアラビア	111,750	141
南アフリカ	95,980	211
イギリス	92,456	265
ブラジル	42,753	81
北マリアナ諸島	35,433	69
その他	2,295,035	6,555
合計	11,768,816	24,362

出所：International Enterprise,2003：D-29より作成.

表5-8　シンガポールの醤油の輸入量と輸入額（2002年）

輸入先	輸入量（kg）	輸入額（1,000ドル）
マレーシア	2,216,217	3,085
中国	728,351	835
日本	541,988	1,130
タイ	144,148	166
台湾	90,540	211
オランダ	72,839	118
米国	12,995	57
その他	31,775	86
合計	3,838,853	5,688

出所：International Enterprise, 2003：C-31より作成．

を占めることになる。

また、表5-8が示すように総輸入量は三八三九トンで、マレーシアから二二一六トン（全体の五七・七%）、中国から七二八トン（一九・〇%）輸入されている。日本からの輸入量は五四二トン（一四・一%）で、キッコーマン・シンガポール社の年間国内販売量の五割強に相当する。したがって、シンガポール市場においては、同社は日本から輸入された醤油とも競合関係にある。実際、シンガポールの主要スーパーには国内で製造された醤油だけでなく、日本を含む各国から輸入された醤油が置かれており、消費者の選択の幅を広げている。

おわりに

近年、欧米・日本・韓国・台湾などの多国籍企業が中国はじめ途上国へ進出し、地元の低賃金労働力を活用してIT関連製品などの生産を行っている。とりわけ、欧米系のセットメーカーは、製品のライフサイクルの短縮化や競争の激化に対応して、生産過程の一部または全部を他の企業に委託するOEMやEMSを活用し、部品や完成品の供給を受けてコスト削減を行い、競争力を高めてきた。第1章5節で述べたように、シンガポールでも日系製造企業の多くが、生産規模の縮小、中国やインドネシアなどへの生産移管を行った。

キッコーマンも二〇〇〇年に中国に進出し、〇二年からはキッコーマン醤油などを現地で生産している。しかしながら、シンガポール工場を閉鎖する計画はない。確かに、一九八四年にシンガポールで醤油の製造を開始して以来、人件費は高騰しているが、機械化と自動化の推進によって生産性を向上させてきた。〇三年の生産能力は一万二〇〇〇kℓと大幅に引き上げられたが、従業員数はそれほど増加していない。さらに、〇九年までに二万kℓへ拡大する計画である。シンガポール工場では醤油やテリヤキソースなどを生産し、台湾と中国を除くアジア、オセアニア、ブラジル、南アフリカ、インドへ輸出している。

食品メーカーはその業態の性格上、製造過程の一部を他の企業に委託するのは困難である。また、キッコーマンは人件費の高い国を避けて低賃金国に生産を集中させるという方法を採ってこなかった。周知のとおり、醤油は価格の割に重くて嵩張り、輸送コストが高い。貯蔵タンクの建造・維持費なども考慮すると、消費地に近い場所で製造したほうが有利なのである。一方で、地元産の原料を調達できる国や、原料輸入に関税がかからない自由貿易国への立地も重要となる。このような点を踏まえてキッコーマンは、米国、ヨーロッパ、アジアに工場をつくり、それぞれ北米市場、ヨーロッパ・中東市場、アジア市場に醤油と関連製品を製造・販売する経営戦略を採ってきた。

さらに、製造技術などの企業秘密保持や経営権掌握の必要性の観点から、可能なかぎり合弁を避け、親会社単独または自社グループ企業との共同出資で子会社を海外に設立してきた。台湾や中国では台湾の統一企業公司と合弁で工場をつくっているが、これらは例外である［東洋経済新報社、二〇〇三：八一―八二］。

少子高齢化に伴う人口の伸び悩みや醤油市場の飽和などで、日本では醤油消費量の増大はあまり期待できない。だが、海外では、醤油の需要は拡大中である。とりわけ、近年は世界各地で寿司や鉄板焼きなど日本料理が浸透しつつあり、これがキッコーマンにとって追い風となっている。また、各国で健康志向が高まっており、天然醸造で添加物をほとんど加えない日本の醤油への注目度も高い。シンガポール工場では、ブラジルから輸入した天然大豆を原料とした醤油をオセアニア市場へ、オランダ工場では製造されていない減塩醤油をヨーロッパ、とりわけフィンランドへ、それぞれ輸出している［戸邉、インタビュー、二〇〇二年九月三日］。

(1) キッコーマン株式会社が社名となったのは一九八〇年一〇月であるが、本章では混同を避けるためにそれ以前でもこれを使用した。

(2) 一九六二年に米国大統領ケネディが一般関税交渉を提唱。六四年から六七年にガット主催の一般関税交渉がジュネーブで三回行われ、四八カ国の調印で成立した。この交渉の基礎となる通商拡大法をケネディが通過させたので、ケネディ・ラウンドと呼ばれる。

(3) キッコーマン貿易ヨーロッパ有限会社は、キッコーマン株式会社が七五%、太平洋貿易株式会社が二〇%、キッコーマンのアメリカ法人であるジャパン・フード・コーポレーション・インターナショナル社が五%を出資した(キッコーマン、二〇〇〇:四〇七-八)。なお、太平洋貿易は一九七〇年にキッコーマンの傘下に入った。

(4) 一九四二年一月一五日に日本軍がシンガポールを占領し、その二日後に島名を昭南島に改称した[清水・平川、一九九八:一九二]。

(5) 一九八五年における生産労働者の時間給は、シンガポールが二・四四米ドル、韓国と台湾が一・四五米ドル、香港が一・七八米ドルである(『国際経済』二四巻二号、一九八七年一月:九四)。

(6) 第1章で述べたように、ジュロン・シップヤード社は一九六三年に石川島播磨重工業とシンガポール政府との合弁で設立された。

(7) 魚醤は、ベトナムではニョクマム、タイではナンプラー、フィリピンではパティスと呼ばれている。

(8) 南洋大学は一九五六年に創立され、八〇年にシンガポール大学と合併してシンガポール国立大学となった。

(9) [*Singapore 2003*, 2003 : 240]によれば、キッコーマン・トレーディング社の現在の事業内容は、醤油、デルモンテ製品、にしき米などの卸売である。

(10) ヤマモリ貿易会社はヤマモリが三〇%、加藤産業が一〇%、タイのノーザン・フード・コンプレックス社(Northern Food Complex)が六〇%を出資して設立された。

(11) 大華食品工業は、原料として大豆を八三%、小麦粉を一七%の割合で使っている。原産地は、大豆と小麦は北米、食塩はオーストラリアである。小麦粉は地元の製粉業者から購入する。なお、醤油は甕に入れ、四カ月半かけて発酵させている[Pek,インタビュー,23 Aug. 2003]。

(12) 二〇〇三年一〇月二三日に元進出日系銀行信用調査課スタッフのジェニー・レオン(Jenny Leong)さんから得た情報。

(13) 二〇〇三年八月二四日に筆者がシンガポールで得た個人情報。

第6章　シンガポールの進出日系小売企業

——伊勢丹を中心に

1993年に開店したイセタン・スコッツ店（2003年３月撮影）

はじめに

都市国家シンガポールの人口(外国人居住者を含む)は、一九七〇年の二〇七万五〇〇〇人から、八〇年の二四一万四〇〇〇人、九〇年の三〇四万七〇〇〇人、二〇〇〇年には四〇一万八〇〇〇人へと着実に増加している[DSS,2003：22]。それでも、人口規模はきわめて小さく、消費市場として外見上魅力的だとは思われない。にもかかわらず、メトロ、C・K・タン、ロビンソンなど地元の百貨店に加え、数多くの外資系小売企業が進出している。日系小売企業では、表6-1が示すように、七二年に開業した伊勢丹を嚆矢とし、七〇年代に八百半、八〇年代には大丸、名鉄百貨店、そごう、東急百貨店、九〇年代には高島屋と西友が開店した。こうした進出ラッシュの背景には、地元住民の所得の増大と観光客の増加がある。

シンガポールの経済は一九六〇年代後半以降、高度成長を続け、国民一人あたりのGNPは、七〇年の九二〇米ドルから、八〇年の四四二〇米ドル、八五年の七三九一米ドルに増大した。二〇〇〇年には二万二六〇〇米ドルにのぼり、日本(三万八〇一九米ドル)の約六割に達している[矢野恒太記念会、一九九一：一四八-四九；『世界の統計』二〇〇三：一〇四]。また、大規模小売業は地元住民だけではなく、近隣アジア諸国、日本、欧米などからの観光客もターゲットにしてきた。シンガポールを訪れる外国人数は、七〇年の五二万二〇〇〇人から、八〇年の二五六万二〇〇〇人、九〇年の五三二万三〇〇〇人、二〇〇〇年には七六九万一四〇〇人へと急増し、小売業の売上高の伸びに大きく寄与している[DSS,1983；1991；2001]。

本章では、日本の小売企業が一九七〇年代初頭以降に相次いで進出し、九〇年代末までに大規模小売業の中枢を占めるようになった経緯を、伊勢丹に焦点を当てて検討する。次に、九〇年代なかばから二〇〇〇年代初頭にかけてこ

表6-1　日系小売企業のシンガポール進出状況と主要店舗

社　名	出　店　場　所	出店年	進出形態	売場面積(㎡)	備　考
伊勢丹	ハブロック	1972	上場*	7,908	93年閉店
八百半	プラザ・シンガプーラ(オーチャード・ロード)	1974	合弁	14,492	97年閉店
八百半	カトン	1977	合弁	4,000	83年移転
八百半	トムソン・プラザ	1979	合弁	7,999	98年閉店
伊勢丹	ライアット・タワーズ(オーチャード・ロード)	1979	上場*	3,987	86年閉店
八百半	ブキティマ	1981	上場*	5,388	96年閉店
大　丸	リャンコート	1983	上場*	10,600	03年閉店
伊勢丹	パークウェイ・パレード(カトン)	1983	上場	4,767	
八百半	ジュロン	1983	合弁	2,429	95年閉店
八百半	パークウェイ・パレード(カトン)	1983	合弁	7,500	97年閉店
名鉄百貨店	オーチャード・ロード	1984	合弁	470	94年閉店
伊勢丹	ウィスマ・アトリア(オーチャード・ロード)	1986	上場	7,410	
そごう	ラッフルズ・シティ	1986	合弁	12,500	00年閉店
東急百貨店	マリーナ・スクエア**	1987	合弁	7,000	98年閉店
そごう	パラゴンSC(オーチャード・ロード)	1989	買収	19,500	00年閉店
伊勢丹	スコッツ・ロード	1993	上場	17,000	
そごう	DBSタンピネス・センター	1993	合弁	5,400	00年閉店
高島屋	義安城(オーチャード・ロード)	1993	単独	66,000	
大　丸	ジャンクション8(ビシャン)	1995	合弁	44,000	03年閉店
西　友	ブギス・ジャンクション	1995	合弁	23,000	
伊勢丹	タンピネス・モール	1995	上場	4,500	
西　友	ロット・ワン(チョア・チュー・カン)	1996	合弁	1,486	
西　友	パークウェイ・パレード(カトン)	1997	合弁	5,110	
大　丸	プラザ・シンガプーラ(オーチャード・ロード)	1998	合弁	5,000	03年閉店
西　友	ジャンクション8(ビシャン)	2003	合弁	44,000	

注：*1981年に上場するまで地元企業との合弁，
**後にフーナン・センター(Funan Centre)へ移転．

出所：『日本経済新聞』1992年4月15日；『日経流通新聞』1994年8月4日；*Straits Times,* 4 Feb. 1995；*Business Times,* 1 Dec. 1997；『シンガポール』184号，1996年1月：31；同198号，1998年5月：16；筆者の聞き取り調査などをもとに作成．

れらの企業の大半が撤退した背景を分析する。あわせて、日系小売企業が過去三〇年間にシンガポール流通業の発展において果たした役割を評価する。

1　伊勢丹のシンガポール進出

小売企業の東南アジア進出

戦前期の東南アジアで営業していた日系小売企業は、おもに個人経営の商店である。大手百貨店は進出していなかった[1]。しかし、一九四一年一二月にアジア太平洋戦争が勃発し、東南アジア地域が日本の支配下に入ると、日本の百貨店は陸軍省の命令を受けて現地で次々と商業活動を開始する。日本軍によって昭南島と改称されたシンガポールでは、大丸、松坂屋、白木屋が民生品・軍需品の小売に加えて、消費財の生産や兵寮の運営も行っていた。たとえば、松坂屋は昭南島、マレー半島、ジャワ島、スマトラ島に進出し、ホテル、百貨店、製茶工場、下士官用兵寮の運営など多角経営を行っていた［清水・平川、一九九八：一六六-七二］。伊勢丹の場合は、インドネシアへ進出する。重役会が軍の命令を受けて、スマトラにおける雑貨販売やその他の業務を行うために「南方進出に関する件」を一九四三年五月一九日に決議し、小菅正造と加藤冨久平を先発要員としてスマトラ島のパダンへ派遣した［伊勢丹、一九九〇：八五］。事業内容については資料不足のため明言できないが、松坂屋と同様の活動をしていたと思われる。

戦後は大丸が端緒を開き、一九六〇年に香港で、六四年にバンコクで、それぞれ大型店舗を開店する。とはいえ、当時のアジア諸国は所得・生活水準が低かったため、売上高の増大を期待できず、その後しばらくは目立った動きが見られなかった[2]。

一九七〇年代に入ると、日本では資本の自由化や円の切上げなど海外進出を促す環境が整備される。一方で、大規模小売店舗立地法による出店規制、地価・人件費の高騰、国内市場の飽和などの問題が発生した。そのため、国内で店舗の拡大をするのが一段とむずかしくなり、海外進出する百貨店が増えていく。とりわけ、インドネシアを除く東南アジア諸国では日本のような大型店舗を規制する法律が制定されておらず、人件費や設備費などの投下資本を低く抑えられるというメリットもあり、比較的容易に進出できたのである[3]。さらに、八〇年代後半から九〇年初頭にかけて、日系小売企業大手の東南アジア進出ラッシュが起きた。その背景には、輸出志向型工業化の成功による所得水準の大幅な上昇と、日本人観光客の増加がある［安藤、一九八八：三〇三；小山・外山、一九九二：一三〇-三一］。

海外初の店舗の成功

では、伊勢丹が日系百貨店として戦後初めてシンガポールへ進出した経緯と初期の活動を見てみよう。

シンガポールのアポロ・エンタープライズ社は一九六〇年代末、ハヴロック(Havelock)地区に一九階建てのホテルを建設し、隣接地に百貨店を開業する計画をたてていた。同社のチャン・チュンピン会長は六九年に来日し、伊勢丹に共同経営の可能性を打診する。チャンは、シンガポールでホテルの経営にかかわっていたある日本人から伊勢丹を紹介され、滞在中は伊勢丹とだけ交渉を行ったという［『日外協Monthly』一九九六年九月号：二八］。

当時、海外へ進出する機会をうかがっていた伊勢丹は早速、加藤富久平ら二名をシンガポールに派遣し、アポロ・エンタープライズ社のリム・ジュセット社長との交渉に当たらせた。そして、両社はイセタン・エンポーリアム私人有限公司(Isetan Emporium Pte. Ltd.)(資本金五〇万ドル)を合弁で設立して百貨店の共同経営を行うことに合意する。当時のシンガポールには外資規制法があり、外資のマジョリティは認められていなかったため、新会社の出資比率はアポロ・エンタープライズ社が六〇%、伊勢丹が四〇%とした。チャン・チュンピンが会長に、加藤富久平が社長にそれぞれ就任し、百貨店経営は伊勢丹が担当することになる［伊勢丹一九九〇：二八二］。伊勢丹は一九六八年にパリに商品供給の駐在員事務所を開設していたが、海外に店舗を開くのはこれが初めてであった。

一九七二年一月三一日、イセタン・ハヴロック店は、四階建てビルの一～三階(七九〇八㎡)を占有して開店した。ターゲットは、アポロ・ホテルの宿泊客に加えて、他の観光客やハヴロック、リバー・バレー、アウトラム地区の地元消費者である[*Singapore Business*,July 1988 : 95]。今日では一流ホテルや百貨店などが集まり、東京で言えば銀座通りに相当するオーチャード・ロードは、当時はまだ開発されていなかった。一方、ハヴロック一帯は政府が商業地として開発する計画をたてており、将来性が十分に見込まれたという(福原、インタビュー、一九九七年九月一〇日)。ただし、伊勢丹は先駆者としてさまざまな生みの苦しみを味わっている。

第一に、一般公募で従業員を募集したところ二〇倍以上の応募者があり、そのなかから二一八人を採用したが、転職率が高いシンガポールでは毎年二〇〇人前後の販売員が辞めたので、補充をしばしば行う必要があった。それでも、幹部候補者は伊勢丹本店へ派遣し、研修を受けさせている。なお、シンガポール政府の現地人採用方針に従い、当初の日本人スタッフは四名のみである『日外協 Monthly』一九九六年九月号:二九:伊勢丹、一九九〇:二八三]。

第二に、当時のシンガポールには定価販売の習慣がなく、値切ることが常識であったため、現地の消費者に正札販売のコンセプトを浸透させるのに時間を要した。

第三に、自由貿易港のため関税はまったくかからなかったが、為替変動のリスクがあった。

第四に、日本のように四季のある国ではシーズンごとに商品を変えてバラエティを演出するが、一年中夏のシンガポールは、商品のフェースを変えるのに苦労した。また、シンガポール人は体型が日本人と異なるし、好みの色も同じではない。そのため、当初は取扱商品の五割を日本から輸入したが、後に日本製品の割合を三分の一に減らし、現地商品と日本を除く海外からの輸入品をそれぞれ三分の一とした『日外協 Monthly』一九九六年九月号:三二]。その一方で、本店の伊勢丹研究所の協力を得て現地向けの商品を開発し、地域に密着した品ぞろえを工夫していく(4)[伊勢丹、一九九〇:二八二]。

また、アジアでは日本の卸売業のような中間流通機能が発達していなかったため、卸売会社としてレッキシムム・シンガポール私人有限公司(Lexim Singapore Pte. Ltd.)を一九七九年に、レックスプロ・シンガポール私人有限公司(Lexpro Singapore Pte. Ltd.)を八八年にそれぞれ設立して、独自の商品集荷体制を構築した［伊勢丹、一九九〇：六一七］。もともとは高・中所得者層をターゲットとして開業したが、生活水準がそれほど高くなかったため、価格が重要な要素となり、低価格品からよく売れていったという。ちなみに、一人あたりGNPは七〇年が九二〇米ドル、七五年は二四五〇米ドルである。

伊勢丹がハヴロック店を開店した一九七二年には、NWC(全国賃金評議会)が民間企業の賃金抑制策をとり、翌年はその対象を公共部門へも拡大させたので、消費は抑えられていた。加えて、七三年の第四次中東戦争を引き金とした石油危機が原因で世界的なインフレと不況が起こり、七四年から七八年までの年間平均成長率は六・七％と、シンガポールとしては低い数字である。そのうえ、七四年一月の田中角栄首相の東南アジア諸国歴訪時に典型的なように、日系企業のオーバープレゼンスに対して各地で反日運動が展開されていた。

このような状況下にもかかわらず、ハヴロック店は、初年度の赤字を除けば着実に売上高を伸ばし、利益を上げていく。年間売上高は、一九七二年の五一〇万ドルから七五年の一九七〇万ドルに伸び、八〇年には九九五〇万ドルへと飛躍的に増大。七五年には、七二年一月の開店後初めて二〇％の配当を行った［伊勢丹、一九九〇：二八三］。また、国内や日本での研修の成果が徐々に出て、七九年にはシンガポール観光振興局(STPB、現・シンガポール政府観光局)によってもっとも礼儀正しい店員を擁する百貨店に選ばれている［*Business Times*, 16 Sep. 1981］。

オーチャード・ロードへの進出と証券取引所への上場

続いて一九七九年九月二八日、政府が商業中心地として重要視するようになったオーチャード・ロードにある二〇階建てのライアット・タワーズ(Liat Towers)の一〜三階部分(売場面積は三九八七㎡)を賃借して、第二号店(オーチャード店)を開く。そして、上流・中流階層の地元客、在留邦人家族、日本人観光客をターゲットとする旗艦店として、同店を位置付けた[伊勢丹、一九九〇：四二五-二六]。あわせて同年、二〇万~三〇万ドルを投じてハヴロック店一階の大幅な改装を行う[*Business Times*,8 Jan. 1980]。さらに、八一年七月一日にチャンギ国際空港が開港すると、旅行者を対象に銀器、陶器、錫製品、クリスタルなどの土産物を販売するため、空港内に二店舗(売場面積はそれぞれ三三㎡)を開店した(八七年のリース期限切れを機に閉鎖)[Isetan, *Annual Report*,1998：1]。

ところで、シンガポール政府は前述のように一九七九年、従来の労働集約型工業化政策から高賃金政策へ方向転換を行い、資本・技術集約型工業化をめざすことにした。その一環として、技能開発基金(SDF)を創設し、企業に補助金を与えて人材育成を側面から支援し始める。(5) 伊勢丹は八〇年、百貨店として初めてこの基金から奨励金を受けて、現地従業員四〇名を日本の本社へ派遣し、販売、マーチャンダイジング(合理的な商品流通)、商品陳列などの研修を受けさせた[*Straits Times*,16 Sep. 1981]。八一年にはハヴロック店とオーチャード店の幹部社員一二名が同基金の海外研修助成金制度を利用して、日本で二カ月間の研修を受けている[伊勢丹、一九九〇：四二六-二七]。

イセタン・エンポーリアム社は一九八一年一〇月、日系企業として初めてシンガポール証券取引所に上場した。上場前には、同社の払込済資本は一五〇万ドルにのぼり、伊勢丹(日本)が四九%、チャン・チュンピンが五一%を出資していたが、前者が後者から株式の一部を買い取り、過半数を保有するようになる[*Business Times*,26 Aug. 1981]。伊勢丹は、子会社の株式が一般公募される前の八一年九月三日に、既存の株一株につき四株の無償新株によって一五〇万ドルの払込資本を七五〇万ドルへ引き上げた。その結果、上場前のイセタン・エンポーリアム社は資本金が七五〇万ドル、発行済株式が一五〇〇万株となる(伊勢丹、一九九〇：四二六-二七)。なお、八一年九月に株式会社への改組に伴い、社名はイセタン・エンポーリアム社からイセタン・シンガポール社(Isetan Singapore Ltd.)に改称された[*Business Times*,16 Sep. 1981]。

イセタン・シンガポール社の株式は、日系のシンガポール・ノムラ・マーチャント・バンキング社を元受主幹事として、額面五〇セントの新株五〇〇万株が一株三ドルで一般公募された。これに発行済株式一五〇〇万株を加えると、発行済株式総数は二〇〇〇万株、資本金は一〇〇〇万ドルである。また、従業員持株制を導入し、公開株のうち五〇万株を従業員に割り当てた。株式は親会社の伊勢丹とイセタン・ホンコン社が合計で五九%を所有し、他の大株主は民間金融機関など機関投資家がほとんどであったが、政府系のシンガポール開発銀行も含まれている[*Business Times*, 18 Sep. 1981]。

上場を果たした一九八一年、百貨店各社は観光客の増加や好況を背景に売上高を伸ばしたが、翌八二年は大半が経済成長率の低下と観光客の減少の影響を受け、軒並み減益となった。そのなかで、イセタン・シンガポール社の売上高は前年比三・六%増の一億二八四五万ドル、税引前利益は九%増の一九八三万ドルである[*Business Times*,22 April 1983]。同社は上場後に信用が高まり、資金調達が容易になっただけでなく、上場百貨店のなかでもっとも収益率の高い企業となった[*Business Times*,9 May 1983]。

カトン店の開店と不況の影響

イセタン・シンガポール社は一九八三年一二月九日、都心から約一〇キロ離れたカトン地区のパークウェイ・パレード・ショッピングセンター内に、二〇〇〇万ドルを投じて売場面積四七六七㎡の郊外型店舗を開く。後背地に大団地があったため雑貨と紳士・婦人用ファッション衣料を二本柱とし、流行に敏感で進歩的な地元の若者に照準を合わせて商品を取りそろえた。店長には初めて現地人のタン・ケンクワン(Tan Keng Kwang)を抜擢し、日本人スタッフが背後から支えたという[石井、インタビュー、一九九五年八月三一日;*Singapore Business*,July 1988 : 95]。

地下一階(一九一三㎡)には、食料、デリカテッセン(惣菜)、家庭用品、バーゲン商品などの売り場を設けた。しかし、すぐ近くのショッピングセンターに進出していた日系のヤオハン・ニューカトン店やブティック、その他の商店との競争に直面する。結局、地下売場は高家賃に見合うほどの売上高を上げられず、パークウェイ・パレードの家主との家賃引下げ交渉も折り合いがつかなかったため、八七年の旧正月に売場を閉鎖した。一方で、ヤオハン店は三〇〇万ドルの改装費を投じて、七五〇〇㎡の売場面積をさらに一〇％増床し、売上高を伸ばしていた［*Straits Times*,12 Jan. 1987］。

一九八三年一一月期決算では、売上高が前年比一四・二％減の一億一〇二〇万ドル、税引前利益は三四・五％減の一三〇〇万ドルとなった。このような大幅な減益は八一年一〇月の上場以降初めてである。その背景には、大手小売企業間の競争の激化と観光客数の減少がある。それでも、メトロ、C・K・タン、ロビンソンなど大手百貨店も軒並み赤字を出しており、これらと比べると業績がそれほど悪かったわけではない。八四年の配当率は前年同様一五％である［*Business Times*,30 April 1984］。

シンガポールの小売業は、一九八〇年代前半にいくつかの問題を抱えていた。まず、インドネシア政府が国内で大手卸売業者の育成を図るために、八二年一一月から出国税を倍以上に引き上げ(6)、商品買付けの目的でシンガポールを訪れるインドネシア人小売業者の出国を制限した。その結果、インドネシア人訪問者数が激減する［安藤、一九八八：三〇七］。さらに、大規模小売店数が急増したにもかかわらず、需要が伸び悩んだ。一方で労働集約的な小売業は、七九年から導入された高賃金政策などによって人件費が高騰し、深刻な影響を受ける。そのうえ、不況時でも融通のきかない家主が多く、家賃を高く設定していた。イセタン・シンガポール社は、賃貸契約更新時にハヴロック店の家賃の一〇％引下げ交渉に成功したが、オーチャード店の家賃は据え置かれた［*Business Times*,30 April 1985］。

一九八四年一一月期決算の税引前利益は、熾烈な競争とカトン店開店に伴う経費の増大で、前年同期比七七％減の二九四万ドル（ただし、売上高は九・八％増の一億二一〇〇万ドル）、配当率は一〇％となる。八五年は、シンガポールが独立後初めてマイナス成長（一・六％）を記録した年である。政府は翌年、賃金の凍結とCPF（中央積立基金）の使用者負担率の大幅な引下げを行った。不況を反映して、八五年一一月期の決算では売上高が前年比二・五％減の一億一八〇〇万ドルとなり、上場後初めて四八万九〇〇〇ドル（税引前）の赤字を計上した。三店舗合計では三八万五〇〇〇ドルの損失を出したが、その主因は借入金に対する高利子の支払いである。卸売会社のレッキシム社も赤字を出した[*Straits Times*,6 March 1986]。

ウィスマ店の開店と売上高の増大

イセタン・シンガポール社は一九八三年、オーチャード・ロードのウィスマ・インドネシアの跡地に建設が予定されていた二二階建ての複合商業ビル、ウィスマ・アトリア(Wisma Atria)の一部を六六〇〇万ドルで購入することを決めた[*Business Times*,19 Feb. 1983]。このビルが八六年に竣工すると、商業スペースの三分の二(地下一階から地上四階までの五層で八八〇〇㎡の床面積)を区分所有し、ウィスマ・ショッピングセンターの核店舗として出店する。

地下一階の食品売場にはスーパーマーケットのキミサワ(静岡を基盤とするリージョナル・チェーン、現・CFSコーポレーション)が、四階には紀伊國屋書店が、それぞれテナントとして入居した。一階にはKENZOなど一流ブランドのブティックが入居し、二階にはシンガポール唯一のシャネルをはじめ、グッチ、バーバリーなどのコーナーが設けられる[『週刊ダイヤモンド』一九八七年七月一一日号:一一一-一一二]。シンガポール政府の輸出振興の呼びかけに応じて、デビッド・ウオン、ピーター・コー、カルビン・チューなど地元の有名デザイナーのショップも加えた[伊勢丹、一九九〇:四八七]。

このウィスマ店は約五六〇〇人の従業員を雇用し、一九八六年七月一〇日にオープンする。伊勢丹の小菅国安社長が日本から訪れ、リー・ブンヤン(Lee Boon Yang)通産・内務大臣や橋本恕シンガポール駐在日本大使などを招いた開店祝いが盛大に行われた。当日の売上高は一一五万ドル(キミサワ・スーパーの分を除く)にのぼった[*Business Times*,11 July 1986]。こうしてウィスマ店が新たな旗艦店となり、ライアット・タワーズのオーチャード店は閉鎖した。

イセタン・シンガポール社が新店舗のために投じた資金は、合計一億ドルである。六六〇〇万ドルがウィスマ・アトリアの物件購入に、一四〇〇万ドルが内装などに、二〇〇〇万ドルが三～五年分の商品仕入れ、従業員の訓練、宣伝、販売促進などに使われた。そのため、親会社の伊勢丹から総額四二〇〇万ドルの長期借入れを行っている[*Business Times*,13 May 1986]。

シンガポール経済はその後急速に回復し、一九八七年にはGDP成長率が八・八%となり、個人消費も一〇・四%伸びる。八七年一二月にMRT（地下鉄）(7)第一期工事が完了すると、伊勢丹の店舗はそのオーチャード駅と直結し、集客力を一段と高めた。周知のとおり、流通業は立地産業であり、MRTの開通が販売拡大の追い風となったことは言をまたない。事実、開通後はより多くの通勤客がウィスマ店に立ち寄るようになる。円高を背景とした日本人観光客の急増も、同店の売上高増加に寄与した[*Singapore Business*,July 1988 : 95]。

イセタン・シンガポールグループの税引前利益は、一九八六年一一月三〇日の本決算に一五〇万ドル（前年度は四一万一〇〇〇ドルの損失）、売上高は前年比一八・七%増の一億三九九〇万ドルにのぼる。さらに、八七年三月三一日の中間決算の税引前利益は一七八%増の六四二万ドルとなった。この増益は、コスト削減と売上高の増大によるもので、円高が多くの日本人観光客を惹きつけ、シンガポールの好況が地元消費者の需要拡大につながったのである。また、政府が八六年に法人税とCPF使用者掛金率の引下げや賃金凍結など不況対策を実施した恩恵にも与った[*Business Times*, 26 July 1987]。

もっとも、この時期は他の百貨店も売上高を大きく伸ばしている。たとえば、メトロの税引前利益は一九八七年三月三一日の決算で二二三六万ドルにのぼり、前年同期比で四五〇%増である[*Straits Times*,25 July 1987]。また、八〇年代なかば以降、百貨店が相次いでシンガポールに進出し、小売業大手間で競争が激化していく。八六年にラッフルズ・シティ・ショッピングセンター内にそごうが開業し、八七年には東急百貨店がマリーナ・スクエアに進出した。八二年にシンガポールに進出し、数年後に撤退したフランスのギャラリー・ラファイエットも、八七年にライアット・タワーズで営業を再開している。

一人あたり所得が三〇〇〇米ドルを超えると、生活様式に革命的な変化が生じ始め、五〇〇〇米ドルに達すると急速に欧米化していく、と一般的にいわれる［小山・外山、一九九二：一九五］。シンガポールでは一人あたり所得が一九八〇年に四四二〇米ドル、八二年には五九八〇米ドルに達したので、八〇年代初頭にすでに生活様式が欧米化したと言えるであろう［矢野恒太記念会、一九九一：一四八］。それを反映して、ハブロック店が営業を開始した七〇年代初頭には低価格品がよく売れたが、その後高度経済成長が持続して市場の成熟化が進んだ結果、消費者は価格より品質、実用性よりファッション性を重視するようになった［『週刊ダイヤモンド』一九八七年七月一一日号：一一二］。また、ハヴロック店が開業したころは、年中蒸し暑いために、化粧をしたりストッキングをはく女性はほとんど見られなかった。しかし、所得水準が上昇し、空調装置が普及した結果、化粧品やストッキングもよく売れるようになっていく。

2　伊勢丹対高島屋

百貨店の業績悪化

一九八五年九月のプラザ合意以降、円高となり、シンガポールを訪れる若い日本人女性が急増した。彼女たちは日系百貨店でグッチ、シャネル、ルイ・ヴィトンなどの高級ブランド品やファッション衣料品などを買い求めた。日系小売企業は購買単価の大きい彼女たちに依存して売上高を伸ばしていく。

しかし、日本では一九八九年四月からの消費税導入に伴い物品税が廃止され、一〇〜三〇％の奢侈関税率が引き下げられる。その結果、シンガポールとの価格差が縮小し、「買い物天国」としての魅力が薄れた［*Straits Times*, 19 May 1991；『日本経済新聞』一九九二年四月一五日］。また、日本人女性は、高級ブランド品のなかでも日本で容易に入手できない特定の品番の商品を買う目的で訪れていたが、それらが売り切れてしまうと、フランスやイタリアへ向かうようになったという［吉田、インタビュー、一九九七年九月一二日］。さらに、ドルの対円為替レートが八七年末の一ドルあたり六一・三円から、八九年末の七七・四円、九一年七月には八七・八円へと上昇を続ける[*Business Times*,8 July 1991]。

こうした円安や内外価格差の縮小に加えて、高い家賃、ホテル宿泊料の上昇、一九八九年以降の大型小売店舗の急増、香港との価格競争の激化などが、小売業に悪影響を与えていく。外資系・地場百貨店ともに売上高が減少し、赤字を出した。これに対して、日系百貨店は長時間営業を行い、売上高を維持しようとする。それを取り締まる法律もなかった。日系小売企業六社(伊勢丹、八百半デパート、大丸、そごう、東急百貨店、名鉄百貨店)は、九〇年には大規模小売業の総売上高の五割以上を占めていたと推測される[『国際経済』二七巻二号、一九九〇年二月:二〇〇]。このような状況下で、伊勢丹が新店舗の開店を、高島屋が新規参入を計画していた。

スコッツ店の開店と経営の効率化

一九八〇年代末に潮州系デベロッパーの義安公司(Ngee Ann Kongsi)と地元百貨店大手のメトロが共同出資(七三%対二七%)で、オーチャード・ロードに巨大なツインタワービル、義安城(Ngee Ann City)の建設を計画する[*Straits Times*,12 Feb. 1993]。イセタン・シンガポール社は売場スペースの確保を狙ったが、失敗に終わった。義安公司が海外から資本を持ち込むような新参百貨店の入居を望んでおり、当時シンガポールへの進出をうかがっていた高島屋とリース契約したからである。

そこでイセタン・シンガポール社は、スコッツ・ロードとオーチャード・ロードの交差点の一角に建設が決まっていたショーハウスの入居に関する賃貸契約を結んだ[*Straits Times*,21 May 1993]。こうして一九九三年三月末、賃貸契約の満期に伴いハヴロック店を閉鎖し、ショーハウスのスコッツ店の開店と経営に全力を注いでいく。ハヴロック店はおもに日本人観光客を対象に、宝石、婦人服、雑貨を販売したが、商業中心地から離れており、売上高は伸び悩んでいた。同店の従業員は全員、新店舗に吸収されている。同社はショーハウスの地下一階と地上四階の五層(床面積一万七〇〇〇㎡)を一平方フィートあたり一五ドルで借り受け、その一部をパンの製造・販売店のデリフランス店(Délifrance)、ファストフード店のケンタッキー・フライドチキン、キミサワ(売場面積一八五八㎡)などに転貸した。先述のように、キミサワはウィスマ・アトリアの地下一階でスーパーを経営していたが、イセタン・シンガポール社の要請で移転したのである[*Straits Times*,21 May 1993]。

スコッツ店が一九九三年五月二八日に正式に開店すると、イセタン・シンガポール社の旗艦店となった。店長には日本人駐在員が就任する。売場面積一万七〇〇〇㎡を有するこの店舗は、高級ブランド品、地元ファミリー向け衣料品、ファッション衣料品、雑貨などを取りそろえ、店内には美術館や子どもの遊び場も設けた。さらに、多くの「お客様にやさしい」設備を設置して、便宜を図っている。たとえば、一部の女性用トイレには乳児を固定するハーネスが取り付けられた。また、当初二五〇名の販売員のうち三〇~四〇名が手話の訓練を、ほぼ同数の店員が基礎的な応急手当の研修を、それぞれ受けたという[*Straits Times*,21 May 1993]。ショーハウスビル内には五つのリド映画館(シネマコンプレックス)が設置され、紀伊國屋書店(九九年に義安城のタカシマヤ・ショッピングセンターに巨大な店舗を構え、閉鎖された)とあわせて、スコッツ店の集客に大いに役立ってきた。

スコッツ店の開店に伴い、ウィスマ店は観光客に依存する体質から脱却する必要に迫られる。当時、同店の買い物客は観光客が七割、地元客が三割であった。そこで、この割合を逆にするために、地元の中・上流階層、とりわけ一八~二五歳までの流行に敏感な若者に照準を合わせたファッション衣料品中心の品ぞろえを行うことにした[*Straits Times*,26 Aug. 1994]。

イセタン・シンガポール社は一九九四年三月期決算で、連結売上高が前年比一八・七%増の二億二九五二万ドルとなる。しかし、スコッツ店の開店に伴う費用の増大で五七六万ドルの営業損失を計上した[*Straits Times*,4 July 1994]。そこで、経営効率化のために、販売不振商品の取扱いを中止した。また、八九年に開店したティーンエージャーと子ども用品専門店のインキッズ店(MRTのドービー・ゴート駅に立地)と、キッズイン店(MRTのオーチャード駅に立地)

を、九四年七月に閉鎖する。両店の六〇名の販売員は、他の店舗に再雇用された。両店は売上高が年間約一〇%伸びていたが、もともと大型店舗の売場面積不足を補うために開店されたという経緯があり、スコッツ店のオープンで存在意義がなくなったのである[*Straits Times*,30 April 1994]。

高島屋の登場

シンガポールでは一九九三年以降、工業化の進展にもかかわらず小売業が低迷していた。その背景には、①人口が約三〇〇万人と小規模、②シンガポール人は消費財よりも車、住居、海外旅行などに金を使う、③ドル高、④「買い物天国」としての魅力が薄れた、⑤小売店舗数の増加による過当競争、などがある。先述のように、八〇年代後半には大型店舗が相次いで開店したが、九〇年代に入っても、米国のKマートと香港のレーン・クロフォードが九三年に、巨大な複合商業施設サンテック・シティが九四年に、西友、パルコ、米国のJCペニーなどが九五年にオープンしており、大型小売業が過剰となっていた。こうした時期に高島屋がオーチャード・ロードの義安城に東南アジア最大の百貨店を開店した経緯を、次に見ていこう。

高島屋は一九八〇年代末に、香港かシンガポールのどちらかへ進出する計画であった。そして、綿密な調査の末、政情が安定し、持続した経済発展が見込まれるシンガポールを選択したのである[*Straits Times*,14 Sep. 1992]。義安城への出店を決めると、八九年六月に全額出資の子会社であるタカシマヤ・シンガポール社(Takashimaya Singapore Ltd.)を授権資本二億ドルで設立し、開店準備と開店後の運営に当たらせた。また、義安城の株式の三〇%(二億五〇〇〇万ドル)を取得している[*Straits Times*,12 Feb. 1993]。

高島屋の準備の進め方は周到であった。まず一九九〇年一〇月、地元の市場を調査する目的で、ブティックをラッフルズ・プレイスのオーバーシーズ・ユニオン銀行ビル内に開く。九一年一一月二日には、シノワズリー(中国趣味)の専門店(売場面積一〇〇㎡)を超高級ホテルであるラッフルズ・ホテルのショッピング・アーケード内に開店し、ギフト商品、アクセサリー、工芸品などの販売を始めた[*Business Times*,3 Nov. 1991]。それに先だって、低コストのニットウェアの生産・供給を目的として、インドネシアのバンドン市に工場を建設している。人事面では、開店の三年前におもに大卒の採用を開始し、シンガポール国内で日本語を学ばせたうえで日本へ派遣し、小売技術や日本の企業文化を修得させた[*Business Times*,19 Aug. 1990]。

義安城のタカシマヤSC(ショッピングセンター)の開店は、一九九三年八月六日である。六万六〇〇〇㎡の売場面積のうち三万五〇〇〇㎡を占有売場とし、残りのスペース(地下二階から地上四階)は一〇〇あまりの専門店に転貸した[*Business Times*,21 Aug. 1994]。入居店は、宝石店のティファニー、イセタン・ウィスマ店から移転したシャネル、衣料品専門店のエスプリ、地元の時計販売専門店のアワー・グラスなどである。また、東南アジアにおけるハロッズのブランド品販売権の獲得に成功したため、義安城一階入り口の隣りに三七二㎡のハロッズコーナーを設けた[8][*Business Times*,11 Sep. 1992]。ただし、おもに地元客と外国人居住者を対象としたため、高級ブランド品用の売場面積は三五三〇㎡で、店舗全体の五%を占めるにすぎない[*Straits Times*, 2 May 1992]。

義安城のタカシマヤ SC(2003年 8 月撮影)

地下二階の売場スペース(二三二三㎡)には、コールド・ストーレッジ・シンガポール私人有限公司(Cold Storage Singapore(1983)Pte. Ltd.)に入居してもらった[9]。同社はシンガポール国内で多店舗をもち、大量仕入を行い、スーパー経営のノウハウを熟知している。商品は鮮度がよくて安い。自前のスーパーを一店だけ経営すると、ロスが多く、コスト高となるため、「餅屋は餅屋に任せたほうがよい」というのが高島屋の基本的な考え方なのである[上野、インタビュー、一九九七年九月九日]。もっとも、在留邦人数の増加と地元住民の日本食品に対する需要の拡大に対応して、そこには日本食品売場が設置された。なお、コールド・ストーレッジ社は、定額家賃ではなく売上に対する歩合制でテナント契約を結んだ。

また、高島屋、八百半デパート、ベスト電器の三社によって設立された高島屋ベスト・エレクトラル社（払込資本八〇万ドル、出資比率は高島屋と八百半が四〇％、ベスト電器が二〇％）が家電・電器製品の販売部門であるベスト・コネクションを経営した。売場スペースは地下一階の一二〇〇㎡、従業員は三八名である［*Straits Times*,3 June 1993］。

タカシマヤ・シンガポール社の三橋宏志初代社長は、オープンにあたってこう述べている［『日本経済新聞』一九九三年一〇月七日］。

「（タカシマヤ・ショッピングセンターは）物を売るだけの施設ではなく、文化、商品、スポーツ、イベントなどの情報発信場所としてこのSCを位置づけている」

ショッピングセンター内には、アートギャラリーやフィットネスクラブ付きスポーツセンターが開設された。地下二階には一〇〇〇㎡の広場が設けられ、その横には噴水がつくられた。二四画面マルチスクリーンが取り付けられたこの広場は、イベントや情報交換の場として利用されている。

ショッピングセンターの営業時間は、午前一〇時から午後九時半までの一一時間半。一九九三年八月から九四年二月までの七カ月間の売上高は一億五〇〇〇万ドルで、平日には一日平均五万人、休日には一〇万人が訪れた。そのうち二割は観光客である。九四年一年間の売上高は、コールド・ストーレッジ社とベスト・コネクションの分を含めて二億八〇〇〇万ドルにのぼった。ちなみに、九四年三月期の売上高は、イセタン・シンガポール社が二億二九五〇万ドル、ロビンソンが一億九七七〇万ドル、C・K・タンが一億八〇四〇万ドルである［*Business Times*,21 Aug. 1994］。

その後タカシマヤ・シンガポール社の売上高は、一九九八年から二〇〇〇年に一一五％増加した。九八年の購買客比率は、シンガポール人七五％、在留邦人七％、日本人以外の外国人居住者五％、日本人観光客八％、その他の観光客五％であり、二〇〇〇年もほぼ同様であったという［手塚、二〇〇二：五‐六］。また、同社は九九年以降毎年、シンガポール政府観光局から「ツーリズム・アワード」(観光事業賞)を授与されている。この賞はシンガポールの観光業の発展に寄与した企業と人物に授与される[*Straits Times*,1 Nov. 2002]。九九年八月には、集客の強力な武器となる紀伊國屋書店がショッピングセンターに入居した。同店は東南アジア最大の売場面積(三九九五㎡)を有し、日本語のみならず、中国語、英語、ドイツ語、フランス語などの書籍類の販売を行っている。(10)

小売業の労働力不足問題

一九九〇年代前半に大型百貨店が次々と出店したため、小売業では販売員不足が深刻な問題となった。九三年二月、地元紙の『ビジネス・タイムズ』は、次のように報じている[*Business Times*,12 Feb. 1993]。

「今年(一九九三年)オーチャード・ロードで開店を予定している伊勢丹、高島屋、タングス・ステュディオ、香港のレーン・クロフォードの四社は、計一〇〇〇人の従業員を必要とするであろう……伊勢丹は労働力不足により、通常の六~七割の従業員で営業している。また、同社はスコッツ店を四月に開店する予定であり、旧正月以降、従業員を募集しているが、まだ三〇〇人の店員が必要である」

しかし、販売員不足の原因は百貨店数の急増だけではない。当時のシンガポールでは、外国人は建設業や造船業などの肉体労働者や一般家庭のメードとしては就労できたが、小売業を含むサービス業ではマレーシア人以外は禁じられていた。しかも、マレーシア人でさえ全従業員数の二割を超えることはできなかったのである。シンガポール小売業協会は、一九九三年に約四〇〇〇人の従業員(おもに販売員)が不足していたため、労働省にフィリピン人などの外国人の雇用許可を求めた。しかし、労働省は、「小売業における外国人の就労を認めると、経営者はシンガポール人よりもむしろ低賃金の外国人労働者を雇用するため、社会問題が発生する可能性がある」という理由で、にべもなく拒否した[*Straits Times*,4 Aug. 1994]。

タカシマヤ・シンガポール社は、一九九三年二月の時点で五五〇人の従業員(うち四〇〇名が販売員)を必要とし、月給七〇〇ドルで募集した。さらに同社は、勤続五年の店員が販売相談員に昇格できる機会を与え、流通業における高い転職率に歯止めをかけようとする［*Business Times*,12 Feb.1993］。そして、九五年一月末までに三七〇人の販売員を採用したが、それでもまだ大幅に不足していた。労働力不足のため、九〇年代前半の三年間にわたって必要な従業員数の六〇%で営業していたほどである［*Straits Times*,12 Feb.1993］。

当時、日系百貨店の支店長会議が頻繁に開かれ、従業員の引き抜きを自粛する申合せが行われたという［石井、インタビュー、一九九五年八月三一日］。実際、そごうは八六年一〇月の開店に先立ち、従業員の募集を行った際、応募の条件を日系以外の百貨店やスーパーマーケットに雇用されているシンガポール人に限定した。そのため、地元小売業者の反発を買っている［『国際経済』二四巻二号、一九八七年一月：二〇二-二三］また、高島屋は開店前にロビンソン、メトロ、C・K・タンに勤務していた販売員を大量に雇用した［上野、インタビュー、一九九七年九月九日］。

3　副都心への進出と郊外型店舗の出現

百貨店は外資系・地場を問わず、一九九〇年代初頭まではシンガポールの「銀座」であるオーチャード・ロードに店舗を開いてきた。しかし、スペース不足、家賃の高騰、地元客に照準を合わせた販売戦略への転換などの理由で、九三年に出店した高島屋とレーン・クロフォードを最後に、低家賃でスペースの広い郊外や副都心へ進出するようになる。九五年には、西友が副都心に建設されたブギス・ジャンクション（Bugis Junction, 三万九〇〇〇㎡）に出店（売場面積二万三〇〇〇㎡）する一方、複数の百貨店がタンピネスやビシャンへ進出した。もっとも、このような郊外型百貨店としては、八百半デパートが一九七七年に、伊勢丹が八三年に、いずれもカトン地区に進出している。ここでは、九〇年代に副都心や郊外に出店した日系百貨店について見てみよう。

セゾングループは一九八九年に義安城への出店についてメトロと交渉をしたが、賃貸料で折り合いがつかず、結局シンガポールへの進出を一時断念した［『国際経済』二七巻二号、一九九〇年二月：二〇一］。その後、九二年五月にシンガポールのストレイツ・スティームシップ・ランド社と合弁でストレイツ・パルコ・リーテール・マネジメント社を設立し、九億ドルを投じて開発した複合商業施設、ブギス・ジャンクションを運営することになる［*Business Times*, 28 April 1995；『日本経済新聞』一九九六年二月一日］。資本金は一〇〇〇万ドルで、セゾン六七％、ストレイツ・スティームシップ社三三％の出資である。奇しくも、戦前期のブギス・ジャンクション周辺にはからゆきさんや雑貨商など底辺階層に属する日本人が多く居住しており、日本人町が形成されていた[11]。

ブギス・ジャンクションには、セゾングループの西友（核テナント）、パルコ、インターコンチネンタルホテルなどがテナントとして入居することが決まった[12]。そして九五年四月二七日、西友、パルコ、インターコンチネンタルホテル、紀伊國屋書店、各種のレストラン、シネマ・コンプレックス、カラオケ店、ゲームセンターなど合計一二〇店前後が開業する［『日本経済新聞』一九九五年四月二八日］。開店当初の買物客数は平日に一日約二万人、週末には約四万五〇〇〇人で、平日の昼食時にはOLたちがMRTを利用して、やって来たという。九六年度の売上高は約一億ドルにのぼったが、営業損益は七八〇万ドルの赤字となった［*Business Times*, 1 Dec. 1997］。

また、西友は一九九四年一月、資本金二一四三万ドルで香港の大手小売業者、ウィンオン社（Wing On）と合弁でセイユー・ウィンオン・デパートメント・ストア（シンガポール）私人有限公司（Seiyu Wing On Department Store (Singapore) Pte. Ltd.）を設立した。出資比率は前者が六〇％、後者が四〇％である［*Business Times*, 1 Dec. 1997］。ブギス店の地下には、高島屋と同様にコールド・ストーレッジ社が入居した。オーチャード・ロードに店舗を構える百貨店は、高家賃を支払い、上流・中流階級の客をターゲットにしている。一方、西友は副都心に出店したメリットを生かし、中所得者層に照準を合わせて、競争相手よりも安く商品を提供した［*Straits Times*, 8 April 1995］。取扱い商品の大部分は地元とヨーロッパで調達し、家庭用品や靴類など約三〇％を合弁相手のウィンオン社から購入した。

一九九〇年代初頭に開発された地域センターに、タンピネス、セレター、ジュロン・イースト、ウッドランズなどがある。このうちタンピネスはチャンギ国際空港の近くに立地し、MRTの路線に沿っており、九〇年代前半に商業用の高層ビルが次々と建設されていく[*Far Eastern Economic Review*,8 Feb.1995 : 51]。九六年一月時点の住宅戸数は六万四五〇〇戸で、さらに二万戸が建設される予定であった。隣接するパシリス地区にも、一万三四〇〇戸以上の住宅が建設されることになっていた[『シンガポール』一八四号、一九九六年一月：六一-六二]。こうした郊外地域に日系百貨店が進出していく。

そごうは一九九三年、DBSタンピネス・センターに核テナントとして入居し、おもに衣料品と家庭用品を販売する二号店(売場面積五四〇〇㎡)を開店した。家主のDBSランドグループがエスカレーターなどの備品を提供したため、そごう側は一五〇〇万ドルの資本を投下したにすぎない[*Business times*,11 July 1993]。イセタン・シンガポール社も同グループが開発したタンピネス・モールに四五〇〇㎡の売場(二層)を借り受け、核テナントとして入居した[『日外協 Monthly』一九九六年九月号：三〇；*Business Times*,21 Feb. 1995]。リャンコート店のみを営業していた大丸は、一九五年にビシャンのジャンクション8に郊外型店舗(一～三階で四万四〇〇〇㎡)を開く[『シンガポール』一八六号、一九九六年三月：二七](大丸は二〇〇三年三月にシンガポールから撤退し、閉鎖された)。

西友も住宅地区で多店舗経営に乗り出していく。一九九六年にMRTのチョア・チュー・カン駅に隣接するロット・ワン・ショッピングセンターに、衣料品や靴などのファッション商品の販売を目的とした二号店(売場面積一四八六㎡)をオープンした。翌年一二月にはパークウェイ・パレードの旧八百半店に、二〇〇三年にはビシャンの旧大丸店に、それぞれ入居している。

4　大型小売企業の衰退

一九九〇年代末以降に業績が悪化

一九八〇年代なかばごろから、競争の激化や家賃の高騰などで業績が悪化し、撤退する小売企業が現れる。さらに、九七年に発生したアジア通貨・経済危機後にシンガポールの経済成長が鈍化すると、地元消費者は買い控えをするようになった。二〇〇一年に入ると、初頭から米国の景気後退の影響で売上高が減少に転じ、九月一一日にニューヨークとワシントンで発生した「同時多発テロ」以降、業績の悪化に拍車がかかっていく。そして、各百貨店が一斉に割引セールを実施し、その場凌ぎに走ったため、過当競争が起こった。なお、〇二年初頭の時点で、日系百貨店と地場百貨店が経営していた店舗数は三一店、売場面積が一万㎡以上の大型店は一二店である[手塚、二〇〇二：五 - 六]。

日系百貨店の業績が悪化した背景には、在留邦人数と日本人旅行者の減少がある。シンガポールに三カ月以上滞在する日本人数は、一九九七年の二万五七九九人から、九九年の二万三三二三人、二〇〇二年の一万九六六〇人へと減少を続けている[外務省、一九九八：二〇〇〇：二〇〇三]。日本人旅行者数も、九六年の一一七万一九〇〇人をピークに減少に転じ、九八年は八四万三七〇〇人、二〇〇〇年は九二万九九〇〇人、〇二年は七二万三四〇〇人と、一〇〇万人の大台に達していない[STB,1997－2003]。

しかも、二〇〇三年三月から五月にかけてはＳＡＲＳが流行し、その影響で外国人訪問者数は激減した。日本人の訪問者数は、三月には五万四四五五人であったが、四月と五月はそれぞれ一万二四八二人と七〇四一人である。当然、日系百貨店を含む小売業を筆頭に、航空会社、クルーズ、ホテル、レストラン、旅行代理店、タクシー会社など観光・運輸関連産業は、大打撃を受ける。小売業の売上高は一〇～五〇％減少した。タカシマヤ・ショッピングセンターの四月の売上高は前年同月比で三〇％減、伊勢丹や他の大規模小売店の売上高も大幅減である「『日本経済新聞』二〇〇三年四月二八日；『エコノミスト』二〇〇三年六月一〇日号：一九」。

表6－2　1980年代なかば以降にシンガポールから撤退した外資系小売企業

小売企業名	本国	進出	撤退
デイリー・ファーム	香港	1970年代	1984年
オ・プランタン	フランス	1982年	1989年
ギャラリー・ラファイエット	フランス	1982年	1994年
名鉄百貨店	日本	1984年	1994年
メトロジャヤ	マレーシア	1990年	1995年
ハビタ	イギリス	1987年	1996年
レーン・クロフォード	香港	1993年	1997年
ケリーズ	マレーシア	1994年	1997年
Kマート	米国	1994年	1997年
八百半デパート	日本	1974年	1998年
キミサワ	日本	1983年	1998年
東急百貨店	日本	1987年	1998年
トップス	オランダ	1996年	1999年
大丸	日本	1983年	2003年

出所：『日本経済新聞』1992年4月15日；*Straits Times,* 4 Feb. 1995；シム＆ラム2001：299などをもとに作成.

一九八〇年代なかばから九〇年代なかばに、地場資本や外資系（日本を除く）の小売業大手の大半が規模の縮小や撤退をするなかで、日系企業はシンガポールの大規模小売業を支配するような勢いを見せていた。ところが、九〇年代末以降は撤退する日系企業が続出し、二〇〇四年四月現在営業しているのは伊勢丹、高島屋、西友の三社のみである（一四九ページ表6－1、表6－2）。

ドリーズマン（A.C.R Dreesmann）は一九六八年の論文で、チャールズ・ダーウィンの自然淘汰の理論をもとに小売業の変化と発展を理論的に説明しようと試みた。彼の適応行動説によれば、消費者の行動やニーズの変化、小売技術の変化、法律環境の変化、同業者の行動の変化などにもっとも効果的に対応できる小売企業がもっともよく繁栄し、生存できるという「Dreesmann,1968：74－81」。彼が主張するように、地元の環境への適応性の有無がシンガポールに進出した外資系（日系を含む）小売企業の成否を大きく左右したことは論をまたないであろう。では、日系百貨店が撤退した理由と背景を八百半デパートと大丸を事例として見てみよう。

スーパーの代名詞・八百半の撤退

八百半デパート（以下・八百半）は静岡県に本拠を置く中堅総合スーパーである。ＤＢＳ（シンガポール開発銀行）、シンガポール・ノムラ・マーチャント・バンキングなどとの合弁で、一九七四年に資本金三〇〇万ドルのヤオハン・シンガポール私人有限公司（Yaohan Singapore Pte. Ltd.）を設立した（八百半の出資比率は四五％）〔東洋経済新報社、一九七七：七八：一二三〕。そして、同年九月、オーチャード・ロードのプラザ・シンガプーラに一三〇〇万ドルを投じて日本式総合スーパーの第一号店（一万四四九二㎡）を開く。先述のように、七〇年代初頭のオーチャード・ロード周辺は商業地として開発されていなかったが、プラザ・シンガプーラの近くには大統領官邸があり、シティ・ホール（市庁舎）も遠くはなかった。

上流・中流クラスの客に照準を合わせて営業していた伊勢丹と異なり、八百半は高所得層から低所得層までのあらゆる買い物客を対象とした。そして、日曜・夜間営業、商品の陳列方法、日本式総合スーパーの形態など新商法・商習慣をシンガポールに持ち込み、流通業の近代化に大きなインパクトを与える。

プラザ・シンガプーラ店はシンガポール初の近代流通店舗で、たとえば国内初の電子計量器が導入された。この計量器は、商品の目方を正確に計るだけでなく、表示された価格を粘着性のラベルに即座に印字したため、販売員がパックにそのままラベルを添付できたのである。また、開店当初は一日五万人の買物客が訪れたが、地下一階のスーパーには一六の、地上一階と地下二階を占有していた百貨店部門には一九のレジが設置され、待ち時間を短縮する工夫がされていた（*Straits Times,* 23 Dec. 1997）。店舗内にはパン屋があり、アンパンなどを販売していた。地元のベーカリーは当時アンパンの製造・販売をしていなかったが、八百半の努力によりシンガポール人の間で広まり、今日では「Anpan」の商品名でほとんどのベーカリーが販売している。

一号店が成功すると、一九七七年に二号店（売場面積四〇〇〇㎡）をカトン地区のシービュー・ホテル別館に開店した。八三年に賃貸契約の期限が切れると、同地区のパークウェイ・パレードに移転し、ニューカトン店（七五〇〇㎡）

として再開する。さらに、七九年にはトムソン・プラザ(Thomson Plaza)店(七九九九㎡)、八一年にはブキティマ店(五三八八㎡)、八三年にはジュロン店(二四二九㎡)を相次いでオープンし、多店舗展開を行った。

第1節で述べたように、東南アジアには総合問屋がほとんどなかったので、シンガポールの日系小売企業は商品ごとに仕入先を開拓しなければならない。そこで八百半は一九九〇年、貿易開発庁の協力でジュロン・イースト地区のビジネス・パークに国際卸売センター(総床面積一七万二〇〇〇㎡の五階建てビル)を設立した[*Straits Times*,28 Feb. 1990]。資本金は約六億五〇〇〇万円で、八百半グループが七〇%、残りをイズミ(広島地区地盤のリージョナルチェーン)、レック(家庭雑貨メーカー)、貿易開発庁系の持株会社(TDB Holdings Ltd.)がそれぞれ一〇%出資した。担当は、八百半が食品、イズミが衣料品、レックが家庭雑貨である[*Business Times*,17 March 1992]。

このようにヤオハン・シンガポール社は多店舗展開を行ったが、一九九〇年代に入ると人気がかげりを見せ始める。初期投資を抑えるために、同社は自社物件を所有せず、ショッピングセンターのテナントとしての出店を原則としていたが、この戦略が裏目に出た[『週刊東洋経済』一九九〇年二月三日号:八〇]。工業化の進展に伴って商業用地が高騰し、高家賃を支払う破目になったからである。また、八〇年代に入ると、政府系スーパーマーケットのNTUCフェアプライス(NTUC FairPrice)がヤオハン・シンガポール社にならって総合スーパーを各地に出店する一方[13]、外資系の大型量販店が相次いで進出し、小売業における戦国時代の幕開けとなった。さらに、地元消費者は所得水準の上昇に伴い、ファッション衣料やトレンドなどに敏感に反応するようになる。ところが、同社は市場の変化に十分に対応できず、消費者を惹きつける魅力を失った[*Straits Times*,23 Dec. 1997]。

ヤオハン・シンガポール社は、売上高の伸び悩んでいたジュロン店を一九九五年に、ブキティマ店を翌年に閉店した。九七年には親会社の八百半が一一〇億一〇〇〇万円の債務を抱えて破綻し、シンガポールの子会社の信用は急速に低下していく[*Business Times*,10 Oct. 1997]。九七年六月末には、旗艦店であったプラザ・シンガプーラ店も閉店した。さらに、同年一一月にはニューカトン店を閉店し、西友が地上一・二階の百貨店部門を、コールド・ストーレッジ社が地下のスーパー部門をそれぞれ引き継ぐ。従業員九六人は再雇用された[*Straits Times*,19 Nov. 1997]。そして九八年一月、最後のトムソン・プラザ店が閉店する。

四半世紀にわたってシンガポールで多店舗展開をしてきた「Yaohan」は、シンガポール人にとって総合スーパーの代名詞になっていた。しかし、親会社の倒産に加えて、環境変化への対応が不十分だったため、小売事業に終止符を打たざるを得なくなったのである。

改装も効を奏さなかった大丸

大丸はアジアに進出した日本初の百貨店で、早くも一九六〇年に香港に五四〇〇㎡の、六四年にはバンコクに八〇〇〇㎡の店舗を開いた。しかし、シンガポールに一号店をオープンしたのは八三年一一月で、伊勢丹と八百半に次ぐ三番目である。

大丸は一九七〇年代末に、商業化が急速に進んでいたオーチャード・ロードのセンターポイント周辺に店舗を構えることを検討していた。ところが、地元の潮州系企業であるゴー・チェンリャン私人有限公司がリバーバレー・ロード沿いのクラーク・キー(Clarke Quay)に複合商業ビル、リャンコートの建設を計画しており、同社代表のゴー・チェンリャン(呉清亮、Goh Cheng Liang)から出店の要請を受ける。

当時のリバーバレー・ロード周辺は倉庫街があり、政府が地下鉄(MRT)の建設計画や、シンガポール川河口にあるクラーク・キーやボート・キー(Boat Quay)の再開発構想にしばしば言及していた。そこで、大丸はこの地域には将来性があると判断し、リャンコートへの出店に合意したという[吉田、インタビュー、一九九七年九月一二日]。一九七八年九月、大丸が四〇%、ゴー・チェンリャン社が六〇%出資して、資本金五〇〇万ドルのシンガポール・ダイマル私人有限公司(Singapore Daimaru Pte. Ltd.)を設立した。大丸が賃借した床面積は一万五六〇〇㎡で、そのうち売場面積は一万六〇〇〇㎡である[大丸、一九七九;『国際経済』二四巻二号、一九八七年一月:二〇三]。

こうしてリャンコートに核テナントとして入居し、一九八三年から営業を開始した。開店当初の客層は、観光客、地元客、在留邦人を含む外国人居住者が三分の一ずつを目標としていたという〔吉田、インタビュー、一九九七年九月一二日〕。しかし、同じビルにホテル・ニューオータニが入居し、しかも八五年以降、日本で高級ブランド品ブームが起こったため、売上高の半分は観光客〔とりわけ若い日本人女性〕になった。

一九八〇年代後半までは伊勢丹と八百半以外は日系小売企業があまり進出していなかったため、開店後二年間は赤字を出したものの、以後は売上高を増大させ、九〇年までは収益を上げられた。ところが、八〇年代末から九〇年代初頭にかけて大型小売企業が相次いでオーチャード・ロードに出店すると、観光客の大部分が高級ブランド品やファッション衣料をそれらの店舗で買うようになる。とりわけ、九三年からイセタン・スコッツ店とタカシマヤ・ショッピングセンターが営業を開始すると、売上高が急減する一方、人件費と家賃の高騰が経営を圧迫し、赤字を出すようになったという〔吉田、インタビュー、一九九七年九月一二日〕。

一九九二年には初めて店舗の大幅改装を行い、中間価格帯のファッション衣料品売場を拡充させ、地元客に照準を合わせた〔*Straits Times*,6 Aug. 1993〕。それでも、売上高の約六〇%は日本人客〔観光客および在留邦人〕によるものであった〔『シンガポール』二一六号、二〇〇一年九月：一七〕。九五年には都心部から離れたビシャンのジャンクション8に新店舗〔四万四〇〇〇㎡〕を開き、地域密着型の品ぞろえを行う。また、九七年にヤオハンが閉店したプラザ・シンガプーラが大幅改装されると、九八年末に入居した。

しかし、一九九八年六月二五日、親会社の奥田務社長が海外の不採算事業の整理を決断し、中国・香港、タイ、フランスの三カ国五店舗の閉鎖計画を公表する〔『経済界』三三巻一五号、一九九八年七月二一日：四二-四三〕。シンガポールではリャンコート店の売場面積を縮小したが、経営難は続く。結局、二〇〇三年三月に三店舗を閉鎖して撤退したのである。

リャンコートでは百貨店とスーパーマーケットの運営を二〇年間行ったが、九二年から九期連続赤字で、五三〇〇万ドル(約三八億円)の累損を出している[『シンガポール』二二〇号、二〇〇二年九月:二七―二八]。大丸が賃借していた四層のうちスーパーマーケットは一層(地下一階)を占有していたにすぎなかったが、多種多様な日本食品を取りそろえ、多くの買物客、とりわけ在留邦人を惹きつけ、総売上高の四二%を占めていた。もっとも、スーパー部門の収益率はブランド品部門のように高くなかったという[吉田、インタビュー、一九九七年九月一二日]。

筆者は二〇〇三年八月二四日(日曜日)午前一一時ごろ、フィールドワークのためリャンコートを訪れた。大丸が三月末まで入居していた一階と二階には家具や衣類などを低価格で販売するディスカウント・ストアが、スーパーがあった地下一階には明治屋が入居していた。三階の紀伊國屋書店、地下一階の南都ファミリーレストラン、つるつる亭などは、「大丸時代」と変わらない。しかし、大丸が入居していたころのにぎわいは見られなかった。シンガポールの消費者は、進出日系小売企業などが長年にわたって広めてきたワンストップショッピング形態に慣れ親しんでいるからであろうか。

また、自家用車、タクシー、バスなどを利用すればよいが、南洋の炎天下でMRTのクラーク・キー駅とシンガポール川の向こう側に位置するリャンコート間を徒歩で往復するには、やや距離があるように思える。リャンコートの商業施設が集客力を高めるためには、より一層の努力が必要であろう。もっとも、周辺には一九九〇年代に再開発されたボート・キーやクラーク・キーなどの観光スポットがあり、これらを訪れる観光客や地元の人たちがリャンコートに立ち寄って買物をすることは十分に考えられる。実際、明治屋は日本食品を中心とした品ぞろえを充実させており、在留邦人やシンガポール人などの買物客が数多く見受けられた。

同日の午後四時ごろ、リャンコートとの比較のためにブギス・ジャンクションを訪れた。この複合商業施設は真下にMRT駅があり、立地はきわめてよい。西友以外に、紀伊國屋書店、パルコ、インターコンチネンタルホテル、喫茶店、シネマ・コンプレックス、各国のレストラン(日系では名古屋に本拠を置くマ・メゾン)、露店、ブティックなどがあり、一回の訪問で複数のことができる。アーケードでは毎週日曜日に東南アジアの民族舞踊などの実演が行われ

表6-3　シンガポールの日系百貨店の現状

現地法人名	開業年	資本金(出資比率)	従業員数(日本人)*	売上高(本決算)
Isetan(S)Ltd.	1972	1,650万ドル(伊勢丹52.73%、現地側47.27%)	680(10)	2億6,694万ドル(2002年3月)
Seiyu(S)Pte. Ltd.**	1995	2,143万ドル(西友86%、SSF Netherlands B.V. 14%)	259(2)	1億1,700万ドル(2001年12月)
Takashimaya(S)Ltd.	1993	1億ドル(高島屋100%)	423(9)	3億3,500万ドル(2001年12月)

注：*2002年11月現在.
　**1999年1月12日，Seiyu Wing On Department Store(Singapore)Pte. Ltd. は Seiyu(Singapore)Pte. Ltd. に社名を変更した.
出所：東洋経済新報社,2003：693,723,731；Isetan, *Annual Report,* 2002：2-3より作成。

ており、集客力を高めている。大勢の人たちが集まっており、リャンコートとは対照的であった。

5　イセタン・シンガポール社の成功要因

シンガポールでは現在、イセタン・シンガポール社が六店舗、セイユー・シンガポール社が四店舗、タカシマヤ・シンガポール社が一店舗を経営しているが、シンガポール証券市場に上場しているのはイセタン・シンガポール社だけである。それゆえ、同社については年次報告書や新聞・雑誌記事などの資料が比較的豊富にあるが、他の二社に関しては十分な資料を集められなかったことを、まず断っておきたい(14)。

表6-3が示すように、二〇〇二年三月期におけるイセタン・シンガポール社の売上高は二億六六九四万ドルにのぼる。セイユー・シンガポール社とタカシマヤ・シンガポール社の〇一年一二月期売上高は、それぞれ一億一七〇〇万ドルと三億三五〇〇万ドルであった。タカシマヤの同決算期純利益は、店舗内の改装などの投資を行ったため、前年比八〇〇万ドル減の三八万ドルである[*Business Times*,6 March 2002]。セイユーは、シンガポールで小売事業を始めて六年目の二〇〇一年に中間決算で初めて純利益を計上した[*Business Time-s*,16 Aug. 2001]。

では、イセタン・シンガポール社が三〇年あまりにわたってシンガポールで小売事業を展開し、高収益を上げてきた背景を探ってみよう。小売業における三大費用は家賃、借入金に対する利子支払い、人件費である。同社は、これらをうまく処理している。

たとえば、先述のように、ウィスマ・アトリアの四層を六六〇〇万ドルで購入したが、ライバル百貨店の大半は当時、この物件を高価格で購入したのは大きなミスであると考えていた[*Singapore Business*,July 1988 : 95]。ところが、購入後にオーチャード・ロードの商業地価格が高騰し、一九九〇年代初頭には二億八九一一万ドルにまで値上がりする[*Straits Times*,13 Jan. 1990]。実際、一平方フィートあたりの平均家賃は、八三年の六八七ドルから、八〇年代末の八〇〇～八五〇〇ドルへと上昇している。その結果、オーチャード・ロードに店舗を構えていた大半の百貨店は高い家賃の支払いを余儀なくされた。これに対して同社の賃借費用は逆に大幅な減少となったのである[*Singapore Business*,July 1988 : 95]。

そして、早くも一九八一年にシンガポール証券市場に上場し、必要資金を投資家から集めている。ただし、伊勢丹グループの企業が株の過半数を保有し、他の大株主は機関投資家（民間金融機関が大半）であるため、実質的に経営権を握っているのは日本の親会社である。たとえば、九六年八月五日の時点で、伊勢丹（本店）と伊勢丹ファンデーションが総株数の約六一％（二〇一五万株）を保有していた[Stock Exchange of Singapore, 1997 : 204]。また、経営のトップは本社から派遣された日本人駐在員である。海外から商品を仕入れる際にはおもに伊勢丹本店の海外事業部や海外の駐在員事務所をとおして調達し、ウィスマ・アトリアの物件購入の際にも親会社から巨額の融資を受けている。

一九七二年にハヴロック店を開店して以降、イセタン・シンガポール社は観光客に大きく依存して売上高を伸ばしてきた。しかし、八〇年代なかば以降、オーチャード・ロードの百貨店数が急増して競争が激化する一方、店舗の家賃が高騰する傾向を見据えて、早くも八三年にカトンに、その後九五年にはタンピネスに出店し、現地客をターゲットとした戦略を採っている。両店の店長には地元の事情を熟知するシンガポール人を就任させ、日本人スタッフが背後からサポートしてきたという[石井、インタビュー、一九九五年八月三一日]。

　こうした成果で収益率はきわめて高く、シンガポール証券市場に上場されている地元の百貨店三社（メトロ、C・K・タン、ロビンソン）と比較すると、業績は群を抜いている。やや古いデータだが、一九八〇年代末から九〇年代初頭にかけて、売場面積ではメトロとロビンソンに次いで三番目であったが、一平方フィートあたり売上高と一従業員あたり売上高では第一位である。たとえば、八九年の一人あたり売上高は、イセタン・シンガポール社の二六万三〇〇〇ドルに対して、C・K・タンが一六万七〇〇〇ドル、メトロが一六万ドル、ロビンソンが一四万四〇〇〇ドルだった[*Singapore Business*,July 1988 : 94-95 ; *Business Times*,31 Oct. 1989]。また、九〇年の一平方フィートあたり利益は、イセタンが一一七・五〇ドル、C・K・タンが五五・四〇ドル、ロビンソンが三八・八〇ドル、メトロが三三・二〇ドルである[*Straits Times*,4 May 1992]。

　このように高い収益率を達成した理由の一つは、イセタン・シンガポール社が不採算の在庫を大幅に減らし、在庫自体を減少させたためである。商品の平均在庫期間を一九八三年の三カ月から八七年の二・四カ月に短縮させたお陰で、売れ筋でない商品や古い在庫品の大幅な帳簿価格切下げを行う必要がなくなった。そして、在庫品を八三年の三一四〇万ドルから八七年の二七五〇万ドルへと減らし、売上高は逆に一億一〇〇〇万ドルから一億五八〇〇万ドルへと増大させている[*Singapore Business*,July 1988 : 95]。

表6-4　イセタン・シンガポールグループの決算期の業績（1,000ドル）

	1997年	1998年	1999年	2000年	2001年	2002年
売上高	268,901	257,914	241,444	251,879	271,429	266,936
税引前利益	7,346	6,239	3,694	5,671	6,602	6,334
法人税	1,400	2,266	1,377	1,630	2,487	2,125

注：決算は3月31日.
出所：Isetan, *Annual Report,* 2001：13；同2002：20より作成.

　近年の業績はどうだろうか。イセタン・シンガポールグループの三月本決算の連結売上高は、スマトラ島からの煙霧（ヘイズ）[15]やアジア通貨・経済危機などの影響で、一九九八年の二億五七九一万四〇〇〇ドルから、九九年には二億四一四四万四〇〇〇ドルへ減少した。しかし、その後回復し、二〇〇一年には二億七一四二万九〇〇〇ドルにのぼっている。税引前利益も、同様の傾向である(表6-4)。二〇〇〇年度に売上高が回復した背景には、シンガポールの好況、スコッツ店地下のスーパーの売上増があった[16]。また、二〇〇〇年九月二九日に、ウィスマ店が最新ファッションとライフスタイル・コレクションを取りそろえて新装開店したからでもある。

その一方で、二〇〇一年には、赤字を出し続けていた卸売会社のレッキシム・シンガポール社の規模を縮小した[Isetan, *Annual Report*,2001：2-3]。しかし、シンガポールの経済成長率は同年にマイナス二・二%となる。〇二年第一四半期も経済は低迷し、日本人観光客数も大幅に減少するなど逆風が吹き、〇二年三月期の売上高は二億六六九三万六〇〇〇ドルに減少した。にもかかわらず、六三三万四〇〇〇ドルの税引前利益をあげている。また、配当率は一九九六～九八年度が一〇%、九九～二〇〇〇年度が一五%、〇一年度が二〇%(特別配当五%を含む)ときわめて高い[Isetan, *Annual Report*,2002：2-3,11；*Business Times*,28 June 1998]。

おわりに

一九七〇年代初頭以降、数多くの日本の小売企業がシンガポールへ進出した。その背景には、日本における大規模小売店舗立地法の規制、人件費の高騰、国内市場の飽和などのプッシュ要因と、シンガポールにおける一人あたり所得の拡大、在留邦人と日本人観光客の増加、政権の安定、商業自由化政策などのプル要因がある。また、海外から大量の商品を自由に輸入できるという自由貿易港のメリットを生かすこともできた。

しかし、一九八〇年代後半以降、都心部に百貨店が乱立し、過当競争が展開される一方、家賃や人件費が高騰し、収益率が低下すると、撤退する企業が続出する。さらに、在留邦人数と日本人観光客数の減少が、これに追い討ちをかけた。結局、現在も営業を続けている日系小売大手企業は、オーチャード・ロードの一等地に巨大な店舗を構える高島屋、副都心だが立地のきわめてよいブギス・ジャンクションと郊外のビシャンやチョア・チュー・カンなどに出店した西友、多店舗展開と現地化を行った伊勢丹の三社のみである。

日系小売企業は、日本式総合スーパー形態、正札販売、小売技術、高級ブランド品の販売など、シンガポールにさまざまな流通革新をもたらした。また、小売業においてはとりわけ転職率が高いが、日系企業で小売技術や百貨店経営のノウハウを修得した数多くのシンガポール人が地場資本の百貨店などに転職し、技術移転に大きな役割を果たしている。今後も、三社がどのような経営戦略を採り、地元経済へ貢献するのか、目が離せないであろう。

(1) ただし、一九三〇年代に、岡野繁蔵が現地法人の(株)千代田百貨店をスラバヤに開設し、バンドン、バタビア(現ジャカルタ)、ジョクジャカルタなどにも出店した[奥山、一九七八：二四四-四九]。

(2) 一九七〇年における一人あたりGNPは、日本が一九二〇米ドル、シンガポールが九二〇米ドル、台湾が三八六米ドル、マレーシアが三八〇米ドル、韓国が二五〇米ドル、タイが二〇〇米ドル、インドネシアが八〇米ドルであった[矢野恒太記念会、一九九一：一四八]。

(3) インドネシアでは長年にわたって外資の流通分野への参入が規制されてきたが、一九九八年五月のスハルト政権崩壊後に緩和された[『日本経済新聞』一九九八年一〇月五日]。

(4) 伊勢丹研究所は、ファッションの情報と分析を目的として、一九六七年に設立された。

(5) SDF (Skills Developmeut Fund) は月収七五〇ドル以下の労働者を対象とし、雇い主が従業員一人あたり月収の四%を掛け金として負担する必要があった。

(6) 一九八四年九月七日付けの『ビジネス・タイムズ』(*Business Times*) 紙は、インドネシアの出国税は六倍になったと報じている。

(7) MRT (Mass Rapid Transit：大量高速移送) は、都心では地下鉄だが、郊外に出ると高架電車になる。

(8) 日本では、三越がハロッズの営業権を獲得している。

(9) コールド・ストーレッジ社は、ジャーディン・マティーソン・ホールディングスグループ (Jardine Matheson Holdings

Group)の一社であるデアリー・ファーム・インターナショナル・ホールディングス社(Dairy Farm International Holdings Ltd., バーミューダに法人企業登録され、香港に本拠を置く)によって運営されている。

(10) 紀伊國屋書店は、一九八三年にリャンコートの大丸に進出したのを皮切りに、イセタン・ウィスマ店、イセタン・スコッツ店、ラッフルズ・シティなどに多店舗展開を行っていた。現在では、タカシマヤ・ショッピングセンター、リャンコート三階、ブギス・ジャンクションの西友で営業している。

(11) 戦前期シンガポールにおける日本人社会の形成と発展については、「南洋及日本人社、一九三八」「清水・平川、一九九八：二〇一-二一四」を参照。

(12) セゾングループはバブル崩壊後に経営難に陥り、一九九八年にインターコンチネンタルホテルズ・アンド・リゾーツ社をイギリスのバス社に約三七〇〇億円で売却した「『日本経済新聞』一九九九年三月二〇日」。また、西友は二〇〇二年一二月に米国のウォルマート・ストアーズの傘下に入った。

(13) NTUCフェアプライス社はNTUC(全国労働組合会議)傘下の大規模小売企業で、公共住宅団地を中心に数多くの店舗を設け、労働組合組織網の利用や協同組合法に基づく法人税免除の特典などにより急成長している「岩崎、一九九〇：一二〇-一三三」。

(14) イセタン・シンガポール社は一九九九年三月、スコッツ店の隣りにマンゴー店(Mango Shop)を、二〇〇二年三月にはリンテック・シティ・モール一階にモーガン・スプリングフィールド店(Morgan/Springfield Shop)を、それぞれ開いた。

(15) 一九九七年にインドネシアのスマトラ島で大規模森林火災が発生し、シンガポールの空が煙霧で覆われた。

(16) イセタン・スコッツ店の地下には一九八三年以降キミサワが入居していたが、九九年に撤退したため、同年からイセタン・シンガポール社が自前のスーパーを経営している。

第7章　観光産業の発展と日本

シンガポール川とクラーク・キー．後方のツインタワーはリャンコート
(2003年 8 月撮影)

はじめに

シンガポールは人口四一六万三七〇〇人（外国人居住者を含む）の小国だが、世界有数の観光立国である。二〇〇二年に訪れた外国人数は七五六万六二〇〇人にのぼり、日本（人口一億二七二九万一〇〇〇人）を訪れた外国人数五二三万八九六三人よりもはるかに多い［DSS,2003：167；国際観光振興会、二〇〇三：三五］。また、二〇〇〇年度のGDPに占める観光収入は、二位の香港（四・九％）や三位のイギリス（三・一％）を大きく引き離し、六・九％と世界でもっとも高い［経済産業省、二〇〇三：一六三］。

さらに、観光収入の六〇億一八〇〇万米ドルに対して、観光支出は四九億七〇〇〇万米ドルで、大きな黒字を出している［国土交通省、二〇〇三：三九］。対照的に、日本は観光資源に恵まれているにもかかわらず、観光収支は支出三一八億八六〇〇万米ドルに対して、収入はわずか三三億七三〇〇米ドルで、巨額の赤字を出している。観光収入はGDPのわずか〇・一％を占めるにすぎない［国土交通省、二〇〇三：三九；経済産業省、二〇〇三：一六三］。

シンガポールの外国人訪問者のなかで、日本人は過去二十数年間、最多あるいは二番目に多い。日本人や日系企業は、観光産業の発展に間接的・直接的にかかわってきた。そこで本章では、観光資源に乏しく、人口が少ないシンガポールが、過去三〇年間に世界有数の観光立国となった背景を明らかにするとともに、日本人観光客や進出日系企業が観光産業の発展において果たした役割を分析する。また、アジア通貨・経済危機まで増加を続けた日本人訪問者数がその後減少に転じた経緯を考察する。

1　国際観光産業の起源と発展

観光産業発展の初期段階

シンガポールは、一九六三年九月に人口約一〇〇〇万人を有するマレーシア連邦の一州となり、六五年八月に分離独立する。しかし、人口二〇〇万人足らずの小国であるうえに、他の東南アジア諸国とは異なり、木材や鉱物資源など輸出向けの一次産品を産出しなかった。そこで、人民行動党政権は海外から多国籍企業を呼び込んで輸出志向型工業化を推進するとともに、多くの外貨を稼ぎ出す観光産業を重要視していく。

一九六四年、観光産業の発展を目的にシンガポール観光振興局(STPB：Singapore Tourist Promotion Board)が創設された。同局は、シンガポールへ観光客を誘致するために主要先進国の首都に事務所を開設する。日本では東京に事務所を設け、当初はパン・ニュース・インターナショナル社に運営を任せていたが、七〇年に支社を設置し、ＰＲに直接乗り出す。これに先立つ六八年三月、英語・フランス語・ドイツ語・イタリア語・日本語の五カ国語で「インスタント・アジア」(Instant Asia)という表題のカラーパンフレットを作成し、先進工業国に設置されていた支社を通じて配布した[*Singapore Yearbook*,1968：395]。

さらに、観光振興局は日本人観光客を増やすために、日本語に堪能で高卒程度の学力をもつシンガポール人を対象として、一九六八年一一月五日から二カ月に及ぶ日本人観光ガイド養成コースを開く。受講料は一人あたり三五ドルであったが、受講希望者は多く、二九人を選抜した。研修生は、シンガポールの地理、政治、経済、社会、文化に関する一一回の講義を受けたうえで、九回の研修旅行に参加し、最後に日本語の試験を受けている[*Straits Times*,23 Oct. 1963；*Singapore Yearbook* 1968：396]。

表7-1　シンガポールを訪れた国籍別外国人数(1964〜85年)　(単位：1000人)

国・地域	1964年	1967年	1970年	1975年	1980年	1983年	1985年
インドネシア	0.1	17.3	72.4	175.5	342.5	ASEAN*	ASEAN*
マレーシア**	—	—	51.6	91.0	384.1	928.3	890.4
日本	7.1	12.3	32.7	119.9	298.6	381.4	390.2
イギリス	17.5	29.8	63.2	63.2	197.6	284.5	291.9
オーストラリア	12.5	26.8	61.5	166.2	216.9	227.1	261.9
米国	21.6	53.6	89.1	89.1	163.5	196.2	197.8
その他	32.1	65.1	151.2	464.4	958.9	936.1	998.8
合計	90.9	204.9	521.7	1,169.3	2,562.1	2,953.6	3,031.0

注：*ASEANはマレーシア，インドネシア，フィリピン，タイ，ブルネイ.
　**陸路で入国したマレーシア人を除く.
出所：DSS, 1983：154-55；同1991：206より作成.

表7-1からわかるように、シンガポールを訪れた外国人総数は一九六四年の九万九〇〇人から、六七年の二〇万四九〇〇人、七〇年の五二万一七〇〇人へと急増した。同期間に日本人総数も、七一〇〇人から、一万二三〇〇人、三万二七〇〇人へと増大している。さらに七二年四月、日本・シンガポール両国政府が相互ビザなし渡航(三カ月以内の滞在)に合意した結果、日本人のシンガポール訪問が容易になった[*Straits Times*,23 April 1972]。

しかし、海外からの訪問者が急増したため、一九六〇年代末にはホテル客室数が不足する。たとえば、四〇万八七〇〇人の外国人が訪問した六九年には、客室数五〇以上のホテルは六一あり、客室総数は三七二五室で、平均客室稼働率は七三・五%であった。その後数年間にホテル建設が相次ぎ、大規模なホテルがオープンする。七二年には、外国人訪問者数は七八万三〇〇〇人に増えたが、客室数五〇以上のホテル数も七〇、総客室数は八三五八室に増えた[DSS,1983：154,159]。その結果、年間平均客室稼働率は六〇・六%に低下し、今度はホテル間で熾烈な競争が展開される[佐藤、一九七一：四五-四八]。その後、客室数は七三年の九四一三室、七八年の一万一五〇五人に増加したが、外国人訪問者数も一五〇万人に達したため、稼働率は八六・五%にまで上昇した[DSS,1983：154,159]。

観光振興局は一九七〇年代初めも、宣伝、パンフレットの配布、その他の方法で欧米・日本の観光客を積極的に誘致した。七二年にはコンベンション課を設置し、国際会議、展覧会、社員慰安旅行を誘致し始める。同課は二年後にシンガポール・コンベンション局に格上げされた。そのころ訪問者数全体の男女比は二対一であったが、日本人の場合は八対一と男性が圧倒的に多かった。また、日本人男性の約四割は商用兼観光が目的で、配偶者を帯同しなかった[*Straits Times*,3 March 1971]。

そこで、一九七〇年代初頭に財務省、ジュロン都市公団、観光振興局は、女性訪問者数を増やし、滞在期間を延ばすための複数のプロジェクトを企画し、予算を付けた。その結果、さまざまな観光スポットが相次いで整備されていく。たとえば、七一年に海外の野鳥園をモデルとしたジュロン・バードパークがジュロン地区に開園し、翌年にはシンガポール川河口のラッフルズ像とマーライオン公園が完成した。さらに、七三年には北部のマンダイ地区にシンガポール自然動物園が開園する。この動物園では檻を使わず、水路や植物などで境界線をつくったお陰で、檻の中の動物を見慣れた日本人観光客を数多く惹きつけている。そのほか、シオン・リム寺院(Siong Lim Temple)前のスー・チョー庭園(Soo Chow Gardens)、ジュロンの日本庭園、セントーサ島の各施設なども整備されていく[*Singapore Yearbook* 1973 144]。七六年九月には、タンリン・ロードとグランジ・ロードの交差点の一角にシンガポール民芸センターがオープンした[*Singapore Yearbook* 1978 : 163]。このセンターは、東南アジア地域を中心とした伝統的な民芸技術の保存と発展を目的とし、現在も民芸品の展示と即売を行っている。

日本庭園の整備

ここで、シンガポールに日本庭園がつくられた経緯を見てみよう。シンガポール政府は一九六八年、ジュロンに日本庭園をつくることを決め、ゴー・ケンスィー財務大臣がジュロン都市公団総裁を通じて、日本人会の名越吉備雄会長に技術的・資金的協力を依頼した。名越は日本の外務省に日本庭園の専門家の派遣を要請し、大阪芸術大学の中根金作教授が設計をするためにシンガポールへ派遣される。中根は九月一九日から一カ月間滞在し、室町・桃山時代の様式を用いた三〇エーカー(約一二万㎡)の日本庭園の基本設計と概略見積りを完成させた。中根の基本設計に基づいてジュロン都市公団が土地を造成し、ジュロン川の中に島をつくったのは、六九年なかばである[桜井、一九七一：二八－二九]。

庭園・橋・建築物の設計は日本で行われ、その費用六〇〇〇万円は外務省の技術協力基金から拠出された。造園の指導・監督をするために、シンガポールに一九七一年一月七日から半年間あまり派遣された中根とその助手三名の旅費と滞在費の支払いにも、同基金が使われている[桜井、一九七一：二九]。中根が愛媛・鳥取両県で自ら厳選した庭石五〇〇トン、愛知県・京都府・高知県で業者から購入した石燈篭一〇基は、同年一月一二日にジュロン港に到着した[中根、一九七八：四八五]。これらの費用は全部で二〇〇〇万円にのぼり、シンガポールの進出日系企業だけでなく、日本商工会議所、経済同友会、経団連(経済団体連合会)なども負担した。

ジュロン都市公団は二戸の日本建築、四戸のあずまや、四基の橋の建設工事の競争入札を行ったが、専門知識と技術を要するため大林組が受注し、鹿島建設(現・鹿島)と五洋建設が協力することになる。植樹、庭石の配置、築山は、入札で地元の造園業者が受注した。なお、コスト面と耐用性を考慮に入れて、すべての建築物は木材ではなく、コンクリートと鉄鋼材を用いて建築されている[桜井、一九七一：三二]。

庭園名は、ジュロン都市公団の要望によって日本人が付けることになった。日本人会がシンガポールと日本で新聞広告を出して募集したところ、一三四件のエントリーがあったという。そのなかから三案を選び、最終的にはジュロン都市公団が「星和園」を選択。一九七一年八月二六日に仮の開園式が行われ、翌年、正式にオープンした[桜井、一九七一：三二]。星和園は日本以外では世界最大の日本庭園で、中国庭園に隣接しており、シンガポールの観光スポットの一つになることが期待されていた。しかし、商業中心地であるオーチャード・ロードなどからやや離れており、しかも灼熱の太陽の下で散策するには広すぎ、多くの観光客を惹きつけるに至らなかったようである。現在は休園となっているが、ジュロン都市公団が規模を縮小して再開発する計画を立てており、すでにシンガポール日本商工会議所に協力の要請をした『月報』二〇〇三年七月号：一五八]。

セントーサ島の開発

セントーサ島(Pulau Sentosa)はシンガポール人・外国人観光客問わず、もっとも人気のある観光スポットの一つである。訪問者数は、一九七二年の七〇万人から、八四年の一七〇万人、九三年の三九八万人、二〇〇二年には四一〇万人へと、飛躍的に増加している[*Singapore Yearbook* 1985：116；同1992：86；同1994：264；*Straits Times*,5 June 2003]。

しかし、一九六九年まではマレー語で死後の島を意味する「ブラカン・マティ島」(Pulau Blakang Mati)と呼ばれ、一般人は容易にアクセスできなかった。四二年二月から四五年八月までの日本占領期には従軍慰安所が設けられ、朝鮮半島などから強制連行された女性たちが日本軍将兵の相手をさせられている[清水・平川、一九九八：一八四]。また、四二年二月二一日から数日間にわたって、シンガポール(当時は昭南島)本島で「検証」が行われ、「抗日行動の容疑者」として逮捕された数多くの無辜の華僑が、事前に爆弾を仕掛けた艀でこの島へ輸送される途中、海上で爆死するか、陸で待ち構えていた日本兵によって銃撃された[島崎、一九九一：二五]。いまでは多くの日本人観光客が訪れるが、残念なことにこれらの史実を知っている人はほとんどいない。

戦後はイギリスが軍事基地などとして使っていたが、一九六七年にシンガポールに返還した。その二年後に政府は観光開発計画を決定し、マレー語で「平和と静寂」を意味する「セントーサ」に名前を変更する。七二年九月一日にはセントーサ開発公社が設立され、セントーサはじめ一二島(St. John's, Kusu など)の開発と運営を担うことになった。そして、七〇年代末までに、シロス要塞、蝋人形館、珊瑚館、世界昆虫館、リゾートホテルのアポロ・セントーサ(客室一八四室)がオープンする(1)[*Singapore Yearbook* 1983：86-87]。

一九八二年には三つの観光スポットが追加された。まず、さまざまなエスニック料理を出すラサ・セントーサ・

フード・センターが、四月に完成する。続いて、七九年にクチン入江(Kuching Creek)、イムビア湾(Imbiah Bay)、セレグ島(Pulau Selegu)のビーチを埋め立ててつくった一七ヘクタールの公園に、三二〇万ドルの費用で建設されたミュージカル・ファウンテン(音楽噴水)が、五月にオープンした。そして、島内の景色のよい場所を通って六キロの距離を走るモノレールが総工費一六〇〇万ドルで建設され、一二月一日から運行を開始する。これに伴い、それまで主要な島内交通機関であった一三台の二階建てバスは主役の座を降りた[*Singapore Yearbook* 1980：30；同1983：86-87]。

ところで、蝋人形館には二種類の降伏シーンが蝋人形によって再現されている。一つは、一九四五年九月一二日にシティ・ホールで行われた降伏文書署名の際に、板垣征四郎などの日本人軍人がマウントバッテンの前でうな垂れているシーンである。二七体の蝋人形はイギリスのマダム・タッソー社によってつくられ、当初はシティ・ホールに展示されていたが、七〇年代末にセントーサ島に移された[斎藤、一九八七：三九六-九七]。もう一つは、四二年二月一五日にアッパー・ブキティマ・ロードのフォード自動車工場で、山下奉行将軍がイギリスのマレー軍総司令官アーサー・パーシヴァルに無条件降伏を要求されているシーン(一五の蝋人形から構成)である。

一九七〇年代末になると、シンガポール人の反日感情も薄れたため、セントーサ開発公社は降伏シーンを蝋人形館に展示することを決め、蝋人形会社を探していた[『日本経済新聞』一九九四年九月二〇日]。七九年三月にシンガポールに赴任した日本経済新聞社の記者・斎藤史郎によれば、彼はパーシヴァルへの降伏シーンを七五年に試作した蝋人形会社、C・P・A社を知っており、同社をセントーサ開発公社に紹介したという(2)[斎藤、一九八七：三九六-九七]。当時の日本では、七〇年に蝋人形の製作を始めたC・P・A社が唯一の蝋人形会社であった。C・P・A社がつくった降伏シーンは、八二年六月から蝋人形館に展示されるようになる[斎藤、一九八七：三九六-九七]。なお、八四年一二月、蝋人形館にシンガポールの先駆者たちを展示する部屋が追加され、シンガポール・パイオニア博物館として再開された[*Singapore Yearbook* 1985：116]。

日本人観光客の増加

こうした観光スポットの整備や交通機関の発達などで、一九八〇年代にはシンガポールは魅力的な観光国となり、外国人訪問者数が増大していく。日本人はインドネシア人に次いで多く、シンガポールにとっては「上客」であった。なぜなら、大半がホテルに宿泊し、買物をし、多くの金を落としたからである。八三年には三七万六三九人の日本人がシンガポールを訪れ、その九割前後がホテルに泊まっている。また、日本人観光客のうち二五・三%が若い女性で、彼女たちは日本より二割程度安い高級ブランド品(衣類、化粧品、ハンドバッグ、財布など)を買い求めた[*Business Times*,23 May 1984]。表7-2からわかるように、平均的な日本人観光客の滞在費は、八〇年の一〇九八ドルから八三年の一四八七ドルに増加している。買物が最大費目であり、八三年には六一七ドル(全体の四一・五%)にのぼった。大半の日本人は団体旅行で訪れ、マウント・フェーバー(Mount Faber)、セントーサ島、ホーパー・ヴィラ[3](Haw Par Villa)などの有名な場所を見物し、宿泊先のホテル周辺のギフトショップや百貨店などで買物をした。言語の問題があったため、遠くまで買物に出かけることは稀であった。その結果、ホテル・ニューオータニが入居しているリャンコートにあった大丸、アポロ・ホテルの隣接地に店舗を構えていた伊勢丹などは、日本人観光客や在留日本人に大きく依存するようになる。

しかし、日本人観光客の大半が観光地としてのシンガポールに満足していたわけではない。彼らは買物や見物以外にリゾート地にも関心を示したが、シンガポールには広大で美しいビーチがほとんど存在しなかった[*Business Times*,16 May 1984]。また、日本人観光客の多くは、シンガポール人はドライで人間味がないと考えており、そのサービスに不満を抱いていた。とりわけ、シンガポール人の荒々しさには閉口しており、歓待と礼

表7-2　日本人の滞在費の内訳(単位：ドル)

費　　目	1980年	1983年
買　物　代	459	617
宿　泊　費	281	413
飲　食　代	143	193
娯楽・レクリエーション	121	158
見　物　代	28	43
現地での交通費	31	40
そ　の　他	35	23
合　　計	1,098	1,487

出所：*Business Times*, 25 Oct. 1984より作成.

儀正しさを期待したのである。

このような批判に対して、地元ホテルは従業員の日本語水準を引き上げる努力をする一方、日本レストランをホテル内に開いた[*Business Times*,16 May 1984；22 May 1984]。日本人客へのサービス向上をめざすために、セミナーもときおり開催する。たとえば、日本人観光客に関するセミナーが、一九八四年四月一七日から三日間にわたってセンチュリーパーク・シェラトン・ホテルで開かれた。このセミナーは、観光振興局が東京に事務局を置くアセアン貿易・投資・観光促進センター(4)と共催で行い、地元の旅行ガイドやホテル従業員に日本人観光客の応対の仕方を指導している[*Business Times*,18 April 1984]。

2 観光戦略の転換

歴史的建築物の保存

一九六五年の独立以降、経済発展に重点を置いてきたシンガポールでは、近代都市国家の建設が優先され、ショップハウスなど歴史的価値のある建築物の多くが取り壊された。しかし、八〇年代初頭までには高度成長を達成し、国民の生活水準が大幅に上昇していく。このころから、都心の空家がおもに次の二つの理由で急増した。ひとつは、八三年にＭＲＴ(地下鉄)工事が本格化し、人口が密集した都心へ容易に通勤できることを見込んで郊外へ移転する人が増加したからである(5)。もうひとつは、都心の埋立地に高層ビルが相次いで建設され、古い建物に対する需要が激減したからである[丸谷、一九九五：一五〇-五一]。

そこで、国家開発庁の傘下にあった都市再開発局は、古い建物の保存と再利用の重要性を強調するようになり、長期都市計画にこれらを反映させていく。また、シンガポール観光振興局や観光関連産業は、古い街並みが観光客を惹きつけるのに役立つと認識するようになった〔『日本経済新聞』一九九五年八月五日〕。

観光振興局は一九八五年、将来の国際観光の発展について検討するため、観光客特別委員会を発足させる。この委員会は、上級官僚に加えて、観光振興局と観光の関連産業の代表で構成されていた〔*Singapore Yearbook*,1985：115〕。リム・チンベン(Lim Chin Beng)観光振興局長は八六年一二月九日、同委員会の提言に基づいて作成した観光商品開発計画(Tourism Product Development Plan)(八六〜九〇年)を公表した。その主眼は、以下の三点である。第一に、訪問する外国人数を増やす。第二に、観光客の滞在期間を延長させる。第三に、観光客の出費を増やす工夫をする〔『月報』一九八七年五月号：一一二〕。

そのための予算として一〇億ドルが必要となり、政府と民間企業が一対二の割合で拠出することが決められた。また、ディベロッパーがこの計画に基づいて二〇〇〇万ドル以上の資本を投下した場合、税控除を受けることが可能となる。この計画には、チャイナタウン、インド人街、アラブ人街、カンポン・グラム(Kampong Glam：サルタン・モスクとサルタン宮殿)、シンガポール川の保存と復旧、ホーパー・ヴィラとブギス街の再建、ラッフルズ・ホテルなどの修復、セントーサ島とシンガポール本島を結ぶ自動車道の建設などが含まれていた〔『月報』一九八七年五月号：一一一〇〕。

こうしてエンプレス・プレイス一帯の古い建築物が最初の重要な保存対象となり、一九八八年に修復工事が完了する。また、観光振興局は刑務所当局の協力を得て、日本占領期にオーストラリア人などの連合軍捕虜が使用していたチャンギ刑務所チャペルのレプリカを建設した。隣接する建物は、戦争の写真、捕虜が描いたスケッチ、壁画、記録などが展示されている博物館になった。チャンギ刑務所チャペルと博物館は八八年二月のオープン以来、日本人観光客を含め数多くの人びとが訪れている。

また、ラッフルズ・ホテルが政府系のＤＢＳランド社の手で二年間にわたって修復され、一九九一年九月に営業を再開した。イスラム教徒の豪商によって建てられたアルカッフ・マンション(Alkaff Mansion)も、五〇〇万ドルの総

人気スポットになったボート・キー(2003年8月撮影)

工費で修復され、レストランとして再利用されている[*Singapore* 1993：104；同1994：263]。さらに、中国の西安をモデルとした唐王朝村が九三年に完成した。このテーマパークは、王宮、七重の塔、地下宮殿などの施設から構成されている[Hall,1994：111]。

ボート・キーとクラーク・キーの再開発

一九九〇年代前半には、シンガポールの中継貿易を長年にわたって支えてきたボート・キーやクラーク・キーなど寂れた地域の再開発も行われた。ともにシンガポール川の河口周辺地域である。

ボート・キーは貿易と港湾活動の中心として栄え、周辺には倉庫と荷役会社の事務所が軒を並べていた。しかし、一九七〇年代に近代的なコンテナ港が本島南部に建設されると、急速に衰退していく。その後、八九年に都市再開発庁がボート・キー一帯を歴史的街並み保存地域に指定し、荒廃した建物の修復が始まり、九三年ごろには数軒の商店が開業する。九〇年代なかばまでには、各国の料理を出すレストラン、パブ、喫茶店、工芸品店など一〇〇軒近くの店がオープンした[『日本経済新聞』一九九五年八月五日]。そして、オーナーもテナント入居者も店舗を魅力的にする努力を重ねた成果で、現在では、シンガポール人、外国人居住者、観光客にとってもっとも人気あるスポットの一つになっている。

一方、クラーク・キーも荒廃した倉庫街であったが、DBSランド社が二億ドルを投じて六〇棟の倉庫とショップハウスを修復後に、合計一七〇軒の小売店、パブ、レストランなどが入居した。集客力を高めるために、露天商や屋台も誘致した。その結果、シンガポール人家族や外国人観光客で賑わうスポットに変貌をとげたのである[*Singapore Yearbook*,1994：263；『日本経済新聞』一九九五年八月五日]。

なお、第6章で述べたように、ボート・キーとクラーク・キーの近くには、かつて大丸が出店し、いまもホテル・ニューオータニが入る巨大複合施設のリャンコートがある。その相乗効果もあって、数多くの観光客や地元の住民がこの地域を訪れていた。ただし、二〇〇三年三月の大丸撤退後はその効果がやや薄れたように思われる。

日系旅行代理店の役割と観光客の変化

一九八五年の時点で、シンガポールはアジア諸国で香港に次いで二番目に日本人観光客に人気のある訪問国であった。当時、日本人観光客の六五〜七〇%が団体旅行で訪れていたため、旅行代理店の役割がきわめて重要となる。シンガポール観光振興局は、ＪＴＢと日本通運の協力を得て、日本国内で「宝島シンガポールを見よう!」（「Look Singapore－Treasure Island」）というテーマで、八六年四月から一年間にわたってツアー促進キャンペーンを実施した[*Business Times*,7 Aug. 1986]。また、シンガポール航空とともに、九月に行われる大阪の御堂筋パレードに三年連続参加し、蘭の花で覆われたシンガポール島の山車を出している[*Straits Times*,30 Jan. 1985]。

ＪＴＢは一九八七年五月、シンガポールに事務所を開設し、その二カ月後に支店に格上げした。アジアでは香港に次いで二つ目の支店である。同社は一〇年あまりにわたって八社前後の地元のツアー会社を下請けとして使ってきたが、支店の開設に伴い、その数を減らした。八六年には訪問外国人の一三%を占める約四〇万人の日本人がシンガポールを訪れたが、そのうち六万人（一五%）は同社が手配したものである[*Straits Times*,17 July 1987]。

さらに、一九九二年一二月にはＪＴＢアジア社をシンガポールに設立し、アジア地域の統括会社とした。ＪＴＢは同社を香港とシンガポールのどちらに設立するか検討した結果、政情が安定し、好立地で、インフラが充実したシンガポールを選択したのである。同社は、アジア地域の経理と財務を集中して行い、ホテルや観光スポットに関する情報を収集のうえ、日本へ送ることを主要な業務としている[*Straits Times*,11 Jan. 1993]。

旅行者数はその後も増加を続け、一九八七年には五五万六六〇〇人、九〇年には九九万五〇〇〇人に達した[DSS, 1992 : 201]。その背景には、シンガポール観光振興局の積極的な誘致と観光政策の効果に加え、八七年七月一日から日本政府が日本人旅行者の帰国時免税品額の上限を一〇万円から二〇万円に引き上げたことや、円高の影響で国内旅行よりも近隣アジア諸国へ旅行するほうが割安になったことなどの要因がある[*Straits Times*,17 July 1987]。

実際、八五年九月のプラザ合意以降、とりわけ若い独身女性が海外旅行に出かけるようになった。彼女たちの多くは両親と同居しているため、金銭的に余裕があり、年二回程度、海外旅行をしている。八七年に訪れた日本人五五万六六〇〇人のうち、一一万三〇〇〇人(約二割)が一九～二九歳の独身女性である。彼女たちは一般的に二～三人のグループで訪れ、高級ブランド品を(友人の分も含めて)買い求め、海鮮料理を食し、市内見物を楽しんだ[*Straits Times*,22 Feb. 1989]。第6章で述べてきたように、伊勢丹や大丸などの日系百貨店はこれらの観光客に大きく依存していた。

一九九〇年の日本人訪問者数は訪問外国人の一八%を占め、国籍別ではもっとも多い。ところが、翌年には八七万一三〇〇人へ減った。その理由は三点あげられる。

第一に、この年に湾岸戦争が起こり、終了後も、日本人旅行者、とりわけ若い女性がテロやハイジャックを恐れて海外旅行を中止した。第二に、バブル崩壊で日本経済が不振となる一方、他のアジア太平洋諸国が低価格やさまざまな観光スポットをウリとして日本人を積極的に誘致し出した。第三に、日本人旅行者は従来、海外でブランド品などのショッピングを楽しんだが、九〇年代初頭までに買物はそれほど重要ではなくなった[*Business Times*,19 June 1991]。ある調査によれば、「ショッピングは海外旅行の主目的である」と答えた日本人は、八七年の七一・七%から、九〇年には三八・六%に減少している(代わって、四一・七%が「レジャー」と回答している)。ショッピングに対する関心が薄れた背景には、円為替の下落と内外価格差の縮小がある。八七年以降ドルの対円為替は三割程度上昇したうえ、八九年に日本政府が物品税を廃止した結果、輸入品価格が大幅に下落した[*Straits Times*,20 June 1991]。

ところで、シンガポールでは一九八七年から九一年の期間にホテル宿泊料が二倍になった。たとえば、東京急行電鉄系の高級ホテル、パンパシフィック・シンガポールは、八九年初頭に一泊八〇ドル（約六八〇〇円）に設定していたが、同年に三回、翌年に二回も値上げした結果、一泊一八〇ドル（約一万五三〇〇円）にまで跳ね上がる［『日本経済新聞』一九九一年八月九日］。宿泊料金の高騰によって訪問者数が減少することを危惧したシンガポール政府は、四カ所の公有地をホテル建設用地として売却した［『日本経済新聞』一九九〇年八月一日］。

日本人観光客の誘致策

シンガポールではその後も、日本人観光客を誘致するために政府と民間企業によってさまざまの方策がとられた。観光振興局は一九九一年、七〇万ドルの予算でPRとマーケティング・キャンペーンを日本で展開する。また、地域言語センターにおいて、観光関連企業に勤める従業員を対象とした日本語セミナーが九月一六日から六週間にわたって開かれた。さらに、同局はアセアン貿易・投資・観光促進センターとともに九月一六・一七の二日間、日本人観光客に関するセミナーを開く[*Straits Times*,31 Aug. 1991]。民間企業も日本人客の獲得に積極的に乗り出した。たとえば、ヒルトン・ホテルは一〇月、三フロア、八四部屋を日本人客専用とし、「日本式快適さとサービス」キャンペーンを展開する。各部屋に日本語新聞・パンフレット・メニューを置き、各フロアに日本語に堪能な従業員を配置した。同ホテルは日本人客が全体の二一％を占め、ヨーロッパ人に次いで二番目に多かったが、この比率を二五％に高める目標を設定したという[*Business Times*,29 Oct. 1991]。

ホテルや観光スポットの整備も続けられていく。セントーサ島では、シンガポール初の本格的なリゾートホテルであるビューノォート・シンガポールが、一九九一年一二月にオープンした。総工費は一億八五〇万ドルで、四棟のヴ

表7-3　シンガポールを訪れた国籍別外国人数(1990～95年)　(単位:1000人)

国・地域	1990	1991	1992	1993	1994	1995
ASEAN*	1,321.1	1,680.3	1,810.0	1,940.5	2,141.1	2,189.9
日本	990.5	871.3	1,000.8	1,001.0	1,109.4	1,179.0
オーストラリア	395.0	368.0	385.1	365.1	347.4	346.8
米国	283.3	253.8	287.6	307.4	343.7	345.6
イギリス	296.6	274.4	303.3	310.7	302.0	288.7
インド	216.5	209.7	195.5	179.7	173.8	188.5
その他	1,819.9	1,757.2	2,007.6	2,321.4	2,481.6	2,598.8
合計	5,322.9	5,414.7	5,989.9	6,425.8	6,899.0	7,137.3

注:*陸路で到着したマレーシア人を除く.
出所:DSS, 1996:168.

ィラ(それぞれプール付き)と一七五室の客室が設けられたホテルである[*Singapore*,1992:86]。また、セントーサ島とブラン・ダラット島(Pulau Buran Darat)の間にある海峡の埋め立て工事が九三年末に竣工した。一億一七〇〇万ドルでこれを受注したのは、五洋建設と、地元コントラクターのクーン建設(Koon Construction)である[*Business Times*,19 Sep. 1991]。この埋め立てによってセントーサ島の面積は二五%拡大し、埋立地にはコンドミニアム、バンガロー、五〇〇隻のヨットを収容できるマリーナが建設された。高さ三七メートルのマーライオン・タワーも九五年に完成し、島のシンボルとなった。

一九九四年五月には、政府が六〇〇〇万ドルを投じてつくった世界初のナイトサファリ(敷地面積四〇ヘクタール)が、シンガポール自然動物園の近くにオープンした。この動物園はすぐに観光の目玉の一つとなる。入場者数は九五年に八二万五〇〇〇人、二〇〇〇年には九〇万人を数えた[*Singapore*,2001:334]。五キロのコースにはトラムが定期的に運行し、日本人観光客向けに、日本人ガイドが付いた専用トラムも定期運行されている。

こうして、観光地としてのシンガポールの魅力はより一層増した。その結果、訪問者数は、九〇年の五三二万二九〇〇人から、九二年の五九八万九九〇〇人、九五年の七一三万七三〇〇人へと増大を続けていく。日本人は、九二年から九五年までの四年間連続で一〇〇万人の大台を超えた（表7-3）。

ツーリズム・アンリミテッドとツーリズム21

シンガポール観光振興局は一九九四年、「世界をシンガポールへ」と「シンガポールを世界へ」という二つのスローガンを掲げた新政策「ツーリズム・アンリミテッド」を打ち出した。天然資源に乏しい小国シンガポールが、外資や近隣諸国の資源を利用して国内の観光産業を発展させるというコンセプトである。「世界をシンガポールへ」は、世界的なレジャー産業やレストラン・チェーンなどを誘致する観光投資促進策である。「シンガポールを世界へ」は、地場資本や外資系企業が近隣諸国で地元の政府や民間企業と合弁で開発した観光資源を、国内の都市型観光と組み合わせて相乗効果を狙うものである[*Singapore*,1997：302-3]。

たとえば、シンガポールからフェリーでわずか約四五分のインドネシア領ビンタン島をインドネシアと共同開発した。そのビンタン・ビーチ・インターナショナル・リゾートはホテルやゴルフ場を備え、日本人を含む多数の観光客を惹きつけている。なお、ツーリズム・アンリミテッド戦略の一環として、インド、ベトナム、インドネシアの三カ国政府と観光面での協力に関する協定を結んだ[*Singapore*,1997：303]。

観光振興局は続いて一九九六年七月、ツーリズム・アンリミテッドをベースとして発展させた「ツーリズム21」(Tourism 21)を発表した。同局は従来、外国人観光客の誘致をとおして旅行関連産業の支援を重点的に行ってきたが、この政策ではGDPに占める観光産業のシェア拡大や生産性向上が強調されており、観光産業全体（飲食業、小売業、芸術文化関連産業なども含む）の振興を行う必要があるとしている。新政策の重点目標は、次の三点である。①観光地としての魅力の強化、②国際観光ビジネス拠点とする、③アジア太平洋地域の観光拠点（観光ハブ）とする。そして、これらの達成のために、近隣アジア諸国の観光資源を取り込んで一大観光地を形成し、世界中の観光客の誘致を図る必要がある、としている。

これにもとづいて、クルーズビジネスの振興、税制面での優遇措置によるホテルチェーンの地域統括本部の誘致、展示会・コンベンション・国際会議などの誘致を積極的に行っていく［*Singapore*, 1997：300；都竹、二〇〇一：三六］。また、二一世紀にシンガポールをアジア太平洋地域のビジネスセンターおよび観光ハブとして発展させる必要があるため、一九九七年一一月にシンガポール観光振興局（ＳＴＢ）の名称をシンガポール政府観光局に変更した。

そこで、アジア太平洋地域におけるシンガポールの観光ハブ化におけるチャンギ国際空港とシンガポール航空の重要性について次に見ていこう。

評価が高いチャンギ国際空港

シンガポールには現在、一九五五年に開港したパヤ・レバー空港（Paya Lebar Airport）と八一年に開港したチャンギ国際空港（Changi International Airport）の二つがある[6]。主要な国際空港であるチャンギは総工費三億ドルで、日系企業が中心となってつくられている。造成工事は五洋建設などが行い、第一ターミナルの下屋建築は大成建設が、上屋建築は竹中工務店がそれぞれ施工し、管制塔は大林組が建設した。九〇年一一月に竣工した第二ターミナルは総工費六億五〇〇〇万ドルでつくられ、韓国の現代建設と地元のジュロン・エンジニアリング社が施工している[7]［丸谷、一九九五：一四〇］。第三ターミナルは二〇〇六年に竣工の予定で、〇三年二月に清水建設が約一〇億一四九三ドル（約六八〇億円）で受注した。このターミナルが完成すると、年間六四〇〇万人の旅客処理能力をもつ、アジア最大の空港になる見込みである［『日本経済新聞』二〇〇三年三月一日］。

二〇〇三年九月一日現在、定期航空会社六三社がチャンギ国際空港を利用しており、四九カ国一三六都市を結ぶ充実した路線網をもつ。同空港は二四時間運営で、入国管理、通関、地上サービス、空港内ショップがオーケストラのように一体化し、組織的に機能する。そして、わかりやすい案内板、施設のレイアウト、乗客が入管手続きをすませてレフトラゲッジですぐに手荷物を受け取れる迅速なサービスの提供など、利用者の利便性を重視している[8]［『日本経済新聞』一九九九年五月一二日」。また、都心まではタクシーでわずか二〇分前後である。さらに、〇二年二月二七日にMRTが同空港まで開通したため、シティ・ホール駅へ三〇分以内に到着できるようになった。

事実、チャンギ国際空港はイギリスのビジネス旅行誌によって過去十数年間連続して世界でもっとも優れた空港に選ばれている。多くの日本人旅行者も同空港の効率性を高く評価し、日本の空港関係者がしばしば視察に訪れる。一九九九年四月には、中部国際空港会社の本多啓取締役が同社社員九名とともに、新香港国際空港、マレーシア国際空港、チャンギ国際空港を視察した。彼らは帰国後、建設中の中部国際空港が参考にすべきはこれらの空港のなかでチャンギであると報告している『日本経済新聞』一九九九年五月一二日」。

シンガポール政府は一九九九年一月、アジア通貨・経済危機後の不況に対応してチャンギ国際空港の航空機着陸料を一〇%、空港内店舗の家賃を一五%引き下げた。さらに、イラク戦争とSARSの影響で財政難に陥った国際航空会社の負担を軽減するために、二〇〇三年五月からは着陸料を三割引き下げた『日本経済新聞』二〇〇三年五月二二日」。政府が航空会社の救済策を適宜講じているのである。

対照的に日本では、国土交通省が二〇〇三年四月に国内空港の着陸料を大幅に引き上げた。とりわけ、成田空港の航空機着陸料は一九七八年の開港以来上昇を続けており、〇三年七月一一日の時点でジャンボ一機あたり九四万八〇〇〇円と、世界でもっとも高い。ロンドンのヒースロー空港の一〇倍、チャンギ国際空港の六倍、パリのシャルル・ドゴール空港の三倍である。東アジアでは、韓国の仁川国際空港や中国の上海国際空港などの着陸料も安い『日本経済新聞』二〇〇三年五月二二日、七月一二日」。

周知のとおり、日本政府は日本の観光立国化をめざしており、二〇一〇年までに訪日外国人観光客数を年間一〇〇〇万人に増やす計画を立てている『日本経済新聞』二〇〇三年八月一〇日」。それを実現するためには、空港着陸料の引下げを含めて外国人が日本を訪れたくなる環境を早急に整備する必要がある。ちなみに、〇二年に日本人海外旅行者数は一六五二万二八〇四人にのぼったが、訪日外国人旅行者数はその三分の一以下の五二三万八九六三人であった

［国際観光振興会、二〇〇三：三五、五二］。

人気を集めるシンガポール航空

観光の振興において、政府系のシンガポール航空（ＳＩＡ）が果たしてきた役割も高く評価されるべきであろう。[9] 今日、シンガポール航空は四〇カ国九〇都市を結び、安全性と高レベルのサービスをウリとしてきた。同社は世界でもっとも人気のある航空会社の一つで、多くの日本人旅行者がシンガポール旅行の際に利用している。

機体の平均使用年数は五年未満に抑え、一九七〇年代に世界で初めてアルコール類やヘッドフォンの無料サービスを開始し、続いて電話やファックスも導入した。また、他社に先行して、乗客がいつでも映画を鑑賞できるように、座席に小型液晶画面を取り付けている［『ＡＥＲＡ』二〇〇〇年一一月一三日号：七八-七九；『日本経済新聞』二〇〇〇年一一月三日］。リクルートが二〇〇〇年に実施した国際航空会社に関する調査によれば、総合満足度ではシンガポール航空が一位である（全日空は一二位、日本航空は一九位）。機内サービスと機材も一位、機内食は二位であった（一位はイギリスのヴァージン・アトランティック）［『ＡＥＲＡ』同上号：七九］。

シンガポール航空の前身は、一九四七年五月に創設されたマラヤ航空である。当初は航空機一機でシンガポール・クアラルンプール・イポー間を運航し、機数と路線数を徐々に増加させていった。六三年九月にマレーシア連邦が結成されると、社名をマレーシア航空に変更する［Singapore Airlines ホームページ］。さらに、六五年八月にシンガポールがマレーシアから分離独立すると、マレーシア・シンガポール航空に再度改称され、両国の共同運営となった。同航空は、シンガポール・クアラルンプールと東南アジア地域の主要都市を結び、一部の先進工業国へも路線を拡大していく。日本については、東京線（羽田空港）を六八年八月、大阪線（伊丹空港）を七二年八月、それぞれ開設している。[10]

しかし、マレーシアが東南アジア地域を重要視する一方、シンガポールは国際線により強い関心をもっていたため、一九七二年一〇月にシンガポール航空とマレーシア航空に分離独立した［内藤、一九九八：四一］。当時のシンガポール航空は、従業員は六〇〇〇人であったが、航空機はわずか一〇機で、シンガポールと一八カ国二二都市(東京と大阪を含む)を結んでいたにすぎない。その後、路線の拡大を続け、日本に関していえば、福岡線を八八年三月から、名古屋線を八九年一〇月から、それぞれ開設した[Singapore Airlines ホームページ]。

もっとも、シンガポール航空にとって、すべてが順風満帆であったわけではない。二〇〇〇年一〇月三一日の夜、ロサンゼルス行きのシンガポール航空ボーイング七四七-四〇〇ジャンボ機が台湾の中正国際空港で着陸に失敗したのである。一七九人の乗客・乗務員のうち八一人(日本人一人を含む)が死亡し、四〇人が負傷するという大惨事となった。パイロットが滑走路を間違えたことが事故につながったといわれる。同航空にとっては初めての死者を出した事故であり、安全神話が崩れたように思われた[『AERA』二〇〇〇年一一月一三日号:七八-七九;『日本経済新聞』二〇〇〇年一一月一日、三日]。この事態をうけてシンガポール航空は、一刻も早く補償交渉をすませて信頼回復を図るため、事故直後に補償金として遺族に一律四〇万米ドル(約四三〇〇万円)の支払いを申し入れた(同上紙、二〇〇〇年一一月五日)。

結果的には、この事故が人気に深刻な影響を与えたとは考えられない。たとえば、二〇〇一年二月末、東京のゲイン社が、一九九八年から二〇〇〇年の三年間に商用以外で年二回以上海外旅行をした社会人を対象にインターネットを通じてアンケート調査を行っている。五〇〇人から得た有効回答を見ると、「最も利用したい航空会社」で三位(日本航空が一位で二九七票)、「将来利用してみたい航空会社」では一位となった。この調査では目的地を特定しなかったが、シンガポールを訪問先としていれば、おそらく他社を大きく引き離していたであろう[『日本経済新聞』二〇〇一年三月一〇日]。

3　アジア通貨・経済危機以降の観光産業

観光スポットの整備と交通機関の拡充

表7-4が示すように、シンガポールを訪れる外国人数は、アジア通貨・経済危機の影響などで、一九九七年の七一九万七九〇〇人から、九八年の六二四万二二〇〇人に一時的に後退したが、その後は高レベルを維持している。治安のよさ、シンガポール航空の機内サービス、チャンギ国際空港の効率性、さまざまな観光スポットと、外国人観光客の評価は高い。

実際、シンガポールは毎年、新しい観光スポットをつくっている。二〇〇二年一〇月一二日には、国内最大の多目的文化施設としてエスプラネード・シアター・オン・ザ・ベイ(Esplanade Theatre on the Bay)が正式にオープンした。南国の果物の王様といわれるドリアンの形をしたこの建物は、政府が六億ドルを投下して建造し、二〇〇〇人を収容できる劇場、一六〇〇人を収容できるコンサートホール、ショッピング・モールから構成されている[『日本経済新聞』二〇〇二年一〇月一四日]。また、〇四年一月にはセントーサ島に高さ一一〇メートルの昇降型展望台スカイタワーが建設され、マレーシアやインドネシアを望む三六〇度の展望が可能となり、新たな目玉施設となった。〇五年にはマリーナベイに、巨大観覧車シンガポール・フライヤー(最高点は海抜一七〇メートル)ができる予定という[*Straits Times*,5 Nov. 2003]。

また、シンガポール本島からセントーサ島への交通を充実させるため、総工費一億四〇〇〇万ドルのモノレール建設を決めた。セントーサ開発公社からこのモノレール・システムを七八〇〇万ドル(約五四億円)で〇二年六月二一日に一括受注(二両の車両四編成、変電設備、運行システムなど)したのは、日立製作所のアジア統括会社ヒタチ・アジア

表7-4　シンガポールを訪れた国籍別外国人数(1996〜2002年)　(単位：1000人)

国・地域	1996	1997	1998	1999	2000	2001	2002
ASEAN	2,256.1	2,327.2	1,880.4	2,221.4	2,427.7	2,522.9	2,532.4
日本	1,171.9	1,094.0	843.7	860.7	929.9	755.8	723.4
中国	226.8	235.0	293.0	373.0	434.0	497.0	670.1
オーストラリア	351.6	381.5	427.2	466.1	510.3	550.7	538.4
イギリス	312.5	333.2	357.9	401.5	445.0	460.0	458.5
インド	204.2	226.6	243.7	288.4	346.4	339.8	375.6
韓国	384.5	298.4	99.3	242.2	354.4	359.1	371.0
米国	374.0	376.4	342.6	351.5	385.6	343.8	327.6
香港	288.5	264.8	273.1	260.0	286.0	276.2	265.9
ドイツ	190.6	169.5	159.2	167.9	169.4	167.0	157.5
その他	1,531.7	1,491.3	1,322.1	1,325.5	1,402.7	1,249.9	1,145.8
合計	7,292.4	7,197.9	6,242.2	6,958.2	7,691.4	7,522.2	7,566.2

出所：STB, 1997-2003より作成.

社である。このモノレールはＭＲＴ東北線ハーバー・フロント駅からコーズウエイ橋を通過して、セントーサ島のパラワン・ビーチ駅までの往復四・三キロを運行することになっている(片道六分)。二〇〇三年六月五日にセントーサ・エクスプレスの起工式が行われた。〇五年末までに竣工し、〇六年初頭から運行を開始する予定で、既存のセントーサ・モノレールは廃線となる[『日本経済新聞』二〇〇二年六月二二日；*Straits Times*,5 July 2003]。

日本人旅行者数の減少と中国人旅行者数の急増

周知のとおり、日本は一九九〇年代初めから十数年にわたって不況が続いている。しかし、海外旅行者数は、九〇年の一〇九九万七〇〇〇人から、九五年の一五二九万八〇〇〇人、二〇〇〇年の一七八一万九〇〇〇人へと増大している。二〇〇一年こそ米国の同時多発テロ発生の影響などで一六二二万六〇〇〇人に減少したが、翌年には再び増加に転じ、一六五二万三〇〇〇人に達した[国土交通省、二〇〇三：一四]。これに対して、シンガポールへの旅行者数は、アジア通貨・経済危機以降は大きく割り込んだままである(表7-4)。そこで、急減の背景を探ってみよう。

表7-5　訪問国・地域別日本人旅行者数（1998〜2002年）（単位：1000人）

国・地域	1998	1999	2000	2001	2002
米国	4,885.4	4,826.1	5,061.4	4,124.5	3,627.3
中国	1,572.1	1,855.2	2,201.5	2,385.7	2,986.8
韓国	1,954.4	2,184.1	2,472.1	2,337.3	2,320.8
香港	945.3	1,174.1	1,382.4	1,336.5	1,395.0
タイ	986.3	1,059.9	1,202.2	1,177.6	1,239.4
台湾	826.6	826.2	916.3	971.2	986.1
フランス	1,030.0	987.0	1,036.0	930.0	—
シンガポール	843.7	860.7	929.7	755.7	723.4

出所：国土交通省，2003：15より作成．

第一に、日本の不況が長期化するなかで、距離的に近く、物価が安い中国などの近隣アジア諸国へ旅行する日本人が急増したためである。表7-5からわかるように、米国の人気が高いのは変わらないが、二〇〇一年と〇二年は国際テロなどの影響で大幅に減少した。一方、シンガポール以外のアジア諸国では増加している。小国シンガポールとは異なり、これらの国には恵まれた自然が豊富にあり、観光スポットも多い。香港の場合はシンガポールと同様に土地が狭いが、観光客が中国本土へ容易に足を伸ばせるというメリットがある。

第二は、進出日系企業の撤退ないし規模の縮小に伴い、日本・シンガポール間の人の往来が減少したためである。人件費の高騰と労働力不足に対応して、日系製造企業の多くが中国やベトナムなどの低コスト国へ生産の一部あるいは全部を移管し、生産コストの削減を通じて競争力を高めている。前章で見たように、大丸や東急などの日系百貨店も撤退した。その結果、進出日系企業数は一九九七年一一月の一一五二社から二〇〇二年一一月の一一〇一社へ、日本人の民間企業関係者数（本人）は一万七一八人から八〇九五人へと減少している[11]。在留邦人数も、九七年一〇月の二万五七九九人から〇二年一〇月の二万六九七人へ減少した〔東洋経済新報社、一九九八：一五九六；同、二〇〇三：一五五四；『世界の統計』一九九八：三六；外務省、二〇〇三：六〇〕。

こうして日本人の数が大幅に減少する一方で、中国からの訪問者が急増している。一九九六年の二二万六八〇〇人から、九八年の二九万三〇〇〇人、二〇〇〇年の四三万四〇〇〇人、〇二年には六七万一〇〇〇人へと三倍になった

（表7－4）。その背景には、中国政府の渡航規制緩和と国民の生活水準向上がある。シンガポール自身も中国人観光客の誘致に躍起になっており、シンガポール政府観光局は〇二年一二月二日から四週間に及ぶ観光キャンペーンを、ホワイトカラー中産階級をターゲットにして、主要都市（北京、上海、広州、成都、杭州など）で大々的に行った。このキャンペーンでは、テレビでの観光宣伝に加えて、大量のパンフレットが配布された［Singapore Tourism Board HP, 7 Dec. 2002］。中国人の一人あたりGDPは八四七米ドル（二〇〇〇年）とまだかなり低いが、一二億六二五〇万人（二〇〇〇年）の人口を有するこの大国は、小国シンガポールにとってきわめて魅力的にちがいない。

表7－6　シンガポールを訪れた男女別日本人数（2002年・03年の上半期）

月	年次	男	女	不明	合計
1月	2002	27,832	17,921	1,678	47,431
	2003	30,109	21,675	1,313	53,097
2月	2002	28,384	19,341	1,625	49,350
	2003	28,958	20,236	1,240	50,434
3月	2002	37,521	28,567	2,402	68,490
	2003	30,196	22,900	1,359	54,455
4月	2002	29,211	18,351	1,559	49,121
	2003	7,852	4,205	425	12,482
5月	2002	29,143	19,650	1,729	50,522
	2003	5,190	1,582	269	7,041
6月	2002	32,757	21,037	1,058	54,852
	2003	10,697	2,918	382	13,997

出所：STB, 2002：1～6月；同2003：1～6月より作成.

4　SARSとシンガポールの観光産業

日本人訪問者数の減少に追い討ちをかけたのが、中国の広東省が発生源とされるSARSの流行である。シンガポールで最初の死者が出たのは二〇〇三年三月二六日で、その後死者数は増加を続け、五月一九日の時点で二八人にのぼった（五五ページ表1-7）。

その影響で、外国人訪問者数は二〇〇三年三月の一七万五七六七人から、四月は六万三二五二人、五月は八万六二七人へ激減した。日本人については表7-6が示すように、〇三年二月には五万四三四人が訪れ、前年同月に比べて一〇八四人多かった。しかし、三月には前年同

図7-1　シンガポール観光局認可ホテルの月間平均客室稼働率（％）

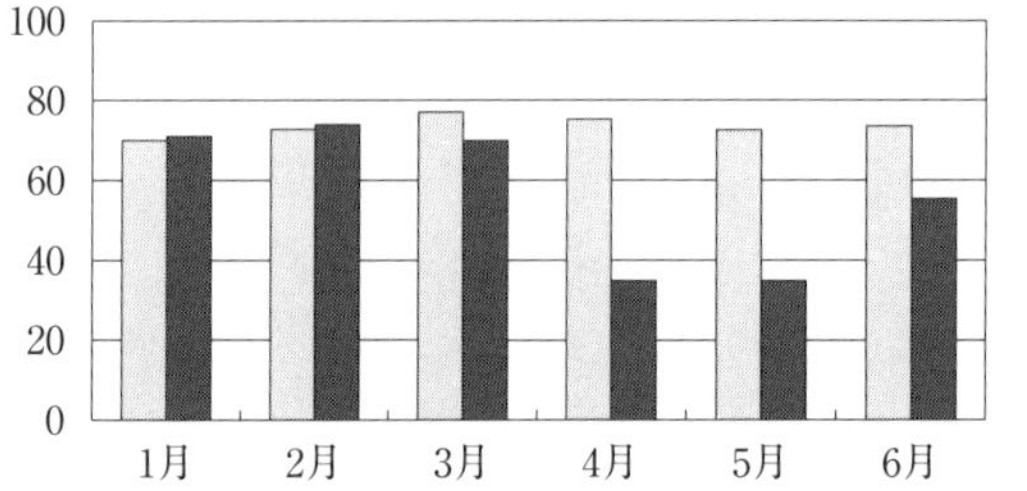

注：□2000年，■2003年．
出所：STB, 2002：1～6月；同2003：1～6月より作成．

月比一万四〇三五人減の五万四四五五人となり、感染が拡大した四月と五月にはそれぞれ一万二四八二人と七〇四一人と、大幅に減少する。

他のアジア諸国と同様、シンガポールでSARSの影響をもっとも受けたのは、ホテル、レストラン、旅行代理店、航空会社、クルージング会社など観光・旅客輸送関連産業である。図7-1が示すように、ホテルの平均客室稼働率は二〇〇二年四月・五月は七〇％以上であったが、〇三年四月は三五％、五月も三五・四％と、きわめて低かった。レストランの一部は収入が四月前半に前年同期比で五割減り、タクシーも乗客が大幅に減少し、小売業も深刻な打撃を受けた［『日本経済新聞』二〇〇三年四月一八日；『週刊エコノミスト』二〇〇三年四月二八日号］。

シンガポール航空は乗客が急減したため、五月に一週間あたり一九九を減便（輸送能力全体の二割減）し、六月には三五八も減便した。日本路線については、名古屋線や福岡線を大幅に減便し、六月一日からは広島線を廃止する［『日本経済新聞』二〇〇三年四月二六日、五月一日］。また、コスト削減のために二六〇名の研修生の採用を中止し、乗務員には二カ月ごとに一週間の無給休暇を義務付けた。さらに、四一四名の地上スタッフを七月初旬までに解雇し、機内乗務員と地上職員の基本給を七月以降、五～一一％引き下げることで労働組合と合意に達する。パイロットについても、一一～一六・五％の減給を決めた［同上紙、二〇〇三年七月六日、七日］。

WHOがシンガポールをSARS感染地域から除外したのは五月三一日である。これを受けてシンガポール航空は、減便を行っていた福岡線の週三便を六月一七日から再開し、名古屋線は七月一日から週七便に復旧させることを六月三日に公表した［『中日新聞』二〇〇三年六月四日］。終息宣言後は外国人観光客が徐々に戻り始め、訪問者数は五月の八万六二七人から、六月には三一万五八七八人に急増する。平均客室稼働率は、六月に五六・一％へと回復した。とはいえ、前年同月には七四・一％であったので、まだかなりの低水準である(図7-1)。とりわけ、日本人旅行者は六月にもわずか一万三九九七人にとどまり、ホテル経営に深刻な影響を与えた。男性の場合は、商用でやむを得ず渡航した人もいたと思われるが、女性の場合はほとんどが観光目的であったため、四月から六月の期間には極端に減少した(表7-6)。

おわりに

今日、シンガポールは世界有数の観光立国であり、毎年人口の倍近い外国人旅行者を受け入れているが、決して一朝一夕でそうなったのではない。独立直後から、宣伝活動、さまざまな観光スポットの整備、インフラ建設など、観光客を惹きつけるためにたゆみない努力を続けてきた賜物である。また、観光産業の発展における日本の役割も評価されるべきであろう。数多くの日本人が訪れて外貨を落としてきただけでなく、ゼネコン、エンジニアリング会社などの進出日系企業がチャンギ国際空港やMRTなどのインフラ建設に大きくかかわってきた。日系百貨店、旅行代理店、ホテル、日本レストランなどの貢献もきわめて大きかったといえる。

ジョン・ウォルトン(John Walton)は、日本人観光客は旅費を日本国内の旅行代理店に先払いし、日本航空を利用し、日系ホテルに宿泊し、日系百貨店で買物をするため、地元の観光産業の発展にあまり寄与してこなかった、と指摘する[Walton,1993：216]。シンガポールに限定して言えば、彼の主張はある程度的を射ていると思われる。都心型日系百貨店が一九九〇年代なかばまでブランド品や土産物コーナーを設置し、日本語の話せる現地販売員を配置して、多数の日本人旅行者を惹きつけていたことは事実である。

しかし、航空機、ホテル、レストランに関しては、日本人旅行者の大半が日系企業や施設を利用しているとは言い切れない。シンガポールを訪れる日本人の多くは、むしろシンガポール航空を利用し、日系以外のホテルにも宿泊し、地元の免税店やギフト店でショッピングを楽しみ、地元のレストランで食事をしている点を見落とすべきではない。シンガポール政府が過去数十年にわたって外資を積極的に誘致してきたため、各国の企業が観光関連産業に進出しており、日本人観光客の選択肢を広げている。

（1）アポロ・セントーサは、シンガポール本島でアポロ・ホテルを経営するアポロ・エンタープライズ社の所有である。なお、前章で見てきたように、同社は一九七〇年代初頭に伊勢丹と合弁でイセタン・エンポーリアム社を設立した。

（2）C・P・A社の花輪清隆社長によれば、セントーサ開発公社はすでにイギリスのマダム・タッソー社に降伏シーン再現の蝋人形を発注していたが、当時の社長であった彼の父親の説得に応じて注文をキャンセルし、新たにC・P・A社と契約したという［『日本経済新聞』一九九四年九月二〇日］。

（3）ホーパー・ヴィラはタイガーバーム・ガーデン（Tiger Balm Garden）とも呼ばれ、医薬品のタイガーバーム（万金油）の製造・販売で有名なオー兄弟グループのオー・ブンホー（胡文虎）が一九三七年に一〇〇万ドルの私財を投じてつくった［岩崎、一九九〇：一一四－一五］。

（4）一九八一年五月二五日に当時のASEAN加盟国（原加盟国五カ国）政府と日本政府が東南アジア諸国連合貿易投資観光促進センター設立協定に署名のうえ設立され、事務局を東京に設置した。主目的は、①ASEAN諸国から日本への輸出、とりわけ半加工品および製品輸出の促進、②日本からASEAN諸国への投資促進（技能および技術移転を含む）、③日本からASEAN諸国への観光の促進、の三点である。

（5）MRTは一九九〇年七月から東西線、南北線、東西線から北方向へ伸びる分岐線が運行開始した。車両は川崎重工、配電施設は明電舎が納入し、大半の建設工事は日本のゼネコンが受注している［丸谷、一九九五：一五〇－五一］。

（6）チャンギ国際空港については、［丸谷、一九九五：一三六－四二］を参照。

（7）もっとも、ジュロン・エンジニアリング社（一九七一年に資本金一二五〇万ドルで設立）は、石川島播磨重工業が二三・九％、同社が三〇％出資しているジュロン・シップヤード社が二一・六％を出資しており、日系企業といえる［東洋経済新報社、一九九〇：二三八」。

（8）筆者は二〇〇三年八月一八日午前一〇時過ぎに名古屋空港でシンガポール航空機に搭乗し、シンガポールへ向かった。航空機は一五時一九分（現地時間）にチャンギ国際空港に着陸し、入管手続きをすませ、スーツケースを受け取り、空港出口ドアの前に立ったのは、二〇分後の一五時三九分である。

（9）シンガポール航空は一九八五年一二月に民営化されたが、現在でも政府が同社の株式の過半数を所有している。

（10）二〇〇三年九月一〇日にシンガポール航空東京支店広報室から得た情報。

（11）日本企業による出資比率（現地法人経由を含む）の合計が一〇％未満の現地法人は除く。

終章

シンガポール・日本関係と中国の台頭

シンガポール国立大学キャンパス内にある日本料理専門の屋台（2004年２月撮影）

1　本書のまとめ

本書では、一九六五年以降のシンガポールの経済発展の諸段階における日本の関与と貢献を、進出日系企業と日本人観光客に焦点を当てて考察した。六〇年代後半と七〇年代には、シンガポールの賃金水準は香港、韓国、台湾と比べるとかなり高かったが、それでも先進工業国との比較ではまだきわめて低かった。また、インフラの整備、税制面での優遇措置、政権の安定、自由貿易港、英語がよく通じるなどの特殊的優位性を有していた。

製造企業で最初にシンガポールに進出したのは、地元の低賃金労働力を利用して労働集約的な生産を行う繊維、家電、タイヤなどである。その後、政府が産業の高度化をめざすようになり、一九八〇年代には石油化学などの資本集約型産業、九〇年代にはＩＴなどを中心とした技術集約型産業、二〇〇〇年代にはバイオテクノロジーなど知識集約型産業を誘致するようになった。このような政府の外資誘致策の転換に伴い、進出日系企業の構成も大きく変化していく。

まず第2章では、ブリヂストンタイヤとトミーを典型的な労働集約型企業として取り上げている。ブリヂストンタイヤは一九六三年に、マレーシア共同市場を目当てに地元の企業と合弁で子会社を設立し、六五年四月からタイヤ工場でタイヤとチューブの製造を開始する。その数カ月後にシンガポールがマレーシアから分離独立したため、早くも苦境に立たされたが、保護関税制度の恩恵や親会社からの支援を受けて、八〇年までなんとか操業を続けた。

一方、トミーは輸出志向型工業化の初期段階に進出し、欧米市場向けの低廉なプラスチック玩具の生産を開始した。日本では研究開発と精密部品・高付加価値玩具の製造を行っており、シンガポールは当初から低付加価値製品のオフショア生産基地として位置付けられている。そのため、一九七〇年代末以降、高賃金政策が実施されて人件費が高騰したが、トミー・シンガポール社は機械化・自動化を進めず、五〇〇人以上の従業員を抱えて生産を行っていた。しかし、八九年から米国の一般特恵関税制度がシンガポール工業製品に適用されなくなり、結局、九一年にタイへ生産の移管を行う。

同じく玩具メーカーのニッコーも一九七九年にシンガポールに子会社を設立し、ラジコンカーなど高技術・高付加価値の玩具生産を行い、欧米市場などへ輸出していた。だが、労働力不足と人件費の高騰に悩まされ、八九年にマレーシアに生産の一部を移管し、さらに九八年一月にはシンガポールから撤退している。高付加価値玩具を製造するニッコーでさえ、都市国家の産業高度化にキャッチアップできなかったのである。

第3章で取り上げたミネベアは、トミーと同時期に、シンガポールを欧米向けのミニチュア・小径ボールベアリングのオフショア生産拠点とした。操業開始時には豊富な低賃金労働力が存在しており、労働集約的な生産を行う。工業化の進展に伴い人件費が高騰すると、シンガポール工場では機械化・自動化を推進して生産性の向上を図る一方、ボールベアリング以外の製品の生産も開始して多様化を図った。一九八〇年代初頭には生産の一部をタイへ移管し、九〇年代なかばには中国にも進出して、おもに国内市場を対象に生産を開始している。ミネベアは企業特殊的優位性を有し、海外では全額出資子会社を設立して一貫生産によって生産の内製化を行い、OEMやサプライチェーン企業に依存していない。また、ミネベアグループ企業間で国際分業体制が構築され、軽井沢と浜松のマザー工場が研究開発、試作品の生産、海外従業員の研修に特化する一方、アジア地域を中心とした工場では規格化された製品の量産が行われ、日本の本社を通じて世界各地で販売されている。

第4章のポッカコーポレーションは一九七〇年代末に、第5章のキッコーマンは八〇年代初頭に、それぞれシンガポールへ進出して、缶飲料と醬油の生産を開始する。両社の子会社はシンガポールの自由貿易港というメリットを十分に生かして、原料の輸入と製品の輸出を行ってきた。

ポッカ・シンガポール社は、一九七九年以降の人件費の高騰に対応して機械化と自動化を推進し、生産性を高めてきたが、国内や近隣アジア諸国には飲料メーカーが多数操業しており、競争が熾烈であった。そこで、地域限定飲料の生産・販売を行うとともに、外食産業や食品産業(ケーキやゼリーなど)にも参入して経営の多角化を図り、活路を開いていく。政府の要請を受けて観光客用のさまざまな土産物も開発し、製造・販売している。さらに、地元で資本を調達したり信用を高める目的で、シンガポール証券市場に上場した。マレーシア、香港、中国へ直接投資し、飲料の生産工場や外食産業の運営も行っている。

一方、キッコーマンは、長年にわたって培われてきた醤油製造法や麹菌の培養法など企業特殊的優位性をもつ。アジア、ヨーロッパ、北米の工場で醤油および関連製品の生産に特化し、製品はそれぞれの生産地域を中心に販売されている。日本の親会社がおもに研究開発や重要な決定を行っており、海外の子会社は生産・販売を担当する。台湾や中国など一部の国・地域を除くと、進出先国では親会社(またはキッコーマングループ企業)が海外子会社を全額所有し、経営権を握る。もっとも、海外工場では味と香りが日本で生産されている醤油とほぼ同一のものを製造しているが、醤油をベースにした製品では地域限定品も生産し、商品の差別化を図ってきた。たとえばシンガポール工場では、オーストラリア市場向けにテリヤキ・ソースを、アジア地域の華人向けに醤油を香辛料とブレンドしたオール・イン・ワン・バーベキュー・マリネードを、それぞれ製造している。オセアニア地域向け醤油の原料は、ブラジル産の非遺伝子組み換え大豆である。なお、海外では醤油と関連製品の製造・販売を主体としており、ポッカのように異業種に参入した多角経営は行っていない。

第6章の日系小売業については、伊勢丹を中心に検討した。日系小売企業は、観光産業の発展と日系企業数の増加とともに急成長してきた。とりわけ一九八〇年代には、高級ブランド品を買い求める若い日本人女性に大きく依存して、日系百貨店が急成長する。しかし、八九年に日本で物品税が廃止されると価格差が縮小し、九〇年代にはショッピングする若い日本人女性が激減した。代わって、中年の主婦や中小企業の慰安旅行客などが団体で訪れるようになったが、ブランド品は売れなくなる。また、八〇年代初頭から九〇年代初頭にかけて日本や他の国の百貨店が相次いでオーチャード・ロードに出店したため、熾烈な過当競争が展開され、競争力のない企業が相次いで淘汰されていく。そうしたなかで、イセタン・シンガポール社は、高収益を上げてきた。同社は、シンガポール証券市場に上場し、一等地に建てられたウィスマ・アトリアビルを区分所有し、現地住民密着型の郊外型店舗を含む多店舗展開を行っている。もっとも、同社のトップは日本から派遣された駐在員であり、また親会社が株式の過半数を保有しているため、完全に現地化しているとはいえない。

ところで、ヒーナン(D.A. Heenan)とパールマター(H.V. Perlmutter)は企業の国際経営の発展段階を次の五つに分類している。すなわち、①国内志向、②本国志向(ethnocentric)、③現地志向(polycentric)、④地域志向(regiocentric)、⑤グローバル志向(geocentric)である[Heenan and Perlmutter, 1979]。

国内志向の段階では、企業は輸出戦略を採り、国内で生産した製品を海外へ輸出する。本国志向の段階では海外直接投資を行い、複数の海外拠点を設けてオフショア生産を開始する。さらに、現地志向の段階では、投資先国の子会社が自主的に経営を行うようになり、企業は多国籍化する。地域志向の段階では、企業は地域統合戦略を立て、その企業の地域統括子会社は経営の効率化のために地域内の子会社や関連会社の統括を行う。最後に、グローバル志向の段階では、グローバル戦略を用いて世界全体として事業展開を行う。そこで、これらの発展段階を踏まえ、大雑把となることを覚悟のうえで、本書で取り上げた日本企業の分類をしてみよう。

早期に海外進出したブリヂストンタイヤとトミーは、シンガポールを海外の低コスト生産基地として捉えており、本国志向型である。キッコーマンは、アジア、ヨーロッパ、北米で醤油と関連製品の製造・販売を行っており、人の現地化などはある程度進んでいる。しかし、日本の本社が海外子会社の経営権を握り、重要な決定を行っているため、本国志向の色彩が強いように思われる。また、ポッカは、シンガポールの子会社が地元の証券市場に上場し、アジア地域で事業を展開しているため、地域志向型といえるであろう。さらに、ミネベアは、アジア地域を中心に規格化された製品の量産を行い、本社を通じて世界各地で販売しているため、グローバル志向型といえるであろう。なお、伊勢丹は他の五社とは異なり小売業だが、シンガポールの子会社が地元の証券市場に上場しており、かなり現地化が進んでいるので、現地志向型に分類できるであろう。

一方、「グローバル化終焉」説を唱えるアラン・ラグマン(Alan Rugman)は、多国籍企業のグローバリゼーションは終焉したと主張する。彼によれば、多国籍企業は、文化の違いや各国の厳しい輸入・投資規制などのためにグローバル戦略をたてられず、地域統合戦略を展開している。実際、直接投資の大部分は地域間ではなく地域内で行われており、特定地域で生産された工業製品の大半は同一地域市場で販売される。また、多国籍企業の子会社は、特定の国・地域内で独自の製品開発やマーケティングを行って業績を伸ばしているという[Rugman, 2000 : 160-62, 170-73]。たしかに、ポッカのアジア事業展開についてはラグマン説は的を射ているが、ミネベアの場合は海外事業を地球規模で展開しており、ラグマン説の妥当性についてはさらなる考察が必要であろう。

最後に、進出日系企業と日本人観光客のシンガポール経済発展への寄与について述べておこう。

まず、日本企業はシンガポールの工業化の過程において、雇用創出、法人税の納付、技術移転、工業製品の輸出による外貨獲得、インフラ建設など、多岐にわたって貢献している。たとえば、大半の企業は一九八〇年代なかばごろまで、大量の労働者を雇用して労働集約的生産を行っていた。『海外進出企業総覧』(東洋経済新報社)によれば、八三年六月の時点で現地法人数は四二七社にのぼる。一〇〇〇名以上の従業員を擁していた日本企業は、三洋電機(子会社二社で二八八二人)、ミネベア(子会社四社で二六七四人)、石川島播磨重工業(子会社二社で二五一一人)、八百半デパート(五店舗で一六五〇人)、大日本印刷(一一〇四人)、フジテック(一一〇四人)の六社である[東洋経済新報社、一九八四 : 一〇三―二八]。その後は産業の高度化が進み、低付加価値・労働集約型企業が減少する一方、石油化学やエレクトロニクスなど資本・技術集約型企業が増加した。なお、二〇〇二年一一月現在の日系現地法人数は一一〇一社、従業員数は七万七五〇八人にのぼる[同上書、二〇〇三 : 一五五四]。

一方、観光産業の発展においては、シンガポール観光振興局とその後継となったシンガポール政府観光局が決定的な役割を果たしたのは明らかである。あわせて、日本人観光客や進出日系企業の貢献も重要であった。一九六〇年代なかば以降、訪れる日本人数は増加を続け、九〇年代なかばの最盛期には年間一〇〇万人あまりとなったからである。しかも、近隣アジア諸国からの訪問者とは異なり、大部分がホテルに宿泊し、多くのお金を落とす。日本企業は、こうした観光客が利用する空港やMRTなどのインフラ建設においても中心的な役割を果たしてきた。

一九九七年のアジア通貨・経済危機以降は、中国などへ旅行する日本人の急増やシンガポールの進出日系企業数の減少を背景として、日本人旅行者数は急減した。これに追い討ちをかけたのが、二〇〇三年上半期のSARSの流行である。しかしながら、シンガポールは独立後、さまざまな困難に打ち勝ってきた。今後、多数の日本人観光客を惹きつけるような戦略を打ち出すことが期待される。

2　シンガポールにおける日本の「衰退」と中国の台頭

「日本に学べ」運動

周知のとおり、アジア太平洋戦争で敗戦国となった日本は、比較的短期間に経済復興を果たし、一九六〇年代末には早くも西ドイツ(当時)のGNPを追い抜き、西側世界では米国に次ぐ第二位の経済大国に浮上する。しかも、七〇年代には二度にわたる石油危機とそれに伴う世界的な不況に耐え、他の先進工業国に先行して経済回復をなしとげ、八〇年代には双子の赤字(貿易・財政収支の赤字)に苦しむ米国を追い抜いて世界最大の経済大国になる勢いさえ見せていた。非欧米諸国である日本の成功は、戦後になって独立を達成はしたものの、貧困にあえいでいたアジア諸国に夢を与え、一部の国は日本を開発モデルとするようになった。この傾向に拍車をかけたのが、ハーバード大学のエズラ・F・ヴォーゲル(Ezra F. Vogel)教授が日本を賞賛した*Japan as Number One : Lessons for America*(『ジャパンアズナンバーワン——アメリカへの教訓』)である[Vogel,1979]。

アジアで最初に日本を開発モデルとすることを決めたのは、シンガポールのリー・クアンユー首相である。マレーシアでもマハティールが一九八一年に首相に就任すると、日本と韓国を重要視する「東方政策」(Look East Policy)を打ち出した。リーは五九年の首相就任後しばしば日本を称賛し、七九年末の東京訪問以降は日本への関心を一段と深めていく。そして、人民行動党政権は翌年から「日本に学べ」運動を展開し、日本の教育制度、雇用慣行、伝統的な価値観、国家・企業・両親に対する忠誠心などを取り入れることを国民に奨励した[*Far Eastern Economic Review*,12 Feb. 1982 : 46 ; 田中,二〇〇二 : 一四三]。

リー・クアンユーによれば、日本の労働者はシンガポールの労働者より熟練しており、仕事に打ち込む。一方、シンガポール人は西洋的価値観をもち、少しでも雇用条件のよい企業があればすぐに転職するため、生産性の向上や熟練工の育成が困難であるという。また、日本企業は消費者の嗜好をきめ細かく研究し、自動化の推進やロボットの導入を通じて労働コストを大幅に引き下げたと考えるリーは、チームワークが日本の成功の秘訣であり、シンガポール人はチームワークの達成を目標としなければならないと強調する。当時、政府は高賃金政策によって産業の高度化をめざしており、日本企業の福利厚生制度や企業別組合制度などを国内企業に導入させようとしていた[*Far Eastern Economic Review*,12 Feb. 1982]。なお、一九八〇年代には、前述の*Japan as Number One*が公務員の必読書とされていたといわれる。ヴォーゲルは政府の招請で数回シンガポールを訪れ、日本の成功要因に関する講演を行っている。

「日本に学べ」運動に気をよくした日本は、シンガポールに資金・技術協力を行っている。たとえば、シンガポール政府の要請を受けた日本政府は一九八〇年代前半に、教育、医療、交通安全、労務管理、放送などの分野の専門家を約一〇〇人派遣した。シンガポール警察庁は、日本の警察庁から派遣された専門家の指導の下に、国内各地に交番を設置し、お巡りさんと一般市民との密接な関係を築くことをめざしていく。

また、一九八一年には、日本政府の財政的支援を受けて、シンガポール国立大学に日本研究学科が開設され、日本語および日本関連科目(文化、文学、歴史、経済史など)の講座が開設され、数多くの学生がこれらの科目を履修した。筆者自身、八四年七月から八九年二月まで同学科に所属し、「東南アジアと日本の経済関係」と「近・現代日本経済史」を担当した経験がある。後者の授業では、徳川時代から七〇年代初頭までの長期間に及ぶ日本の経済発展をカバーし、「日本は経済大国になれたが、他のアジア諸国は経済的に立ち遅れたのはなぜか」と「発展途上国は日本の成功から何を学ぶべきか」という二つのテーマに焦点を当てて授業を行った。受講生の目は輝いており、いまも当時の光景が忘れられない。

このように、「日本に学べ」運動は鳴物入りでスタートし、数年間続けられたが、西洋文化の強い影響を受けているシンガポール人が全面的にこれを受け入れたわけではない。日本のアイディアをそのままシンガポールに持ち込むことに対して疑問をもち、「単一民族国家」といわれる日本と多民族・多文化国家シンガポールとの間に大きなギャップがある点を指摘する向きも少なくなかった。外国の制度を導入すると個人主義がないがしろにされる恐れがあると危惧した国民もいる。中国語教育を受けた知識人たちは、日本は長年にわたって中国の影響を受けており、「日本に学べ」の内容は中国の伝統から直接学ぶことができると主張した。

結局、リー・クアンユーは、一九八二年八月の独立記念日のスピーチのなかで、「日本から学べ」運動が国内で批判されていることを認めて再検討を示唆し、政府は新しいモデルの一つとしてスイスを選んだ。ただし、日本から学ぶことはまだ多いとして、運動自体を中止したわけではない[*Asiaweek*,5 Nov. 1982:29;島崎、一九九一:一四九-一五八]。

いずれにしても、一九八五年九月のプラザ合意以降、円高となり、日本の対シンガポール直接投資と貿易が拡大し、在留邦人数や日本人旅行者数は急増した。シンガポール国立大学はじめ教育機関では、日本語と日本関連科目に関心をもつ学生が増加を続け、一般人の間でも日本の大衆文化や日本料理に対する人気が高まっていく。その結果、シンガポールにおける日本の影響力とプレゼンスは一段と増した。

中国の台頭と日本の「衰退」

一九九〇年代初頭のバブル経済崩壊後、日本は十数年にわたって景気低迷を続けている。海外での日本に対する評価は近年、急落した。現在、アジア諸国のなかで、「日本に学びたい」という国は皆無に近い。いま世界でもっとも注目されているアジアの国は、日本ではなく、中国である。シンガポールでも近年、中国との経済関係が重要視され、両国の人の往来が盛んになる一方、日本に対する関心は薄れつつある。

たとえば、二〇〇二年五月に外務省が一八歳以上の識字層八〇〇人を対象に、面接方式で日本に関する聞き取り調査を実施している。その際、「ＡＳＥＡＮ諸国以外で、あなたが一番よく知っている国はどこですか」という質問に対して、中国と答えた人が全体の三五％でもっとも多く、米国(一八％)、オーストラリア(一一％)、日本(一〇％)と続く。一方、一九九七年の同様の調査では、米国と中国が一九％で並び、日本は三番目の一五％で、オーストラリアは六％にすぎなかった[『月報』二〇〇三年一月号：五三]。

さらに、筆者が二〇〇三年八月にシンガポールで開催されたアジア研究に関する国際学会に参加した際にシンガポール国立大学の教員から聞いた話によれば、近年、同大学では中国語や中国関連科目を受講する学生が増加し、逆に日本語や日本関連科目に関心をもつ学生は減少しているという。その会議に参加していた米国ブラウン大学の日本研究者からは、米国の大学でも同様のことが起きている、という話を聞いた。教育面でも、日本の影響力は弱まっているようである。

では、ここでシンガポールと中国の関係を概観しよう。シンガポールの対中国政策は、一九七〇年代末にまでさかのぼって考察する必要がある。中国では、七八年から鄧小平の下で改革・開放政策が実施された。翌年からシンガポールで「華語を話そう」キャンペーンが開始されたが、これは決して偶然の一致ではない。中国の政策転換を意識して、意図的にそうしたのである[内藤、一九九八：五三-五四]。八九年四月に「海外投資促進法」が発効すると、シンガポール政府はＡＳＥＡＮと中国への直接投資を積極的に行い出し、九〇年一〇月に中国との外交関係が樹立すると、両国間の人の往来が盛んになった。

もっとも、シンガポールの対中進出が当初から順風満帆だったわけではない。シンガポールでは一九九二年に対中国投資ブームが起こる。その二年後にはシンガポール蘇州タウンシップ開発社がシンガポール政府系企業数社と中国中央政府との合弁で設立され、ジュロン工業団地をモデルとした七〇km²の蘇州工業団地の開発が始まった。しかし、地元の蘇州市当局が隣接地に蘇州新区をつくり、低借地料で外国企業の誘致を開始したため、蘇州工業団地は苦戦を強いられる。また、シンガポール政府は蘇州の技術者を大量に受け入れ、研修を受けさせたが、帰国後に彼らのほとんどが蘇州新区に転職してしまう〔『週刊朝日』二〇〇〇年一一月一〇日号：三八-三九〕。結局、二〇〇一年一月に第一期工事が完了すると、シンガポール側企業連合は運営管理権を蘇州市に委譲し、現地合弁会社の出資比率を六五%から三五%へと引き下げた〔『月報』二〇〇三年二月号：一四〕

シンガポールの金融街（ラッフルズ・プレイス）にある中國銀行（2004年2月撮影）

シンガポール政府はこの巨大プロジェクトの失敗で出鼻をくじかれたが、対中投資は増大させた。一九九九年末の時点での対外直接投資残高は八四二億一九〇〇万ドルだが、そのうち一二六億二五〇〇万ドルが中国に投下されている（香港は八三億九九〇〇万ドル、マレーシアは七九億四〇〇〇万ドル）〔ジェトロ、二〇〇二：二〇七〕。二〇〇一年にはシンガポール経済は不振であったが、企業は中国での高水準の利益を期待して投資を積極的に行った。その結果、同年末の対中直接投資残高は一六六億ドルにのぼり、対外直接投資残高全体の一二・六%を占めている。

二〇〇二年でみると、対中投資の三分の二は製造業（とりわけ電機・電子産業）へ、一七%が不動産へ向けられている。[*Straits Times*,23 Aug. 2003]。製造企業の進出先は広州、上海、北京が中心で、この三地域で全体の約六割を占めている。不動産投資は蘇州、無錫、北京などで、大規模工業団地の開発に向けられた。

一方、シンガポール政府は中国企業のシンガポールへの誘致に熱心で、二〇〇二年末に中国人ビジネスマン向けの数次ビザを五年間有効にした。シンガポール航空も、中国沿海部珠江デルタ地域行きの需要増に対応して、〇四年一月に広東省深圳との路線を開設している（直行便で、週三便運航）。その結果、同航空の中国線は香港、広州、上海、北京線を合わせて週七八便となった。国内にはすでに二〇〇社前後の中国系企業が操業しているが、政府は〇六年までにさらに一〇〇社を誘致する見込みである『月報』二〇〇三年二月号：一四]。

近年、両国間の人的交流も盛んになっている。中国人の生活水準の向上や進出中国系企業の増加などに伴い、シンガポールを訪れる中国人数は、一九九六年の二二万六八〇〇人から、九九年の三七万三〇〇〇人、二〇〇二年には六七万一〇〇〇人へと急増した（二〇五ページ表7-4）。

さらに現在、推定二〇万人の中国人移民が、おもに建設業やサービス業などで低賃金労働を行っている。電子部品メーカーである村田製作所のシンガポール工場では、以前はシンガポール人やマレー人を雇っていたが、人手不足のため一九九〇年代末ごろから中国人を期間契約で積極的に採用するようになった。二〇〇一年七月の時点では、同社の従業員約一〇〇〇人のうち一割前後が中国人である『日本経済新聞』二〇〇一年七月一八日]。他の進出日系企業も、中国人労働者への依存を高めている。シンガポールでは、民間企業が外国人労働者を雇うと雇用税を納める必要があり、シンガポール人を雇用するより割高になる。それでも、非熟練工や半熟練工が不足しているために大量の中国人を雇っているのである。なお、公式な発表はされていないが、過去一〇年間に五万～一〇万人の中国人がシンガポール国籍を取得したといわれる。

教育面や貿易面でも、両国の関係強化が見られる。

シンガポール国立大学では、約三〇〇〇人(学生総数の一割弱)の中国人留学生が学ぶ[『月報』二〇〇三年二月号:一四]。また、同大学は上海の復旦大学との交換留学制度を導入し、二〇〇四年一月から年間一〇〇名のシンガポール人学生を一年間留学させ、ビジネス、経営、起業学などの科目履修や、ベンチャー企業での実習をさせている。復旦大学もシンガポール国立大学へ年間一〇〇名の中国人学生を留学させ、同様のコースを履修させている。近い将来、中国留学をしたシンガポール人は、中国通として商用で中国へ派遣されたり、中国の企業がシンガポールや他の国へ進出する際に重要な役割を果たすことが期待される[*Straits Times*,25 Aug. 2003]。

また、中国は日本に先行して二〇〇二年一一月にASEAN全体とFTA(自由貿易協定)交渉を開始し、「二〇一〇年までにFTAを完成させる」という枠組み協定を結んだ。これにもとづいて、〇四年から一部農産物の関税を相互撤廃している。

ASEANは一九九二年に域内貿易の自由化をめざすAFTA(アセアン自由貿易地域)の創設に合意し、二〇〇二年一月に発効したため、先発加盟国六カ国(シンガポール、タイ、マレーシア、インドネシア、フィリピン、ブルネイ)は主要品目の域内関税率を五%以下に引き下げた。さらに、新たに加盟したベトナム、ラオス、カンボジア、ミャンマーの四カ国を含むASEAN経済共同体を、二〇年までに結成することに合意している。そこで、中国はFTAを通じて人口約五億人、総生産高約六〇〇〇億米ドルのASEAN単一市場に接近し、東南アジア地域における「中国脅威論」の緩和を狙っているのである[荒井、二〇〇三:二一九-二三一:『日本経済新聞』二〇〇三年一月二一日]。

FTAの締結

二〇〇三年一〇月にインドネシアで開催された中国・ASEAN首脳会議において、ASEAN各国が中国と二国間でFTAを締結できるように、〇二年の協定が改正された[『日本経済新聞』二〇〇三年一一月一四日]。シンガポールは他のASEAN諸国と異なり農業問題を抱えていないため、早期に中国と二国間FTAを結ぶ可能性が高い。中国とのFTAが成立すれば、欧米・日本などの多国籍企業は、インフラがよく整備されており、交通の要衝にあるシンガポールに物流基地を、低コストの中国に生産拠点を設ける動きを活発化させるであろう。とりわけ、〇三年前半にアジア地域を中心にSARSが流行したため、多国籍企業の多くが中国への投資の一極集中を見直し、中国に加えてASEAN諸国のなかから一カ国を投資先として選ぶ「中国プラス1」戦略を立てている。したがって、シンガポールは東南アジア地域の物流・研究開発拠点として一段と重要性を増すであろう。

このようにシンガポールと中国が経済関係の強化を図るなかで、日本は手をこまねいていたわけではない。日本政府は一九九九年一二月から二年間にわたってシンガポールとのFTA交渉を行い、二〇〇二年一月一三日に小泉首相がシンガポールを訪れた際、日本初のFTAに署名した。この協定によって、化学製品や石油製品を中心に約三八〇〇品目の関税が撤廃された。そこには、相手国企業を国内企業と平等に扱うことをベースとした投資の自由化も盛り込まれている。シンガポール政府は、薬用酒やビールの関税撤廃にも同意したため、対日輸入品関税は全廃となった。一方、日本側は鑑賞用金魚や食用マグロの関税ゼロを認めていない。また、石油製品の関税撤廃品目については、シンガポールから輸入実績のほとんどなかった潤滑油など一部に限られ、軽油、重油、灯油は対象外である［『日本経済新聞』二〇〇二年一月一六日］。

FTAは二〇〇二年一一月末に発効し、一年後の〇三年一一月一六日にシンガポールのジョージ・ヨー通産相は、「対日地場輸出は九％増加した」と述べている［『日本経済新聞』二〇〇三年一一月一七日］。貿易額は毎年さまざまな要因によって増減するため、この増加が協定の効果だけによるものだとは言い切れないが、ある程度の効果はあったと思われる。ただし、日本は農業問題を抱えており、他のASEAN諸国（産油国のブルネイを除く）との交渉では農産物の問題を避けて通れない［荒井、二〇〇三：二二九-三一］。今後は国内の構造改革を積極的に行い、農産物など日本側がある程度譲歩し、アジア諸国とのFTA交渉を進める必要があるだろう。

あとがき

筆者がシンガポールとかかわりをもつ契機となったのは、一九八四年のシンガポール国立大学への奉職である。同大学の日本研究学科に教官として四年半所属し、「近・現代日本経済史」と「東南アジアと日本の経済関係」を担当した。初年度に、ある学生に対して「からゆきさん」をテーマとした卒業論文の指導を行い、戦前期東南アジアにおける日本人移民および進出日系企業にとりわけ関心をもつようになる。さらに、八五年から八六年にかけて半年間、東南アジア研究所(Institute of Southeast Asian Studies)の客員研究員としてシンガポールで研究活動に従事されていた長崎県立国際経済大学(現・長崎県立大学)の平川均氏(現・名古屋大学大学院経済学研究科付属国際経済動態研究センター教授)に日本研究学科主催のセミナーで出会い、数年後に「日本の対シンガポール経済進出」に関する共同研究を行うことに合意した。

その成果は、一九九八年に『からゆきさんと経済進出――世界経済のなかのシンガポール・日本関係史』として、コモンズより刊行された。同書は、一八七〇年から一九六五年までのシンガポールにおける日本の経済活動を、売春、貿易、漁業、金融、製造業などの側面から多面的に考察し、従来の「からゆきさん先導型経済進出」「戦後賠償を契機とした日本の対東南アジア回帰」「血債問題」などに関する通説を再検討したものである。英語版は、日本語版に大幅な加筆修正と新たに1章の追加を行い、さらに終章に六五年以降の経済関係の概説を加えたうえで、九九年に *Japan and Singapore in the World Economy: Japan's Economic Advance into Singapore 1870-1965* という書名で、イギリスの学術出版社ラウトレッジ(Routledge)から、ロンドンとニューヨークで出版されている。

一九六五年以降の日本の対シンガポール経済進出についても平川氏と共同研究するつもりであったが、残念ながら日程調整の問題や研究テーマの相違などの理由で実現しなかった。とはいえ、海外生活の長かった筆者は、長年に及んだ共同研究を通じて、平川氏からアジア経済のみならず、「日本的」思考法・研究法、日本の学界・出版界・高等教育機関などについて広汎に学ばせていただいた。実際、本書は『からゆきさんと経済進出』の続編であり、平川氏との出会いがなければ、現状分析にも重点を置いたこのような研究はできなかったであろう。また、平川氏には九七年九月に実施したシンガポールの進出日系小売企業に関する調査に協力していただいた。記して感謝の意を表したい。

本書の執筆は、数多くの機関や関係者の協力なしには不可能であった。旭化成シンガポール社の高山善夫氏、ミネベア(株)の水上龍介氏、宮原康明氏、梅田香世子氏、Pelmec Industries Pte. Ltd. の高雄義一氏、ポッカコーポレーション・シンガポール社の高木剛明氏、キッコーマン・シンガポール社の戸邉克利氏と荒木淳氏、Tai Hua Food Industries Pte. Ltd. の Mr. Thomas E.P. Pek と Ms. Lily Yeo、イセタン・シンガポール社の石井信夫氏と福原元氏、タカシマヤ・シンガポール社の上野恭久氏、シンガポール・ダイマル社の吉田正雄氏、Miyoshi Precision Singapore Pte. Ltd. の Mr. Tan Kay Guan, Yusen Air & Sea Service Singapore Pte. Ltd. の Mr. Robert Chua、ソニー・ディスプレイ・ディヴァイス・シンガポール社の花房隆臣氏と松枝昭氏、その他多くの方々のお世話になった(所属は情報提供などをしていただいた当時)。この場を借りて謝意を表したい。

また、過去十数年にわたってシンガポールで毎年一〜二回の頻度でフィールドワークを実施し、その都度、シンガポール国立大学の中央図書館、ホン・スイセン記念図書館、東南アジア研究所図書館、そして国立図書館を利用させていただいた。心から謝意を表したい。なお、一九九七年度、九八年度、二〇〇〇年度、〇一年度、〇三年度のフィールドワークについては、愛知淑徳大学から研究助成を受けた。深く感謝を申し上げたい。

さらに、同僚の秦忠夫教授には、二〇〇〇年九月のポッカコーポレーション・シンガポール社訪問に関連して大変お世話になった。進出日系銀行勤務の経験をもつジェニー・レオンさん(Jenny Leong)には、シンガポールの日系企業、地場企業、シンガポール人の食習慣などに関する貴重な情報を提供していただき、愛知淑徳大学大学院現代社会研究科院生の村上日鶴さんには資料収集・整理を、二〇〇三年末にイギリスのブラッドフォード大学大学院を修了した田村通康氏には第2章と第4章のもとになった拙稿（英文）の下訳を、それぞれしていただいた。これらの方々に併せてお礼を述べたい。

コモンズの大江正章氏には出版事情の厳しいなかで本書の出版を快く引き受けてくださったのみならず、丹念に原稿に目を通して適切なコメントや文章上の手直しをしていただいた。心よりお礼を申し上げたい。もちろん、本書の内容について著者が全責任を負うことは言うまでもない。

なお、第2章、第4章、第6章は英文論文として、第3章は和文論文として、愛知淑徳大学『現代社会学部論集』第五号（二〇〇〇年三月）、第六号（二〇〇一年三月）、第四号（一九九九年三月）、第七号（二〇〇二年三月）に、それぞれ掲載された。ただし、新資料の入手や研究の進展に伴い、その後いずれもほぼ全面的に書き直して、新しい論文としている。また、第5章は二〇〇三年八月一九～二二日にシンガポールで開催された国際学会（The Third International Convention of Asia Scholars）で発表した英文論文（'Japanese Manufacturing Firms in Singapore: A Case Study of Kikko-man'）を和訳したうえ、大幅に加筆修正したものである。

シンガポールの経済発展における日本の関与を進出日系企業および日本人観光客に焦点を当てて考察した本書が、アジア政治・経済論、現代アジア経済史、国際経営論、国際観光学などに関心のある学者、大学院生、学部学生、ビジネスマンの研究や知識向上に多少とも資することを、研究者として願っている。

最後になったが、言語や文化の異なる'Le pays du soleil levant'（「朝日の国」）日本で長年にわたって研究を陰で支えてくれた妻のベアトリックスに、本書を捧げたい。

二〇〇四年初春

清水　洋

東洋経済新報社 HP, http://www.toyokeizai.co.jp/CGI/databank, 2003年11月25日.
土屋信［1985］「シンガポールの玩具産業」『月報』10月号, シンガポール日本商工会議所.
塚本努［1972］「シンガポールのタイヤ事情」『月報』12月号, シンガポール日本商工会議所.
通産省［1995］『経済協力の現状と問題点』通商産業調査会.
通産省通商産業政策局［1975］『昭和50年版我が国企業の海外事業活動』大蔵省印刷局.
都竹淳也［2001］「シンガポールの観光政策」『都市計画』229号, 2月.
Turnbull, C.M. ［1989］ *A History of Singapore 1819-1988* (2nd edition), Singapore: Oxford University Press.
上野武昭［1998］「ミネベア『中国・上海工場』」『証券調査』6月号.
Vogel, Ezra F. ［1979］ *Japan as Number One: Lessons for America,* Cambridge: Harvard University Press (エズラ・F・ヴォーゲル著, 広中和歌子・木本彰子訳［1980］『ジャパンアズナンバーワン――アメリカへの教訓』TBSブリタニカ).
Walton, John ［1993］ 'Tourism and Economic Development in ASEAN', in Hitchcock, Michael, et. al. (eds.) *'Tourism in South-east Asia,* London and New York: Routledge.
Wong, Poh-Kam ［2001］ 'Singapore: Electronics and Shipbuilding/Repair Industry Case Studies', Poh-Kam Wong and Chee-Yuen Ng (eds.) *Industrial Policy, Innovation & Economic Growth,* Singapore: Singapore University Press.
World Health Organization (WHO) HP, http://www.who.org
矢作敏行編［2003］『中国・アジアの小売業革新』日本経済新聞社.
山出暁子［2002］「日本発の調味料が中国の食卓を変える」『週刊エコノミスト』(臨時増刊) 7月29日号.
Yamashita Shoichi (ed.) ［1991］ *Transfer of Japanese Technology and Management to the ASEAN Countries,* Tokyo: University of Tokyo Press.
矢延洋泰［1983］『小さな国の大きな開発――シンガポールの現代化』勁草書房.
矢野恒太記念会編［1991］『世界国勢図会1992-1993』国勢社.
Yates, Ronald E. ［1998］ *The Kikkoman Chronicles: A Global Company with a Japanese Soul,* McGraw-Hill: New York.
横江茂［1988］「キッコーマン式『世界制覇の方法』」『NEXT』第5巻第4号.
読売新聞 HP, http://www.yomiuri.co.jp/atmoney/special/09/koizumii70.htm, 2003年11月30日.
吉原英樹［1984］『中小企業の海外進出』東洋経済新報社.

星日報編［2003］『もしもし電話帳2003』星日報(Shin Nichi Communications, Singapore).
シンガポール日本人会［1978］『南十字星』(創刊10周年記念復刻版)シンガポール日本人会.
――――――［1987］『南十字星』(創刊20周年記念復刻版)シンガポール日本人会.
シンガポール日本商工会議所［2002］『会員名簿2002/2003』シンガポール日本商工会議所.
シンガポールに暮らす編集委員会［2000］『シンガポールに暮らす』日本貿易振興会.
篠原勲・小沢清［1991］『ヤオハン烈烈』東洋経済新報社.
Singapore［1987-2003］Singapore: Ministry of Information and Arts.
Singapore Airlines HP, http//www.singaporeair.com
(The) Singapore Cycle and Motor Traders' Association［1983］*The Singapore Cycle and Motor Traders' Association Golden Jubilee Souvenir 1932-1982,* Singapore: The Singapore Cycle and Motor Traders' Association.
Singapore 2003［2003］London: Commercial Intelligence.
Singapore Tourism Board(STB)［various issues］*Tourism Focus.*
Singapore Tourism Board HP, http://www.stb.com.sg/media/press/20021207.stm, 2004年1月7日.
Singapore Yearbook［1968-1986］Singapore: Ministry of Communications and Information.
総務省統計局 HP, http://www. stat.go.jp/data/jinsui/2.htm
Stock Exchange of Singapore［various issues］*Companies Handbook,* Singapore: Stock Exchange of Singapore Ltd.
(*The*)*Straits Times Directory of Singapore 1975*［1975］, Singapore: Times Publishing Bhd.
鈴木滋［2000］『アジアにおける日系企業の経営』財務経理協会.
鈴木峻［1999］『東南アジアの経済――ASEAN 4カ国を中心に見た』御茶の水書房.
高橋高見［1985］「ミネベアの経営――事業拡大と国際経営戦略」『経営資料月報』第732号, 6月.
高橋高見・佐藤正忠［1989］『高橋高見　われ闘えり――私のM＆A実践経営録』経済界.
田北浩章［1989］「企業財務の研究――ミネベア」『金融ビジネス』1月号.
田村慶子［2000］『シンガポールの国家建設――ナショナリズム，エスニシティ，ジェンダー』明石書店.
Tan Chwee Huat［1984］'Towards Better Labour-Management Relations', You Poh Seng and Lim Chong Yah(eds.), *Singapore: Twenty-five Years of Development,* Singapore: Nanyang Sing Zhou Lianhe Zaobao.
――――――［1999］*Financial Markets and Institutions in Singapore*(10th edition), Singapore: Singapore University Press.
田中恭子［2002］『国家と移民――東南アジア華人世界の変容』名古屋大学出版会.
手塚周一［2002］「シンガポールの百貨店事情パート2」『月報』2月号, シンガポール日本商工会議所.
Thomson Information(S.E. Asia)［1994］*Corporate Handbook,* Singapore.
Toh Mun Heng and Linda Low［1991］*Economic Impact of the Withdrawal of the GSP on Singapore,* Singapore: Institute of Southeast Asian Studies.
Toh Mun Heng and Tan Kong Yam(eds.)［1998］*Competitiveness of the Singapore Economy,* Singapore : Singapore university Press.
トミーHP，http://www.tomy.co.jp, 2003年12月20日.
東洋経済新報社［1973-2003］『海外進出企業総覧(国別編)』東洋経済新報社.

Okposin, S.B.［1999］*The Extent of Singapore's Investments Abroad,* Aldershot: Ashgate.
奥山君平［1978］「岡野繁蔵氏と大信洋行」ジャガタラ友の会編『ジャガタラ閑話』ジャガタラ友の会.
大和田博之［2001］「シンガポールの百貨店事情」『月報』3月号，シンガポール日本商工会議所.
Peebles, Gavin and Wilson, Peter［1996］*The Singapore Economy,* Cheltenham：Edward Elgar.
Pokka Corporation Singapore Ltd.(PCSL)［1995-2003］*Annual Report,* Singapore.
ポッカコーポレーションHP, http://www.pokka.co.jp, 2000年8月20日，2003年11月11日.
Registry of Companies and Businesses［various years］'Report of Directors, Isetan(Singapore) Limited', Singapore.
――――――――――――――――［2004］'Seiyu(Singapore)Private Limited', Singapore, 27 February.
Rodan, Garry［1989］*The political Economy of Singapore's Industrialization: National State and International Capital,* Basingstoke and London: Macmillan(ギャリー・ロダン著，田村慶子・岩崎育夫訳［1992］『シンガポール工業化の政治経済学――国家と国際資本』三一書房).
Rugman, Alan［2000］*The End of Globalization,* Random House: London.
斎藤里美編著・監訳，上條忠夫編［2002］『シンガポールの教育と教科書――多民族国家の学力政策』明石書店.
斎藤史郎［1987］「東南アジアを見る目　シンガポールの中の日本」『南十字星』(創刊20周年記念復刻版)，シンガポール日本人会.
桜井清彦［1971］「シンガポール日本庭園建設経緯」『月報』8・9月合併号，シンガポール日本商工会議所.
佐藤隆［1971］「シンガポールのホテル事情」『月報』8・9月合併号，シンガポール日本商工会議所.
Schmitz, Hubert［1984］'Industrialization in Less Developed Countries：some Lessons of Historical Experience', *Journal of Developing Studies,* Vol.21, No.1, Sussex.
『世界の統計』［1995～2003］(総務省統計局・統計研修所編)財務省印刷局.
Sekiguchi, Sueo(ed.)［1983］*ASEAN-Japan Relations: Investment,* Singapore: Institute of Southeast Asian Studies.
SES Journal［1994］Singapore: Stock Exchange of Singapore Ltd., October.
社史編纂委員会［2000］『トミー75年史――真の国際優良企業を目指して』株式会社トミー.
島崎弘［1991］『企業マンのシンガポール体験――対日感情の底流に触れて』勁草書房.
Shimizu Hiroshi［1993］'The People's Action Party and Singapore's Dependent Development (Part II: 1979-1992)', *Nagoya Shoka Daigaku Ronshu,* Vol.37, No.1, March.
清水洋・平川均［1998］『からゆきさんと経済進出――世界経済のなかのシンガポール・日本関係史』コモンズ.
Shimizu Hiroshi and Hirakawa Hitoshi［1999］*Japan and Singapore in the World Economy: Japan's Economic Advance into Singapore 1870-1965,* London & New York: Routledge.
シム・ルーリー，ラム・ソーキム［2001］「ショッピングセンターの開発が進むシンガポール」ロス・デービス／矢作敏行編『アジア発グローバル小売競争』日本経済新聞社.
進藤榮一編［1999］『アジア経済危機を読み解く――雁は飛んでいるか』日本経済評論社.

Development in Singapore', *Journal of Contemporary Asia,* Vol.27, No. 1 .
Legewie, J., and Meyer-Ohle, H. [2000] *Corporate Strategies for Southeast Asia after the Crisis,* New York: Palgrave.
Leong, Laurence Wai-Teng [1997] 'Commodifying Ethnicity: State and Ethnic Tourism in Singapore', Michel Picard and Robert E. Wood (eds.), *Tourism, Ethnicity, and the State in Asian and Pacific Societies,* Honolulu: University of Hawaii Press.
Lim Chong Ya and Associates [1988] *Policy Options for the Singapore Economy,* Singapore: Mcgraw-Hill Book Company.
Loh, Grace and Tey Sau Hing [1995] *Jurong Shipyard Limited : What's behind the Name?,* Singapore : Times Academic Press.
MacPherson, Kerriel L. [1998] *Asian Department Stores,* Honolulu: University of Hawaii Press.
丸谷浩明［1995］『都市整備先進国・シンガポール』アジア経済研究所.
名鉄百貨店社史編纂室［1985］『30年のあゆみ』株式会社名鉄百貨店.
Metro Holdings Co. Ltd. [various issues] *Annual Report,* Singapore.
Minebea Co. Ltd. [various issues] *Annual Report,* Tokyo.
ミネベア HP, http://www.minebea.co.jp, 1999年10月28日，2003年７月５日，11月17日.
ミネベア株式会社総合企画部広報・IR 室［2004］「ミネベアの海外事業に関する筆者の問合せに対する回答」１月８日.
Ministry of Culture [1984] *Singapore: An Illustrated History,* 1941-1984, Singapore.
Mirza, Hafiz [1986] *Multinationals and the Growth of the Singapore Economy,* London and Sydney: Croom Helm.
茂木友三郎［1981］「海外現地生産を成功に導く条件――キッコーマンの現地化経営」『工業』404号，９月.
――――［1988］「対米進出31年を振り返って――キッコーマンの経験」『経団連月報』36巻９号.
――――［1989］「企業環境と海外投資」『ENGINEERS』No.484，１月.
――――［1990］「醤油の国際化について――キッコーマンの海外進出」『日本醸造協会誌』85巻７号.
内藤嘉昭［1998］『観光とアジア――アジアとの共生を求めて』学文社.
Nakamura Takafusa [1998] *A History of Showa Japan, 1926-1989,* Tokyo: University of Tokyo Press.
中根金作［1978］「ジュロンの星和園」シンガポール日本人会『南十字星』(創刊10周年記念復刻版)，シンガポール日本人会.
南洋及日本人社［1938］『南洋の五十年――シンガポールを中心に同胞活躍』章華社.
National University of Singapore (NUS), HP, http://www.edu.sg/corporate/about/factsfigures.htm, 2004年１月19日.
『日本会社史総覧』［1995］(東洋経済新報社)第１巻，東洋経済新報社.
日本シンガポール協会・シンガポール日本商工会議所共編［2000］『シンガポールの日系企業総覧』(2000年版)，日本シンガポール協会.
『日本の統計』［1995 ～2003］(総務省統計局・統計研修所編)財務省印刷局.
日本労働協会編［1989］『シンガポールの労働事情――日系企業の労使関係』日本労働協会.
㈱ニッコー HP, http://www.nikko-group.com/Japan/, 2004年１月19日.

Hitchcock, Michael, et. al. (eds.) [1993] *Tourism in South-east Asia,* London and New York: Routledge.
Huff, W.G. [1994] *The Economic Growth of Singapore,* Cambridge: Cambridge University Press.
五十嵐雅郎 [2000]『ミネベアのグローバル戦略』あしざき書房.
池田実 [1988]「タイミネベアの経営」*Business Research* 12月号, No.774.
International Enterprise [2003] *Singapore Trade Statistics: Imports and Exports* (for December 2002), Singapore.
Isetan (Singapore) Limited [various issues], *Annual Report,* Singapore.
伊勢丹広報担当社史編纂事務局編纂 [1990]『伊勢丹百年史』伊勢丹.
岩井正和 [1995]『ミネベアはなぜ強いか』ダイヤモンド社.
岩崎育夫 [1990]『シンガポールの華人系企業集団』アジア経済研究所.
――― [1996]『リー・クアンユー――西洋とアジアのはざまで』岩波書店.
Jennings, Eric [1975] *Wheels of Progress* : 75 *years of Cycle and Carriage,* Singapore: Meridian Communications Private Ltd.
ジェトロ [2002, 2003]『ジェトロ貿易投資白書』日本貿易振興会.
香村正光[1987]『それでも私は会社を買う――ミネベア高橋高見のM＆A世界戦略』東都書房.
勝木敏徳[1993]「新たな対応を迫られるシンガポールの日系小売業」『野村アジア情報』1月号.
川端基夫 [1999]『アジア市場幻想論』新評論.
川田敦相 [1997]『シンガポールの挑戦』日本貿易振興機構.
経済企画庁調査局編 [1998～2000]『アジア経済』大蔵省印刷局.
経済産業省編 [2003]『通商白書2003』経済産業調査会.
キッコーマン HP, http://www.kikkomann.co.jp, 2003年2月12日, 8月18日, 10月15日.
キッコーマン株式会社 [1968]『キッコーマン醤油史』(会社創立50周年記念)キッコーマン株式会社.
――――――― [2000]『キッコーマン株式会社80年史』キッコーマン株式会社.
北村かよ子 [1986]「トミー工業――玩具で多国籍化」中村秀一郎・小池洋一編『中小企業のアジア向け投資――環境変化と対応』アジア経済研究所.
国土交通省 [2003]『観光白書』(平成15年版) 国立印刷局.
国際観光振興会 [2003]『世界と日本の国際観光交流の動向』国際観光サービスセンター.
小山周三・外川洋子 [1992]『デパート・スーパー』日本経済評論社.
Krause, L.B., Koh Ai Tee, and Lee Tsao Yuan [1987] *The Singapore Economy Reconsidered,* Singapore: Institute of Southeast Asian Studies.
Lee Kuan Yew [2000] *From Third World to First: The Singapore Story 1965-2000,* Singapore: Times Media (リー・クアンユー著, 小牧利寿訳 [2000]『リー・クアンユー回顧録――ザ・シンガポール・ストーリー(下巻)』日本経済新聞社).
Lee Sheng-yi [1990] *The Monetary and Banking Development of Singapore and Malaysia,* Singapore : Singapore Uniersity Press.
Lee Tsao Yuan [1991] *Growth Triangle: The Johor-Singapore-Riau Experience,* Singapore: Institute of Southeast Asian Studies.
Lee Tsao Yuan and Low, Linda [1991] *Local Entrepreneurship in Singapore: Private & State,* Singapore: Times Academic Press.
Lee, William Keng Mun [1997] 'Foreign Investment, Industrial Restructuring and Dependent

John Wiley & Sons.
ブリヂストンタイヤ創立五十年社史編纂委員会［1982］『ブリヂストンタイヤ五十年史』ブリヂストンタイヤ株式会社.
Brown, Robert, and Waohton, Ruth［1998］*Leading Drinks Manufacturers in Asia,* London: Financial Times Business Ltd.
Chen, Peter S.J.［1983］*Singapore Development Policies and Trend,* Singapore: Oxford University Press.
Chng Meng Kng, Linda Low, and Toh Mun Heng［1988］*Industrial Restructuring in Singapore,* Singapore: Chopmen Publishers.
CWIC Holdings Ltd.［2000］*Corporate Handbook Singapore, January 2000,* Singapore: CWIC Holdings Ltd.
Cycle & Carriage Ltd.［1980, 1981］*Annual Report and Accounts, 1979 and 1980,* Singapore: Cycle & Carriage Ltd.
第一勧業総合研究所［1997］『アジア金融市場』東洋経済新報社.
大丸［1979］「シンガポール出店について」(記者発表資料), 4月24日.
デービス, R., 矢作敏行［2001］『アジア発グローバル小売競争』日本経済新聞社.
Department of Statistics Singapore(DSS)［各年］*Yearbook of Statistics Singapore,* Ministry of Trade and Industry.
Dreesmann, A.C.R.,［1968］'Pattern of Evolution in Retailing', Vol.44, *Journal of Retailing,* Spring.
Economic Intelligence Unit［1989］*Country Report: Singapore,* No.4, London.
Encarnation, D.J.(ed.)［1999］*Japanese Multinationals in Asia,* Oxford: Oxford University Press.
Euromonitor［2002］*Consumer Asia 2003*(10th Edition), London.
Fröbel, F., et al.［1980］*The New International Division of Labour,* Cambridge: Cambridge University Press.
富士総合研究所国際調査部［1999］『アジア経済1999』中央経済社.
外務省大臣官房領事移住部［1991, 1996, 1998, 2000, 2003］『海外在留邦人数調査統計』国立印刷局.
外務省外交文書, E. 2. 2. 1/3-40, 日付なし.
Goh Keng Swee［1995］*Wealth of East Asian Nations,* Singapore: Federal.
後藤敏邦［1977］「玩具雑感」'Omocha Zakkan'『月報』2月号, シンガポール日本商工会議所.
Hall, Colin Michael［1994］*Tourism in the Pacific Rim: Development, Impacts, and Markets,* Melbourne: Longman Cheshire.
橋本寿朗［1995］『戦後の日本経済』岩波新書.
林俊昭編［1990］『シンガポールの工業化――アジアのビジネス・センター』アジア経済研究所.
Heenan, D.A., and Perlmutter, H.V.［1979］*Multinational Organizational Development,* Addison-Wesley (D.A.ヒーナン, H.V.パールミュッター著, 国際ビジネス研究センター訳［1990］『グローバル組織開発』文眞堂).
平川均［1992］『NIES――世界システムと開発』同文舘.
広島商工会議所［2001］「ハッピーメール」5月号 http://www.hiwave.or.jp/HAPEE/sin_report/22.html, 2003年12月12日.

Business Research，企業研究会.
『週刊ダイヤモンド』ダイヤモンド社.
『週刊エコノミスト』毎日新聞社.
『ENGINEERS』日本科学技術連盟.
Far Eastern Economic Review（Hong Kong）.
『月報』シンガポール日本商工会議所.
『人材教育』日本能率協会.
『経団連月報』経済団体連合会.
『経営資料月報』企業研究会.
『経済界』経済界.
『金融ビジネス』東洋経済新報社.
『国際経済』国際評論社.
『工業』大阪工業会.
『NEXT』講談社.
『日外協 Monthly』日本在外企業協会.
『日本醸造協会誌』日本醸造協会.
『日経ビジネス』日経 BP 社.
『野村アジア情報』野村総合研究所.
SES Journal（Singapore）.
『シンガポール』日本シンガポール協会.
Singapore Business（月刊，Singapore）.
Singapore Trade（月刊，Singapore）.
『食の科学』日本評論社.
『証券調査』新日本証券株式会社.
『週刊東洋経済』東洋経済新報社.
『都市計画』日本都市計画学会.
『通商弘報』日本貿易振興機構（旧・日本貿易振興会）.
『財界』財界研究所.

Ⅲ　著書・論文・年報・その他

赤間憲文［1981］「ブリヂストンタイヤのシンガポールからの撤退」『月報』2月号，シンガポール日本商工会議所.
安藤政武［1988］「流通産業の国際化とアジア進出」『経済』編集部編『日本企業海外進出の実態』新日本出版社.
安藤哲雄［1989］『新工業化と国際技術移転』三嶺書房.
Andrew, Tim G., et al.［2003］*The Changing Face of Multinationals in Southeast Asia,* London and New York: Routledge.
案浦崇［2001］『シンガポールの経済発展と人的資本論』学文社.
荒井利明［2003］『ASEAN と日本――東アジア経済圏構想のゆくえ』日中出版.
荒川進［1989］『なぜキッコーマンは320年も続いているか』中経出版.
Ben-Ari, Eyal and Clammer, J.［2000］*Japan in Singapore: Cultural Occurrences and Cultural Flows,* Richmond: Curzon.
Birkinshaw, Julian, et al.（eds.）［2003］*The Future of the Multinational Company,* Chichester :

引用・参考文献

Ⅰ　インタビュー(肩書は当時のもの，敬称略)

福原元(イセタン・シンガポール取締役)，聞き手：平川均・清水洋，1997年9月10日，シンガポール．

花房隆臣(ソニー・ディスプレイ・デヴァイス・シンガポール社長)および松枝昭(同社取締役)，聞き手：清水洋ほか，2002年9月3日，シンガポール．

石井信夫(イセタン・シンガポール社長)，聞き手：清水洋，1995年8月31日，シンガポール．

Pek, Thomas E.P.(Executive Director, Tai Hua Food Industries Pte. Ltd.)and Yeo, Lily(Marketing Manager, 同社)，聞き手：清水洋，2003年8月23日，シンガポール．

高木剛明(ポッカコーポレーション・シンガポール社長)，聞き手：清水洋・秦忠夫ほか，2000年9月7日，シンガポール．

高山善夫(旭化成シンガポール社長)，聞き手：清水洋ほか，2000年3月3日，シンガポール．

Tan Kay Guan(Director, Miyoshi Precision Singapore Pte. Ltd.)and Robert Chua(General Manager, Yusen Air & Sea Service Singapore Pte. Ltd.)，聞き手：清水洋，1999年9月6日，シンガポール．

戸邉克利(キッコーマン・シンガポール副社長)，聞き手：清水洋ほか，2002年9月3日，シンガポール．

上野恭久(タカシマヤ・シンガポール社長)，聞き手：平川均・清水洋，1997年9月12日，シンガポール．

吉田正雄(シンガポール・ダイマル社長)，聞き手：平川均・清水洋，1997年9月12日，シンガポール．

Ⅱ　新聞・雑誌

(1)　新聞

『朝日新聞』

(The)*Business Times*(Singapore)．

『中日新聞』．

(The)*New Nation*(Singapore)．

『日本経済新聞』．

『日経流通新聞』．

(The)*Straits Times*(日刊, Singapore)．

(The)*Straits Times*(週刊, Singapore)．

(2)　雑誌

『AERA』朝日新聞社．

『週刊朝日』朝日新聞社．

Asia Market Review，重化学工業通信社．

Asiaweek(Hong Kong)．

地図・図表一覧

や行

ら行

アルファベット

た行

な行

は行

ま行

◉事項索引◉

〈著者紹介〉

清水　洋（しみず・ひろし）

1948年に生まれる．

エディンバラ大学卒業後，Chiyoda International S.A.（サウジアラビア）勤務．オックスフォード大学大学院東洋学研究科博士課程修了　1984年 3 月，オックスフォード大学博士（経済史）．シンガポール国立大学教官，名古屋商科大学助教授を経て，1994年 4 月より愛知淑徳大学教授，2001年 4 月より同大学大学院現代社会研究科国際社会コース主任．

［主要研究領域］

経済関係史（日本・東南アジア，日本・中東），アジア経済論．

［主要著書］

Anglo-Japanese Trade Rivalry in the Middle East in the Inter-war Period, London: Ithaca Press, 1986; *Der Nahe Osten in der Zwischenkriegszeit, 1919-1939* (edited by L.S. Schilcher and C. Scharf), Stuttgart: Franz Steiner, 1989; *Japan in the Contemporary Middle East* (edited by Kaoru Sugihara and J.A. Allan), London and New York: Routledge, 1993;『からゆきさんと経済進出――世界経済のなかのシンガポール・日本関係史』（平川均氏との共著）コモンズ，1998年；*Japan and Singapore in the World Economy: Japan's Economic Advance into Singapore 1870-1965,* (co-authored with H. Hirakawa), London and New York: Routledge, 1999; *Japan and South East Asia* (edited by Wolf Mendl), London and New York: Routledge, 2001.

シンガポールの経済発展と日本

二〇〇四年五月一〇日　初版発行

著　者　清水　洋

発行者　大江正章

発行所　コモンズ

東京都新宿区下落合一―五―一〇―一〇〇二

TEL〇三（五三八六）六九七二

FAX〇三（五三八六）六九四五

info@commonsonline.co.jp

http://www.commonsonline.co.jp/

振替　〇〇一一〇―五―四〇〇一二〇

印刷／亜細亜印刷・製本／東京美術紙工

乱丁・落丁はお取り替えいたします。

ISBN4-906640-77-X　C3033

＊好評の既刊書